Tucholsky Wagner Zola Scott Sydow Freud Schlegel
Turgenev Wallace Fonatne

Twain Walther von der Vogelweide Fouqué Friedrich II. von Preußen
Weber Freiligrath Frey

Fechner Weiße Rose von Fallersleben Kant Ernst Frommel
Fichte Richthofen

Engels Fielding Hölderlin Dumas
Fehrs Faber Flaubert Eichendorff Tacitus

Eliasberg Ebner Eschenbach
Feuerbach Maximilian I. von Habsburg Fock Zweig
Ewald Eliot Vergil

Goethe Elisabeth von Österreich London
Mendelssohn Balzac Shakespeare Dostojewski Ganghofer
Lichtenberg Rathenau Doyle Gjellerup
Trackl Stevenson Hambruch
Mommsen Tolstoi Lenz Droste-Hülshoff
Thoma Hanrieder

Dach Verne von Arnim Hägele Hauff Humboldt
Reuter Hagen
Karrillon Garschin Rousseau Hauptmann Gautier

Damaschke Defoe Hebbel Baudelaire
Descartes

Wolfram von Eschenbach Dickens Hegel Kussmaul Herder
Schopenhauer
Bronner Darwin Melville Grimm Jerome Rilke George

Campe Horváth Aristoteles Bebel Proust
Bismarck Vigny Barlach Voltaire Federer Herodot
Gengenbach Heine

Storm Casanova Tersteegen Grillparzer Georgy
Lessing Gilm
Chamberlain Langbein Gryphius
Brentano Lafontaine
Strachwitz Claudius Schiller Kralik Iffland Sokrates
Schilling

Katharina II. von Rußland Bellamy Raabe Gibbon Tschechow
Gerstäcker

Löns Hesse Hoffmann Gogol Wilde Vulpius
Luther Heym Hofmannsthal Gleim
Roth Klee Hölty Morgenstern
Heyse Klopstock Kleist Goedicke
Luxemburg Puschkin Homer Mörike
La Roche Horaz Musil
Machiavelli
Navarra Aurel Musset Kierkegaard Kraft Kraus
Lamprecht Kind Hugo Moltke
Nestroy Marie de France Kirchhoff

Nietzsche Nansen Laotse Ipsen Liebknecht
Marx
von Ossietzky Lassalle Gorki Klett Ringelnatz
May Leibniz
vom Stein Lawrence Irving
Petalozzi
Platon Knigge
Sachs Pücker Michelangelo Kock Kafka
Poe Liebermann
de Sade Praetorius Mistral Zetkin Korolenko

Mit dem Rucksack nach Indien

Kurt Faber

Impressum

Autor: Kurt Faber
Umschlagkonzept: toepferschumann, Berlin

Verlag: tradition GmbH, Hamburg
ISBN: 978-3-8472-4799-9
Printed in Germany

Text der Originalausgabe

Kurt Faber

Mit dem Rucksack nach Indien

1927

Kurt Faber, der deutsche Wanderer

Als Kurt Faber diese Reise ins Morgenland unternahm, stand er, nach vielen bitterbösen Jahren, auf der Höhe des Lebens und des Erfolges. Schon über 25 Jahre lang hatte er sich in allen Erdteilen und auf allen Meeren den Wind ganz gehörig um die Nase wehen lassen. So wild aber auch die Abenteuer gewesen waren, – mit unbeirrbarer Zähigkeit hatte er sich durchgesetzt – und dabei sein empfängliches Gemüt und sein ewig-junges Herz bewahrt.

Seine scharf geschliffenen und doch so taufrischen Reisebriefe an führende Berliner Blätter, nicht minder seine in Buchform erschienenen Reiseberichte hatten seinen Namen in alle deutschen Gaue getragen. Für seine große Lesergemeinde war er zum »Deutschen Wanderer« schlechthin geworden, – zu einem Mann, dessen Name gleichsam ein Programm deutschen Fernwehs und deutschen Selbstbewußtseins bedeutete.

Die Lage Deutschlands nach innen und außen begann im Jahre 1926 – in das diese Indienreise fällt – in ihren entscheidenden Abschnitt zu treten. Die Illusionen der Erfüllungspolitik zerplatzten wie bunt schillernde Seifenblasen, und an ihre Stelle trat schreckliche Ernüchterung. Das Heer der Arbeitslosen vermehrte sich unheimlich und trieb die Massen zur Verzweiflung. Vom Schicksal selbst schien es so bestimmt, daß der Deutsche für alle Zeiten ein Bettler, der Paria der ganzen Welt sein solle.

Diese Weltuntergangsstimmung bildet den Hintergrund auch dieser bunten Reiseschilderung. Doch nicht so, als ob Kurt Faber für seine Person je den Glauben an Deutschlands Wiederaufstieg aufgegeben, oder gar mit den herrschenden Mächten paktiert hätte. Tausendmal nein: sein Feuerkopf kapitulierte nie, und Kampf war sein Lebenselement! Aus dieser kämpferischen Gesinnung heraus hatte er schon lange vor dieser Reise zur nationalsozialistischen Bewegung gefunden.

Und doch zog es ihn immer wieder unwiderstehlich hinaus in die Welt, auf große Fahrt, heraus aus der Enge und mitten hinein in die Wunder der weiten Welt. So auch diesmal. Korrespondent des »Berliner Lokalanzeigers« ist er jetzt, seit einiger Zeit Doktor gar, – aber all das wirft er weit hinter sich, um abermals das lockende Abenteuer dort zu suchen, wo es zu finden ist. Und ob er es zu finden wußte! –

Was er dort in fremden Ländern und bei fremden Völkern mit unbestechlichem Blick und warmem Herzen schaute und erlebte, das behält noch weit über seinen tragischen Tod hinaus seinen hohen Wert, – das packt uns noch ebenso unmittelbar wie am ersten Tag, weil hier ein echter, wahrhafter Deutscher wie ein vertrauter Bruder zu uns spricht. –

Walther Faber

Die Straße der Abgebauten

Anfang in Wien – Die nicht vorhandenen Backhahnderln – Endlich unterwegs – Heimat in der Fremde – Politik im Eisenbahnwagen – Ankunft in Belgrad – Nix Daitsch – Serbische Bummelzüge – Der allzugewissenhafte Schaffner – Nisch – Kalif Storch am Bosporus-Stambul.

Das war am 21. März des Jahres 1926. Es liegt also noch nicht allzuweit zurück in der Weltgeschichte, und ich sehe das alles heute noch vor mir, als ob es gestern gewesen wäre, denn es war ein wichtiger Tag in meinem wechselvollen Leben. Nur der Zufall hatte mich in eines jener guten alten Wirtshäuser geführt, die sich da zwischen steilen, wunderlichen Giebeln in dem engen Gewirbel von Gassen und Gäßchen verstecken als pathetische Überbleibsel aus der guten alten Zeit, wo es noch »nur a Kaiserstadt, nur a Wian« gegeben hat. So eine von den Wirtschaften, wo es noch Backhahnderln – richtige Backhahnderln gibt und a Möhlspeis – richtige Möhlspeis und nicht so ein verzuckertes Zeug, wie sie es heute den Zugereisten aus dem Osten vorsetzen. An dem runden Tisch saßen behäbige Bürgersleute in verschossenen Anzügen, die einmal bessere Zeiten gesehen. Gewiß hatte es ihnen heute, wie schon so oft, nicht zum Backhähnderl gelangt. Aber den »Heurigen« konnte man sich noch leisten, wenn er fünfzig Heller kostete, und dabei ließ sich gut reden und orakeln von der Aufwertung, die nicht kommen wollte, von den Häusern, die man einstmals besessen, von den Straßen der alten Stadt, die man umtaufte und immer wieder umtaufte, bis sich kein Mensch mehr auskenne, und vom Kaiser, der einmal wiederkommen müsse, wenn alle Stricke reißen.

Und derweilen brummte das Feuer in dem großen Kachelofen und der verspätete Winter wirbelte den Schnee vor dem Fenster, als ob er nachholen wollte, was er versäumt hatte in den letzten Monaten. Und die Katze schnurrte neben dem Ofen und der Dackel des Herrn früheren Hausbesitzers Schapferl streckte alle Viere von sich aus purer Behaglichkeit und kurzum: es war ein Idyll trotz alledem.

O letzter Abend auf deutschem Boden! Ich möchte die Stunden festhalten, damit sie nicht zu schnell vergehen. Aber ehe ich mich's versah, war das Lokal schon leer. Der Wirt stellte die Stühle auf den

Tisch und kam auf mich zu, während er die Hände an der Schürze abputzte; »Feierabend, Herr Nachbar. – Drei Schilling. Hobdiähre.«

Da zahlte ich den Obulus, nickte noch einmal zum Abschied dem Kaiser Franzel zu, der von der Wand herunterschaute und ging hinaus auf den Platz, wo eben die zitternden Schläge der Turmuhr am Stefansdom die Mitternachtsstunde verkündeten. Dicht unter dem Dom hielt eine Droschke mit einem verfrorenen Pferd und einem frosterstarrten Kutscher mitten im Schneegestöber. Und ich sagte mir: den mußt du patronisieren. Wer weiß, ob es noch Pferde geben wird, wenn du wieder zurückkommst in dieses benzinschnaubende Deutschland von heute.

Wir fuhren über die Ringstraße, wo die Lichter der Autos rot leuchteten durch die Nacht und durch den Schnee. Wir kamen durch die umgetaufte Jaurèsgasse – gesprochen wie geschrieben – und landeten schließlich am Bahnhof. Es war ein etwas überstürzter Abschied. Ich hatte gerade noch Zeit, meinen Rucksack aus der Gepäckaufgabe zu holen. Er war noch schwer von allerlei unnötigen Dingen. Aber bis Konstantinopel – so dachte ich mir – würde er noch aushalten und dann würde man wohl weiter sehen. Wenig sah ich voraus, daß er in Bälde auf persischen Karawanenwegen wandern, daß er den Himalaya besteigen und unter dem Schatten ceylonesischer Kokospalmen noch immer mein Begleiter sein würde. Aber so geht es zuweilen auf dieser Erde. Indes rumpelte der Zug immer weiter auf der großen Straße, die nach dem Morgenlande führt. –

Einmal – im Glück und im Sommer des Reiches – da war es, als ob sich auf modernen Stahlrossen der Ritt nach dem Ostland noch einmal wiederhole. Das war die Zeit, da die Salonwagen des schnellen Balkanzuges alle besetzt waren mit Ingenieuren, Offizieren, Kaufleuten, Bankdirektoren mit Bündeln von Aktien und Kisten voll Gold, das sich umsetzte in Bergwerke und Eisenbahnen, das sprudelnde Brunnen und üppige Baumwollplantagen hervorzauberte in der dürftigsten Wüste. Das war die Zeit, in der gelehrte Leute die dicksten Bücher schrieben über diesen Weg. Berlin-Bagdad. Der Weg zur Sonne; die neue Heerstraße der Abenteurer. –

Ach, sie ist inzwischen zu einer Straße der Abgebauten geworden. Denn die Zeiten sind schlecht. Manch einer in Deutschland träumt von großen Reisen nach Nord- oder Südamerika, vorausgesetzt, daß er die dazu nötigen 500–600 Mark aufbringen kann. Und wer dazu nicht in der Lage ist – nun ja, es ist nicht jedermanns Sache, mit 10 oder 15 Mark Arbeitslosenunterstützung seinen Angehörigen auf dem Pelze zu sitzen, und also schnürt man sein Bündel und wandert gen Osten, wo man mit guten Beinen zur Not auch ohne Fahrkarte nach fremden Ländern kommt, falls nicht der an den Grenzen lauernde St. Bürokratius einen vorzeitigen Strich durch diese Rechnung macht und den abenteuernden Jüngling per Schub wieder nach der Heimat befördert. Der ganze Osten ist heute übersät mit deutschen Männern und deutschen Rucksäcken. Scharenweise tauchen sie auf in Athen und Konstantinopel, arbeitsuchend tippeln sie einzeln und in Gruppen auf der staubigen Straße, die nach Angora führt, sie tragen ihre Unruhe in die syrische Wüste und in den armenischen Kaukasus, abenteuernd ziehen sie als moderne Marco Polos noch weiter hinein in den bunten Orient und sind der Schrecken aller Konsulate von Teheran bis Kalkutta. Was Wunder, wenn nach allen diesen Glücksrittern auch einmal einen Landsknecht der Feder die Lust nach dem Orient anwandelt und er mit dem Rucksack nach Osten zieht?

Öde und eintönig war die Reise durch die graue Pußta, über der der Wind mit den Wolken um die Wette lief. Düstere Männer mit großen Pelzmützen saßen stumm und breit auf den Bänken, während Marktfrauen in bunten Trachten wie knallrote Klatschrosen zwischen ihren Körben erblühten. Man war eben schon hinterwärts von Temesvar, und da konnte man nichts anderes erwarten. Aber wie man eben dachte, daß es noch immer exotischer werden würde, da füllte sich der Wagen mit Männern ohne Pelzmützen und Bauersfrauen in bunten Kopftüchern, die so schön heimatlich pfälzisch sprachen, daß ich nicht umhin konnte, mich an der Unterhaltung zu beteiligen. – Ja, sie kamen von Werbas. Und ich sei wohl auch aus der Gegend, das höre man schon an der Sprache. – Nein? Aus Deutschland? Das könne doch gar nicht sein. Im Kriege seien viele Deutschländer in der Gegend gewesen und die hätten ganz anders geschwätzt, überhaupt kenne sich da schon kein Mensch mehr aus. Erst hätte man hier sollen magyarisch reden, dann serbisch und alleweil soll es eine Sünde sein, wenn man Deutsch spricht, wie einem der Schnabel gewachsen ist. Heute dürfe man das nur noch mit dem lieben Vieh tun, wenn man nicht riskieren will, daß einem der Wojwode auf den Pelz rückt. Nun mischte sich ein starker Mann mit großen Fäusten, Kanonenstiefeln und einer Stimme wie ein Erdbeben ins Gespräch.

»Ruh', ihr Weibsleut'«

Augenblicklich herrschte Ruhe und der Mann mit den Stiefeln nahm mich alsbald ins Gebet.

Von Deutschland komme ich? Geradewegs? – Ja, und ob man dort auch etwas wisse von dem, was mit unsereinem hier unten passiert? Zum Beispiel gerade hier in der Batschka?

Er schaute zum Fenster hinaus in das graue Land, über dem das erste Grün wie eine Ahnung des Frühlings lag. Dicht an der Bahnlinie bauten Leute an einem Hause. »Das sind die ›Freiwilligen‹«, erklärte der Landsmann. »Freiwillig waren sie im serbischen Heer, oder gaben sich wenigstens nachträglich dafür aus. Freiwillig sind sie zu uns gekommen wie eine Herde von Heuschrecken. Niemand hat sie gerufen, am wenigsten wir in der Batschka. Jeder nahm einem Bauern ein Stück Land, als ob das so sein müßte, und der Minister kam selbst von Belgrad, um zu sehen, daß sie es auch behielten. Dem Deutschen nimmt man's und die anderen setzen sich darauf. So etwas nennt man Agrarreform. Keiner von den Burschen versteht das Geringste von der Landwirtschaft, und zudem sind die Stellen kaum groß genug, um einen vom Verhungern zu retten, selbst wenn er was davon verstünde. Die meisten wären froh, wenn sie den armseligen Kram um ein Butterbrot wieder an den deutschen Vorbesitzer verkaufen könnten. Aber das erlaubt nun wieder nicht der Wojwode und legt der Gemeinde Steuern auf, damit sie die Herrschaften durch den Winter füttern.«

Aber das sei alles nur Politik und nütze ihnen ebensowenig wie sie den Magyaren genützt habe. Die Schwaben seien nun einmal da und würden immer da sein und er halte es mit den Worten des guten alten Banater Dichters:

»Denn wo des Schwaben Pflug das Land durchzogen,
Bleibt deutsch die Erde, und er weicht nicht mehr!«

Während er so sprach, nickten die »Weibsleut« und murmelten beifällig. Nur eine stramme, rotbackige Frau an seiner Seite ließ ihre Augen mißtrauisch durch den ganzen Wagen gehen und stieß ihn mehrmals warnend in die Seite, worauf er grimmig zu Boden starrte. – Überdem tauchte der hohe Kirchturm von Neusatz auf. Der Zug hielt an einem schönen, ländlichen Bahnhof, wo alle ausstiegen und eine neue Ladung Schwaben von draußen hereinkam. Weiter ging die Reise über die Donau zur trutzigen Feste Peterwardein, zu deren Füßen noch immer schöne Schwabenhäuser hinter blühenden Kirschbäumen standen.

Nur wenige Stunden Eisenbahnreise von Neusatz liegt die Stadt Belgrad. Je nun, eine Großstadt im modernen Sinne ist sie nicht. Aber wenn man über Nacht zur Hauptstadt eines Zwölfmillionenstaates geworden ist, so bringt das Verpflichtungen mit sich. Zu einem Verkehrsturm hat man es freilich noch nicht gebracht. Dafür aber steht bis in die entferntesten Vororte zwischen baufälligen Hütten an jeder Straßenecke ein Schutzmann, der für die Regulierung des Straßenverkehrs zu sorgen hat. Kommt nun von ungefähr wirklich einmal ein Mistwagen angefahren, so erhebt er majestätisch seinen Gummiknüppel und gibt die Straße frei für Ochsen, Büffel, oder was sonst als Zugtier dienen mag. Im Innern der Stadt aber ist in den letzten Jahren viel gebaut worden und wirklich so etwas wie großstädtische Eleganz aufgekommen. Das Muster dazu haben sie sich von ihren neuen, in der Kultur weiter vorangeschrittenen Brüdern aus Agram geholt. Was aber ist Agram? Ein kleines Wien. Und also – mögen sie es nun wahr haben wollen oder nicht – also ist Belgrad gleich Wien. Dieselben Menschen, dieselben Bauten – ja, und dieselben stolzen Wiener Kaffeehäuser mit denselben Typen, die ewig Domino spielen, mit den Möhlspeisen, die man zum Nachtisch bekommt, und den Kellnern, die es so unnachahmlich schön zu sagen wissen: »Hobdiähre!«

Deutsch hörte man überall sprechen. Jeder Kellner kann es, wenn er es auch manchmal erst in Erwartung eines Trinkgeldes wahrhaben will. Auch deutsche Namen fehlen nicht über den Ladenschildern, die man freilich erst mühsam entziffern muß aus der seltsamen kyrillischen Inschrift. »Haisepic Kpayc«, das heißt z.B. »Heinrich Krause«. Par ordre du moufti heißt es so, denn »nix daitsch« ist die Parole im neuen Staate S.H.S. Auch sonst hält man hier etwas aufs Herkommen. Es ist ja eine alte, jedem Wandersmann zur Genüge bekannte Regel: »Je kleiner der Staat, je größer der Bürokratismus.« So werden z. B. die Reisenden des Orientzuges auf der ganzen Strecke von Paris bis Konstantinopel nicht nennenswert belästigt, abgesehen von den Kontrollen an den unzähligen Grenzen. Ganz anders aber bei uns: Sehr höfliche Beamte machen die Runde durch den Zug und nehmen in sehr zuvorkommender Weise alle Pässe in Empfang, die dann nach der Ankunft zwecks Abstempelung in ein anderes Stadtviertel getragen und dort persönlich abgeholt werden müssen. Natürlich ist bei der Rückkehr der Zug schon über alle Berge und alsdann hat der glückliche Reisende noch die Ehre, dem aufblühenden Staate S.H.S. eine Wohnsteuer von fünfzig Dinar pro Nacht zu bezahlen für ein Zimmer, das bloß deren dreißig kostet. – Aber warum sollen es die Durchreisenden besser haben als die eigenen Staatsbürger?

Mitten in der Nacht fuhr ich mit dem Bummelzug weiter. Denn erstens ist das billig und zweitens und überhaupt – aber ich werde es nie wieder tun! Das Fahrgeld gibt hier noch weniger als anderswo Anspruch auf einen Sitzplatz. Wer Wert auf einen solchen legt, der muß ihn sich erkämpfen im Wettlauf mit einer schreienden Menge opangobeschuhter Bauern. Aus dem Kampfe war ich nicht als zweiter Sieger hervorgegangen. Ein Glücksfall ließ mich einen guten Platz erwischen, aber schon nahmen zwei Frauen mit drei schreienden Säuglingen mir gegenüber Platz. Ein zwei Zentner schwerer Mann setzte sich auf meinen Schoß und ein anderer stellte einen Korb voll Eier auf meinen Kopf. Da räumte ich das Feld. Und immer kamen noch mehr Menschen mit Körben und Säcken, mit kleinen Kindern und sonstigen Landesprodukten. Es sah aus wie in einem deutschen Wagen vierter Klasse in der seligen Hamsterzeit. Dazu kam die allen primitiven Menschen eigene Angst vor der frischen Luft. Ein scharfer Gestank – zehnmal schlimmer als im Zwischendeck eines großen Ozeandampfers – lag über allem. Aber ängstlich wachten sie darüber, daß keine Spalte eines Fensters aufgemacht wurde. Auf serbischen Eisenbahnen darf man alles machen. Du darfst rauchen, spucken, schreien, du darfst deine Nase an deines Nächsten Rockärmel putzen. Erlaubt ist, was gefällt auf serbischen Eisenbahnen. Aber sage niemand, daß das Auge des Gesetzes nicht dennoch wacht. Ich wenigstens sollte es herausfinden, noch ehe die Nacht viel älter war. Im Stehen war ich ein wenig eingenickt und stemmte den Fuß gegen eine der Bänke. Schon erschien das finstere Gesicht des Zugführers.

»Fünfzig Dinar!«

»Wie?« sagte ich schlaftrunken.

»Fünfzig Dinar Strafe.«

Fünfzig Dinar? Das war ein Dollar.

Ich sagte nichts und er auch nicht. An der nächsten Station kam er wieder mit einem Polizeibeamten.

»Fünfzig Dinar!« sagte der streng.

Fast hätte er mich eingeschüchtert, wenn mir nicht rechtzeitig ein hinter mir stehender Österreicher, der sich auskannte, noch etwas zugeflüstert hätte.

»Zahlen's nix!«

Das erklärte ich denn auch rund heraus, worauf die beiden sich aufs Handeln verlegten.

Ob ich nicht wenigstens dreißig Dinar bezahlen wollte?

Nein.

Dann zwanzig.

Nein.

Schließlich einigten wir uns auf zehn, als der Zug eben in Nisch einlief.

Illusion der Städte, die auf den Landkarten stehen! Was gibt es hier anderes als Schlamm und Schweine und verfallene Häuser? Die Stadt – oder wie man das Gebilde nennen mag – liegt etwas abseits von der Bahn, und da es gerade ein Regentag war, mußte jeder, den es nach einem Besuch gelüstete, vorerst sich einem Schlammbad unterziehen. Es kam nur darauf an, ob er ein Fußbad oder eine Dusche vorzog. Die letztere wurde denen zuteil, die in den kleinen Panjekutschen fuhren. Aber es war wirklich nicht der Mühe wert. Bemerkenswert war nur die kleine Moschee und das Minarett, die die Nähe des Orients verkündeten.

Und weil ich gerade von Minaretten erzähle, kann ich nicht umhin, die folgende Geschichte zu berichten:

War einst in Konstantinopel ein deutscher Gesandter aus dem Schwabenlande, der sich nie so recht abfinden mochte mit Hammelbraten und solchen Dingen, die sie hier zu Lande essen. Also verschrieb er sich eine Köchin aus Böblingen. Die kochte fortan redlich die Spätzle, und Sonntags machte sie Mauldäschle, zur vollen Zufriedenheit ihres Herrn; aber über Moscheen, Muezzins, Minarette und alle die anderen Erscheinungen der fremden Umwelt machte sie sich so ihre eigenen Gedanken. Eines Tages nun wollte der Gesandte von ihr wissen, wieviel Uhr es wohl wäre.

»'s ischt sechs«, sagte die Küchenfee, »der Herr Pfarrer hat's schon ausg'rufe.«

Von Nisch geht es südwärts in dem gleichen unmöglichen wandelnden Möbelwagen, der sich balkanischer Bummelzug nennt, und ehe man sichs versieht, steht man schon wieder an einer Grenze. Denn in diesen östlichen Ländern ist der Grund uneben von lauter Grenzen, und selbst der harmloseste Wanderer kommt nicht zur Ruhe vor den Schikanen, die sich immer wieder in neuer Auflage wiederholen.

Schon immer war es so gewesen, aber heute trifft das mehr zu als je in dieser gehetzten, friedlosen Welt: hat man irgendwo ein Zusammentreffen mit den Organen der Staatsautorität, so ist es, als ob man den Saum des Teufelsmantels berühre. Wer heute nach Ostland reist, der weiß ein Lied davon zu singen. Sechs Länder, zwölf Grenzen, an denen sie sich liebevoll deiner annehmen und sich eingehend erkundigen nach deiner Gesundheit, deinem Vorleben, deinem Impf- und Taufschein und danach, ob du etwas zu verzollen habest, an denen sie dich sorgsam registrieren, notieren und visitieren, indem sie immer noch einmal in deinem vieldurchwühlten Rucksack wühlen und sich gewissenhaft erkundigen, ob du auch keine Goldstücke ein- und ausführest. Sechs neue Länder, sechs neue Valuten, von denen an jeder ein Stückchen kleben bleibt an den schmierigen Händen geschäftstüchtiger Levantiner, die ihre Buden an den Grenzen wie Mausefallen aufgestellt haben. Sind's Schillinge, sind's Kronen, sind's Dinar, Dollar, Levas? Sie summen dir im Kopf, sie tanzen nachts vor den Augen, und nichts ist bei ihnen gewiß, als der immer neue Verlust bei jedem neuen Handel.

Aber das ist doch alles nur der Vorhof zur Hölle, die einen bei der Ankunft am Goldenen Horn erwartet, und dieses war nun nicht mehr weit. Schwerfällig keuchte der Zug über den schneebedeckten Schipkapaß und rumpelte auf der anderen Seite wieder hinunter in ein Land, dessen Hügelhänge weiß waren von Blüten, wie vorher vom Schnee der Berge. Hier war endlich der Frühling, ja beinahe schon der Sommer. Der Sonnenschein lag hell auf den weißen Straßen und an den Bachrändern klapperten die Störche. Auf den Bahnsteigen wimmelte es von roten Fezen und von buntgestickten Kopftüchern. In der Ferne ragten die Minarette der stolzen Moschee von Adrianopel in den dunkelblauen Himmel – ja, und da stand eine Gesellschaft von Griechen in den seltsamen Ballettröckchen, und nebendran ein schwarzbärtiger Hodscha mit weißem Turban und schwarzäugige Türkenjungen mit rotem Fez und blauen Pluderhosen, die bakschischheischend die Hände hoben. Hier endlich war Sommer und Sonne, und aus der Ferne begann es schon heraufzusteigen wie eine Ahnung des Ostens, des ewig unergründlichen Orients mit all seinen Wundern und Wunderlichkeiten.

Eine Weile noch schaute ich hinaus in das weite Land, auf das sich schon die Nachtschatten zu senken begannen, und träumte von diesen Dingen mit offenen und dann mit geschlossenen Augen, bis mich auf einmal harte Hände schüttelten und eine rauhe Stimme mir in den Ohren gellte:

»Stambul!«

Ein Lehrling im Morgenland

Modernes Morgenland – Hoffnungslose Sprachstudien – Der freundliche Koch – Und noch ein Freund – Ich mache die Bekanntschaft eines Zigeunerfürsten – Allerlei Nachtquartiere, Kämpfe mit St. Bürokratius – Ein neues Wort: lnschallah! Besuch im Palast der Prinzessin – Die Badewanne als Schweinetrog – Praktische Sozialisierung – Ein Kapitel über das Reisen – Allerlei Bekanntschaften – Hugo, der Wandervogel, zeigt mir die Stadt – Phantasien auf der Galatabrücke.

Ach, die Zeiten vergehen, aber sie gleichen sich nicht! Alles ist auf den Kopf gestellt, alles hat sich geändert auf dieser Erde. Oder wie kommt es sonst, daß gerade die Länder, die wir einstmals gekannt und geliebt haben, wegen ihres Geschreis und ihrer Zügellosigkeit, wegen ihrer Lumpen und Laster, weil ihnen das alles so schön zu Gesicht gestanden hat in Sommer und Sonne – daß nun ausgerechnet gerade die in preußischer Strammheit machen müssen?

Wer hat, der einmal in Kairo, in Port Said, in Damaskus gewesen, sich nicht mit Händen und Füßen verteidigen müssen gegen das Gewimmel, das da, mehr malerisch als vertrauenerweckend, einen Sturmangriff auf seine Koffer machte, das ihm Briefmarken und Münzen und alte Götter und persische Teppiche – made in Germany – verkaufen wollte? Wo alles ringsum ein Aufruhr war von roten Fezen und schwarzen Rollhaaren, bis dann endlich der o so sanfte, hilfsbereite, fürstlich großartige Dragoman mit dem gelben Gesicht und den wundervoll schwarzen, mandelförmigen Augen sich seiner annahm in seiner Not, nicht immer zu seinem Vorteil. O Sonne, o Farben des Orients! O katzbalgendes Durcheinander der Levante, das wir so oft verfluchten und das man doch nicht missen wollte, weil es ein Teil dieses Landes und ein Abglanz dieser Sonne ist. Weil es festzustehen schien für alle Zeiten wie ein Gebot des Koran.

Und war dies in Konstantinopel nicht auch einmal so gewesen? So wenigstens las man es in den Berichten der Reisenden, und außerdem konnte man sich das gar nicht anders vorstellen unter diesem blauen orientalischen Himmel.

Ja, und nun stand ich allein mit meinem Rucksack in der weiten Bahnhofshalle, wo noch immer die Lichter brannten im fahlen Morgenlicht, das grau durch die Fenster fiel. Mich fröstelte auf diesem ersten Stückchen morgenländischen Boden, das ich mir so ganz anders vorgestellt hatte. So bodenlos allein und verlassen kam ich mir vor in dem fremden Lande. Nur um überhaupt eine Ansprache zu haben, wandte ich mich um irgendeine Auskunft an einen vorübergehenden Bahnbeamten, der gar nicht so aussah wie eine Figur aus Tausendundeiner Nacht, sondern ganz nüchtern uniformiert in einer neutralen Uniform, die man ebensogut in Paris wie in London oder sonstwo sehen konnte. Er verstand nur Türkisch und ging achselzuckend weiter, ohne mich nur eines Blickes zu würdigen. Und so taten es alle anderen. Ein rucksackbewehrter Franke – das war schon längst nichts Neues mehr und an so etwas ließ sich nichts verdienen. Das wußte man aus Erfahrung. Ich kam auf den engen Bahnhofsplatz, wo die Kutscher auf den Böcken schliefen und schließlich in eine nichts weniger als großstädtisch ausschauende Straße, wo Schuhputzjungen sich die Kehle heiser schrien und Scharen von Arbeitern mit ihren Suppeneimern hinunter zum Hafen gingen. Das alles hatte man anderswo auch schon gesehen. Nur die Inschriften auf den Ladenschildern schauten reichlich exotisch in einem sinnverwirrenden Durcheinander arabischer Schriftzeichen von den Hauswänden. Das brachte mich einigermaßen außer Fassung. Ich setzte mich auf die Treppe eines Brunnens – später erfuhr ich, daß es ein berühmter, beinahe ein heiliger Brunnen war – und schaute verstört in das Getriebe der engen und übelriechenden Gassen.

Wohin in dieser fremden Welt?

Es war ja wahrlich nicht meine erste Reise in die Fremde. Aber zum erstenmal in meinem Leben befand ich mich in einem Lande, von dessen Sprache ich kein Wort verstand. Wie Sphinxen starrten mich alle Inschriften an. Hier konnte man kein Hotel von einer Barbierstube unterscheiden. An der gegenüberliegenden Seite der Straße stand so etwas, das man mit einigen Konzessionen vielleicht als Gastwirtschaft bezeichnen konnte. Ich ging darauf zu, und schon stand in der Tür ein weißgekleideter Koch, der sich vor mir so tief verneigte, als ob ich der Sultan selber wäre. Es war ein blitzsauberes Lokal mit weißgedeckten Tischen und einem Büfett, auf dem in großen Kupferkesseln die wunderlichsten Speisen standen. Joghurt und Pilau und solche orientalischen Küchengeheimnisse, von denen ich noch nichts wußte. Unaufgefordert brachte mir der Wirt ein gebratenes Huhn, einen Hammelbraten und noch verschiedene andere Dinge, für die meine Wissenschaft nicht ausreichte, und wurde indes nicht müde, sich nach dem Woher und Wohin des Efendi zu erkundigen. Da er nur Türkisch und Griechisch sprach und ich von dem allem nicht ein Wort verstand, war es eine sehr einseitige Unterhaltung, bis sich ein eben hereinkommender Gast hineinmischte.

»Servus, Landsmann!« riet er begeistert. »Ja, das hab' ich gewußt. Hab' ich gestern gesagt dem Efendi, daß wird kommen deutscher Mann mit Rucksack.«

»So –?«

»Ja, was glauben's«, fuhr er fort, indem er mit den langen weißen Fingern durch den schwarzen Haarschopf fuhr, der ihm fast bis zur Schulter herunterhing. »Bin ich hier schon sechs Jahre in Stambul, und alle Tage seh' ich andere, die mit Rucksack kommen. Manchmal zwei, manchmal sechs oder sieben. Manchmal Deitsche, manchmal Esterreicher, manchmal Ungarn oder Tscheech, und keiner ka Geld net.«

Wieder fegte er die schwarzen Haare zurück, die ihm düster über das bleiche Gesicht herunterhingen. – Ja, er sei auch nicht der erste beste Hergelaufene. Er habe den Krieg beim soundsovielten böhmischen Reserveregiment mitgemacht und sein Bruder sei bei der Kapelle der Hoch- und Deutschmeister gewesen. Sein Vater käme aus Oberösterreich, die Mutter sei eine waschechte Tschechin, und er sei in Ungarn aufgewachsen. Aber wie der Krieg dann so ein böses Ende genommen habe – ja, was willst mache? – da sei er eben für die Gelegenheit ein Jugoslave geworden und mit dem Paß nach Konstantinopel gereist, wo damals die Alliierten waren und das Geld auf der Straße lag.

Und was er denn da getrieben hätte? fragte ich schüchtern.

»Natürlich Kafföhhaus! Mit am Musikkasten kommst überall durch. Dreimal in der Nacht die Marseillaise, sechsmal rule Britannia un a blau-weiß-rots Banderl und dazwischen die neuesten Schlager. Schenne Stadt, Konstantinopel – ja, was glaubst, i bin nämlich zur Zeit a Zigeuner!«

Mit einem Griff in die Brusttasche zog er einen Pack von Ansichtskarten hervor, auf denen unser Freund mit Geige und Schmachtlocken als Zigeunerfürst abgebildet war; allabendlich auftretende große Attraktion im Café in Pera.

»Da schaust!« meinte stolz der Zigeunerbaron.

Ich schaute allerdings. Dieser kosmopolitische Herr war offenbar der geborene Levantiner, wenn auch seine Wiege ganz wo anders gestanden hatte. Ich fragte ihn nach der Adresse eines billigen und empfehlenswerten Hotels.

»Ja na«, sagte er mit einem Seitenblick auf meinen Rucksack, »Sechskreuzerhotels gibt's nur draußen in Piri Pascha. In Skutari könnens für fünf Piaster übernachten, aber da gibts viel Beischläfer mit sechs Beinen. Da zahlt sich's besser aus, wenn man auf der Treppen zu der Taximkaserne kampiert.«

Sonst aber, meinte er, sei gleich nebenan das Hotel Mossul, wo man ein türkisches Pfund (etwa 2.- RM.) für ein Zimmer bezahle.

Und also entschied ich mich für das Hotel Mossul. – Je nun, es war nicht eben das erste Hotel am Platze, und der Efendi im Büro, der ein leidliches Französisch sprach, war auch nicht der liebenswürdigste aller Hoteliers. Ob ich mich schon bei der Polizei angemeldet hätte? fragte er mit saurer Miene.

»Nein«, antwortete ich.

»Dann müssen Sie das unbedingt sofort tun, Efendi.«

Mit einem weiteren Seufzer überreichte er mir einen mächtigen vorgedruckten Bogen, aus dessen Umfang allein man schon die alte Wahrheit noch einmal bestätigt fand: »Ein Narr fragt viel, worauf sieben Weise nicht antworten können.« Da zudem die Fragen in arabischen Buchstaben türkisch gedruckt waren, hatten wir gleich eine einstündige Konferenz bis zur Festlegung des Wichtigsten.

»Und vergessen Sie nicht, sich auch gleich abzumelden!« rief mir der Efendi nach, als ich mich endlich auf den Weg machte.

»Abmelden?«

»Natürlich«, seufzte der Efendi, »wollen Sie denn immer in Konstantinopel bleiben? Drei bis vier Tage brauchen Sie zur Anmel-

dung, und wenn Sie nur acht Tage in Konstantinopel bleiben wollen
–«

So machte ich mich denn mit einer Seele voll böser Ahnungen auf den Weg zu der Stätte, die dem zugereisten Franken den ersten Begriff gibt von dem, was orientalischer Kismet ist.

Aber nein, ich will das nicht im einzelnen erzählen. Die Feder sträubt sich, wie es in den Romanen heißt. Selbst auf dem Papier möchte ich es nicht noch einmal erleben.

Du hast deine Bogen nach bestem Können ausgefüllt, und gehst mit einer Seele voll Sicherheit zum Efendi auf der Polizeistation. Der runzelt die Stirn und sagt dir in schlechtem Französisch, daß das nicht die richtige Adresse sei. Wieder wanderst du durch die buckligen Straßen von Stambul nach einer anderen Station, zu einem anderen Efendi, der alsbald Allah zum Zeugen anruft, daß auch er nicht die zuständige Stelle sei. Im Zimmer Nummer so und soviel hast du endlich den richtigen Mann gefunden, der deine Personalien fein säuberlich in ein dickes Buch einträgt, in zierlichen arabischen Buchstaben, die dünn wie Spinngewebe sind, und der dich dann zum nächsten Efendi schickt, und so gelangst du über noch einige andere Zwischenstationen zum Bei und endlich zum Pascha, der seufzend seine Unterschrift darunter setzt, worauf du dann die ganze lange Reihe der Efendis, Beis und Paschas noch einmal durchlaufen mußt.

Ja, nun weiß ich, was eine Paschawirtschaft ist! Zu allerletzt kam ich auf meinen Wanderungen in ein wirklich feudal aufgemachtes Büro, wo ein Herr, der offenbar etwas zu sagen hatte, einen recht umfangreichen Stempel auf meine – wie heißt man den Wisch? – auf meine »Wessika« drückte und ich glaubte, daß nunmehr die Sache erledigt wäre.

»Inschallah!« meinte er auf meine diesbezügliche Frage.

Ich war eben noch ein Lehrling im Morgenlande. Inzwischen habe ich es noch oft gehört auf türkischen Märkten, persischen Bazaren, in arabischen Kaffeehäusern.

Inschallah! – So Gott will.

Das ist das Zauberwort, um das sich hier alles dreht. Es ist der Schlüssel zum Verständnis des Orients.

Inschallah sagt dir der Schneider, dem du den Auftrag auf einen Anzug erteilt hast, Inschallah wird er sagen, wenn du nach acht Tagen kommst, um ihn abzuholen. Morgen, Inschallah, tröstet dich der Führer in der Karawanserei, wenn du dich nach dem Abreisetermin der Karawane erkundigst. Inschallah, sagt achselzuckend der Kaufmann, dem du einen verfallenen Wechsel präsentierst und geht zu seinem eigenen Schuldner, der seinerseits mit dem gleichen Worte aufwartet. Alle sagen sie es, vom Schah auf dem Pfauenthrone bis herunter zum ärmsten Bettler. Alle machen das Wort zum Angelpunkt ihres Lebens.

Inschallah – wenn Allah es will! Ach, es ist das Schicksal dieses Landes, daß Allah zumeist sehr lange braucht, um sich zu besinnen!

Wie dem auch sei: es war Allahs Wille, daß ich noch einen zweiten Tag in drangvoll fürchterlicher Enge auf dem Polizeipräsidium zu Stambul verlor, ehe die Angelegenheit erledigt war, aber fortan machte ich stets einen großen Umweg um das graue Gebäude. Immerhin war das alles keine verlorene Zeit. Denn wer orientalische Völkerstudien betreiben will, der findet hierfür kein geeigneteres Objekt, als das an- und abmeldende Gewimmel auf der Polizeidirektion in Stambul.

Was je unter östlicher Sonne umhergelaufen ist, vom pelzmützigen Perser bis zum arbeitsuchenden Hamburger Zimmermann unter dem Schatten seines breiten Hutes, ist hier alles vertreten. Gleich am Anfang machte ich die Bekanntschaft von zwei ehemaligen Offizieren von der Sorte, wie man sie heute überall auf der Erde antreffen kann.

Kriegsleutnants, Freikorpssoldaten, die der Höllenspuk dieser tollen Zeit aus der Bahn geworfen hat, in der sie unter normalen Umständen heute vielleicht schon solide, sorgende Familienväter geworden wären, anstatt mit vierzig Jahren hier auf der Jagd nach dem Glück am Rande des Orients umherzuirren. Diese waren aus München und beide ein wandelndes Stück Weltgeschichte der letzten Jahre. Sie waren beim Freikorps im Baltenland und in Oberschlesien gewesen. Sie hatten den Kapp-Putsch mitgemacht und in der Pfalz gegen die Separatisten gekämpft. Und ja – dann war es auf einmal vorbei mit Krieg und Kriegsgeschrei. Der Friede war ausgebrochen, der ach so laue und langweilige Friede, der den Philistern den Tisch deckte und den Kämpfern den Stuhl vor die Türe setzte. Und so kam man nach Konstantinopel. –

Sechs Wochen – so erzählten sie mir – hätten sie sich hier vergeblich nach etwas umgesehen, aber jetzt habe sich etwas gefunden. Ein Herr, den sie in einem Kaffeehause in Pera antrafen, habe ihnen – gegen eine entsprechende Provision natürlich – seine Vermittlung angeboten und den dreijährigen Pachtvertrag für einen Sultanspalast am Bosporus vermittelt, dort wollten sie nun einen Kaffeegarten für das Sonntagspublikum einrichten. Sie führen heute hinaus, um sich die Sache anzusehen, und wenn ich mitgehen wollte, wäre es ihnen ein Vergnügen.

Natürlich wollte ich.

Mit einem der kleinen Dampfer, die an der Galatabrücke anlegen, fuhren wir langsam durch die Bai, die überall lebendig war von dem Hin und Her der Boote und dem Kommen und Gehen der Dampfer, die heulend vorüberzogen. Das Meer war glatt, der Himmel war blau, die Türme und Minarette der großen Stadt schwammen alle in einem Meer von Licht. – Ja, das ist das Wetter, bei dem man durch den Bosporus fahren muß! Der Sonnenschein tanzt auf dem Wasser, schwarze Zypressen am hohen Ufer stehen ernst und still um funkelnd weiße Paläste, die sich im Meere spiegeln. Da und dort liegt ein Dorf im frischen Grün des ersten Frühlings, da und dort steht eine schimmernde Moschee auf einer weit vorspringenden Landzunge, als ob sie mitten auf dem Wasser schwimme. Und überall auf beiden Ufern sieht man immer neue Paläste.

Oder sind es Ruinen?

»Mir träumte von Marmorbildern,
Von Gärten, die überm Gestein
In dämmernden Lauben verwildern,
Palästen im Mondenschein.«

Nach ein- bis zweistündiger Fahrt waren wir am Ziel unserer Reise angelangt.

Wahrlich, es war ein idealer Platz für einen Kaffeegarten! Oder, genauer gesagt, er wäre es gewesen, wenn man ihn so wie er war in den Grunewald hätte versetzen können. Durch ein auffallend gut erhaltenes, mit verschnörkelten Wappen seltsam geschmücktes Tor kam man in einen Garten, wo verwilderte Feigenbäume in beinahe mannshohem Unkraut standen und hohe Zypressen gegen den hellen Hintergrund eines weißen Palastes standen, wie auf der Leinwand eines Böcklinschen Gemäldes. Auf einer hohen, von mächtigen Kastanienbäumen eingefaßten Terrasse hatte man einen weiten Ausblick auf das dunkelblaue Wasser und auf die Schiffe, die klein wie Spielzeug darüber hinglitten. Dicht unter der Terrasse, dem Meere zugewandt, lag der Palast der türkischen Prinzessin wie ein verwunschenes Dornröschenschloß. Alles verwildert und verkommen, in schnellem Verfall begriffen. Die Prinzessin Gott weiß wo. Ein Schauer überlief einen bei dem Betrachten dieser Zerstörung.

»Sic transit gloria mundi.«

Wie mag es hier einst lebendig gewesen sein im Glück und im Sommer dieses Reiches, als noch der alte, schlaue Abdul Hamid – »the unspeakable Turk« des ehrenwerten Mister Gladstone – die Fäden spann, als noch Prinzen und Prinzessinnen in Fleisch und Blut hienieden wandelten und großmächtige Diplomatenfräcke in diesen Hallen antichambrierten.

Damals –. Aber seither haben sie das alles »nationalisiert«. Zugunsten der Siechen, Krüppel, Kriegsinvaliden. Doch wo sind diese? Die Bauern der Umgegend haben inzwischen die Nationalisierung auf ihre Weise ausgelegt und langsam mit dem Abbau der Herrlichkeit begonnen. In Erwartung der kommenden Verwertung im Interesse der Allgemeinheit holte sich einstweilen jeder sein Teil, um sicher zu gehen. Nun sieht man Säulenstücke in den Hütten der Umgegend prangen, Schweine fressen aus marmornen Badewannen, und Treppen, die einst zu Palästen führten, dienen als Dach für die Ziegenställe. Und das Übrige zerfällt und verkommt. Der Mörtel fällt von den Decken. Der Boden ist bedeckt mit zerbrochenen Marmorplatten, die einmal Kunstwerke gewesen. Denn die neue Türkei hat nichts übrig für Könige, für königliche Kunst, und schon gar nichts für Konstantinopel. Resolut hat sie ihr Gesicht von Europa abgewendet in politischen Dingen, um es dann auf dem Gebiete der gesellschaftlichen Kultur um so gewissenhafter zu kopieren. Das Alte, das neben so manchem Überlebten so unendlich viel Schönes und eigen Gewachsenes hervorgebracht hatte, hat man rücksichtslos über Bord geworfen, wie einen wertlosen Ballast, und ist mit fliegenden Fahnen eingeschwenkt in die schlanke Foxtrottlinie dieser allzu modernen Zeit. Wohl keiner hat die Zeichen dieser Zeit besser zu deuten gewußt als jener smarte Unternehmer, der neulich einen der schönsten dieser Paläste aufgekauft hat für ein Luxushotel modernsten Stils. So wird dort nun bald die Jazzband lärmen, wo einst der Sultan im Mondschein wandelte. In jedem Cooks Reisebüro werden wir es demnächst lesen: »Come to see the harem in sunny Constantinople. Throughtickets to Turkey!« Wenn das nicht zieht!

Ein neues Monte Carlo soll gleichfalls dort entstehen, und in der Tat: wo fände sich für rechte Spieler ein besserer Platz als diese Stadt, die schon so oft herumgewirbelt wurde auf der Kugel des Glücks? Wo gäbe es einen geeigneteren Ort sich totzuschießen, als diesen, der selbst schon eine halbe città morta ist! –

Die Nacht war schon hereingebrochen, als wir fertig waren mit der Besichtigung dieses kommenden Kaffeegartens, der mir immer noch als eine schlechte Spekulation erscheinen mochte, trotz allem, was man zu seinen Gunsten vorbrachte. Nachdenklich fuhren wir nach der Stadt zurück. Eintönig rauschte das Wasser vor dem Bug des kleinen Dampfers. Zu beiden Seiten des Bosporus reihten sich die Lichter wie Perlenketten entlang der Küstenlinie und weit hinauf an den Hügeln, die schwärzer noch als die Nacht in den sinkenden Schatten standen. Die beiden ehemaligen Offiziere kamen indes auf ihre Kriegserlebnisse zu sprechen, und die waren wahrlich der Mühe wert. In Flandern und Polen und Italien hatten sie gestanden, der eine beim Münchener Leibregiment und der andere bei einer fliegenden Division. Beide waren tüchtige Männer, die es auch in Deutschland noch zu einem ehrbaren Beruf gebracht hätten, wenn ihnen nicht das Schicksal den Stuhl vor die Tür gesetzt hätte. Ich hörte ihnen zu und konnte nicht umhin zu denken, wie gleich sich doch die Zeiten und Menschen bleiben im Lauf der Jahrhunderte. Denn also hat Immermann schon vor einem Jahrhundert im 5. Buch seiner »Epigonen« geschrieben:

»Wer wird mit diesen Abenteurern, die jetzt zu Hunderten die Länder durchstreifen, gemeinschaftliche Sache machen, ja nur in ihren Träumereien einen haltbaren Zusammenhang finden? – Und gleichwohl: wer, der Menschen und Dinge mit menschlichen Blicken betrachtet, wird leugnen, daß aus ihren Hirngespinsten doch ein viel zarteres Gefühl, ein sicherer Schwung und ein entschiedenerer Charakter hervorsieht, als aus der Pflichtmäßigkeit der Leute, die jetzt, nachdem die Tage der Gefahren vorüber sind, als die treuesten und beehrtesten Söhne des Vaterlandes umhergehen? Wahrlich, nicht durch diese ist es errettet worden, wahrlich nicht durch solche wird es je errettet werden! Gar leicht ist es gegenwärtig, ein Patriot zu heißen, denn es kommt nur darauf an, in allerlei zeitgefälligen Bestrebungen sein Licht unter den Scheffel zu setzen, bei Gelegenheit tapfer zu schmausen und eine schwülstige Rede zu halten. Aber wenn das Verderben wieder hereinbricht von Westen und Osten, dann werden wohl die Schmauser und Geburtstagsredner verschwunden sein; dann wird man sich wieder nach den verfolgten Vagabunden umsehen, die dann eine Zeitlang zu Ehren kommen und späterhin abermals an ihren blutigen Sohlen erfahren müssen, wie hart der Boden der Heimat ist.«

Es hat wahrlich noch nie ein Dichter ein wahreres Wort gesprochen, als dieses!

Am anderen Morgen machte ich mich frühzeitig auf den Weg, um die Schönheiten dieser seltsamen Stadt, von der stolzen Hagia Sofia bis zu dem verträumten Sultansgarten, in aller Gründlichkeit auszukosten. Doch ich will nicht versuchen das zu schildern, was tausend Federn vor meiner schon gepriesen haben und tausend nach mir noch tun werden. Gerade zu der Zeit lag der Dampfer »Lützow« des Norddeutschen Lloyd im Hafen mit einer Reisegesellschaft aus Deutschland, die sich den Orient ansehen wollte. Denn das ist heute Mode, wenngleich man sich nicht recht denken kann, warum es noch immer Leute gibt, die so etwas über sich ergehen lassen. Da wird man für teures Geld verfrachtet in Genua und ist seekrank bis Alexandrien, wo der Schnellzug schon bereit steht für die Reise nach Kairo. Es ist zwei Uhr dreißig, wenn man dort ankommt. Nun schnell per Auto nach dem Menahouse. Dort five o'clock und Tanztee. Pyramiden bei Mondschein, Fahrt durch den Bazar, Moschee von ferne. Ankunft um Mitternacht in Alexandrien. Abfahrt ein Uhr dreißig. Ankunft Jaffa, Auto nach Jerusalem, Lunch (beileibe kein Mittagessen) im Savoy Hotel. Abends Fahrt zum Ölberg. – Mailcoach nach Bethlehem. Schlafwagen nach Damaskus. Moschee, Bazar, Hotel, Mailcoach nach Beirut, Abfahrt Konstantinopel. – Galatabrücke, Hagia Sofia. – Dagewesen! – Ja, gibt es denn einen noch so übergeschnappten englisch-amerikanischen Spleen, den wir nicht kritiklos nachmachten? So rast man durch die Länder und sieht alles und nichts, wie auf einem Film, der flüchtig über die Leinwand huscht. An den ältesten Denkmälern der Kultur wird man vorbeigehetzt durch die plappernde Stimme des Führers, zwischen Lunch und Dinner, zwischen Tango und Charleston sieht man sich das an, ohne je und je eine Stunde der Muße zu haben zum andächtigen Schauen vor diesen erhabensten Stätten menschlicher Leiden und Leidenschaften. Die Weltgeschichte wird hier zum Zeitvertreib. Kaum daß sie noch vor der Madonna della Sedia ein wenig das Tempo mildern zu einem interessierten »wundervoll«.

Es ist freilich so, wie sie drüben sagen: »Die Welt amerikanisiert sich mehr und mehr.« – Doch diese Betrachtungen führen mich immer wieder weitab von dem Faden meiner kleinen Erlebnisse.

Während dieser wahl- und ziellosen Besichtigungsreisen durch die krummen Gassen der großen Stadt trug ich stets die Karte meines zigeunerhaften Freundes bei mir, bis es mir eines Tages einfiel, doch einmal das famose Weltcafé aufzusuchen, wo er gastierte. Es lag in Pera, oben auf dem Berge und immerhin eine halbe Weltreise von Stambul. Mit einer durch einen Tunnel führenden Drahtseilbahn kann man freilich in wenigen Minuten vom Fuße des Berges an der Galatabrücke bis mitten in das Gassengewinkel jenes Stadtteils kommen. Aber das verschmähte ich und wanderte bergan zwischen hohen Häusern, durch enge Gassen, die man gesehen, beziehungsweise gerochen haben muß, um sie nachzuempfinden in ihrer orientalischen Eigenart. Da stieg man über enge Treppen auf rundem Kopfsteinpflaster, das wohl schon der gute alte Kaiser Konstantin hatte legen lassen, da schaute man in dunkle, fensterlose Höhlen, die Wohnungen vorstellen sollten, da flatterte die bunte Wäsche im fünften und die Ziegen meckerten im sechsten Stockwerk. Jedermann wohnte mehr auf der Straße als im Hause und breitete seine Familiengeheimnisse vor jedermanns Augen aus. Hier saß ein bärtiger Mann auf einem Teppich und trank würdig seinen Kaffee, hier zankten sich zwei Weiber ganz offen und unverschleiert »alla Franka« im tiefsten Negligée, hier hob ein Bettler die Hände. Nun kommt einer hinter einem schwerbeladenen Esel und singt mit wehklagender Stimme seine Schätze aus, nun kommt eine ultramoderne armenische Dame mit kurzem Rock und Bubikopf über die Treppen getrippelt. Nur zuweilen, wenn die Straße einen Bogen macht, steht man an einem Winkel, von wo man weit hinaussehen kann auf die dunkelblaue Bai, auf die Inseln, die blau verdämmernd von ferne herübersehen und auf das weiße Häusermeer, umflutet von einem Meer von Licht. Denn in Konstantinopel ist alles häßlich, was man aus der Nähe betrachtet, und alles feurig und farbentrunken, was man aus einigem Abstande sieht. Und darum eben ist es trotz allem modernen Getue noch heute eine so ganz orientalische Stadt. –

Pera freilich ist ein Klein-Paris, oder möchte es wenigstens sein. In den Schaufenstern sieht man wirklich so etwas wie Eleganz. Auf den Straßen werden von brüllenden Verkäufern die Zeitungen aller Hauptstädte feilgeboten, und allenthalben ist eine babylonische Sprachverwirrung. Türkisch, Deutsch, Französisch, Griechisch, Spanisch usw. bis zu den obskursten Dialekten des hintersten Orients. Am kosmopolitischsten aber ging es zu in dem Kaffeehaus, dessen Adresse mich in diese Gegend geführt hatte.

Die Musik war eben verstummt im letzten schmelzenden Pianissimo, und der Zigeunerbaron kam auf mich zu mit allen Anzeichen der Freude.

»Servus!«

»Servus, Landsmann!« sagte ich.

Durch das Gewühl der Menschen, die alle besondere Anliegen bezüglich des Musikprogramms zu haben schienen, und denen mein neuer Freund mit fabelhafter Zungenfertigkeit in allen Sprachen antwortete, bahnten wir unseren Weg durch das Lokal.

»Ja«, meinte er, »heutzutage hat man's leicht mit dem Musikprogramm. Die wollen alle nur noch ›Valencia‹ hören.«

Eine recht gemischte Gesellschaft saß an dem runden Tische, an dem wir uns niederließen. Da saß ein schon etwas angegrauter, militärisch aussehender Herr, der während des Krieges Hauptmann war an der Irakfront. Dort hatte er sich – wie das so gerne geschieht – ins orientalische Leben verliebt, zumal auch in die Wasserpfeife, so daß er es nach »Friedensausbruch« zu Hause nicht mehr aushalten mochte und unter Verzicht auf alle Pensionsansprüche nach Konstantinopel kam. Hier lebte er nun schon eine Weile auf Pump, ebenso wie der neben ihm sitzende junge Leutnant, der sich schon seit 14 Tagen die Absätze krumm gelaufen hatte auf dem Wege zum Kriegsministerium; ohne jedoch den Mut zu verlieren, waren sie doch beide von der so häufig anzutreffenden Menschenklasse, die den naiven Glauben durch alle Länder trägt, daß es »demnächst wieder losgehe«. Mindestens um Mossul stand die Sache kritisch, und auch sonst war Konstantinopel bis zum Brechen gefüllt mit Bazargerüchten. Zu diesen kam noch ein nicht gerade besonders heller Sachse, der seinen letzten Heller für eine Fahrkarte von Leipzig nach Konstantinopel ausgegeben hatte, weil er hier sofort Arbeit zu finden hoffte, ein Unterfangen, das ihm niemand übel nahm als der Wandervogel, der neben ihm saß. Dieser Hugo – weiß der Kuckuck wie er sonst noch geheißen haben mag – war ein Mensch, von dem man etwas lernen konnte, denn er hatte etwas gesehen vom Orient. Vor zwei Jahren war er ausgerückt als Führer einer Horde von einigen zwanzig Mann, die zumeist schon in Ungarn kalte Füße bekamen. In Konstantinopel waren sie nur noch zu zweit, und zu zweit hatten sie die Reise fortgesetzt nach Angora, Bagdad, Kairo, bis schließlich der Kamerad in Jerusalem am Fieber starb. Hugo aber war noch immer springlebendig wie am ersten Tag, einer von jenen unverwüstlichen Stehaufmännchen, die mit Gott und aller Welt per Du stehen und allen Dingen die gute Seite abzugewinnen wissen. Türkisch sprach Hugo wie ein Wasserfall und nebenher hatte er ein ganz passables Russisch gelernt. Wie er das fertig gebracht hatte neben allen seinen anderen auf den Landstraßen aufgelesenen Kenntnissen, war nicht recht ersichtlich; aber die Sorte bringt alles fertig. Freilich gibt es außerhalb des roten Rußlands heute kaum eine Stadt, in der so viel Gelegenheit geboten wäre zum Erwerben russischer Sprachkenntnisse, als gerade das von zaristischen Flüchtlingen überschwemmte Konstantinopel. Zarigrad nennt der Slawe diese Stadt. Panslawistischer Ausdehnungsdrang hat sie schon im voraus als Stein in der Krone des Mütterchens Rußland gesehen, und wenig dachten sich wohl damals die bei Hofe ein- und ausgehenden panslawistischen Kreise, daß sie einmal wirklich ihre Tage am Goldenen Horn beschließen würden, aber nicht als Eroberer, wie sie wähnten, sondern als eine Horde landflüchtiger Abenteurer, die froh sein müssen, wenn sie als unwillig Geduldete mit tausend Schlichen und Tücken ihr tägliches Brot von heute auf morgen erhaschen können. Nicht nur im eleganten Pera, sondern bis hinunter in die letzten Winkel Stambuls, die sonst kaum je ein Europäer besuchte, sieht man heute russische Cafés, russische Bänkelsänger und Balalaikatänzer, russische Stiefelwichser und Bettler in den Straßen.

Hugo kannte sich aus unter den in Konstantinopel hausenden russischen Emigranten und rühmte mir so sehr ein in der Nähe gelegenes Emigrantenrestaurant, daß ich mich leicht verführen ließ, ihn dahin zu begleiten, obwohl es draußen regnete und die Nacht nicht eben einladend aussah. Allein hätte ich den Ausschank nimmermehr gefunden, denn er lag abseits von der Hauptstraße, in einem Gewirr von Gassen und Gängen, die einander im Licht und im Wege standen. Hier hätte man allenfalls einen Apachenkeller oder eine Opiumhöhle vermuten können, nimmermehr aber einen so fashionablen Betrieb mit weißgedeckten Tischen und befrackten Kellnern. Während wir nun dasaßen und uns an russischen Leckerbissen gütlich taten, rauschte eine vornehme, schwarzgekleidete Dame vorüber, die uns herablassend grüßte.

»Das ist die Madame«, sagte Hugo, »eine richtige Gräfin. Früher hat sie vor den Großfürsten ihren Hofknix gemacht. Jetzt muß sie es vor den Trinkgeldern tun.«

Ob es nun auch wirklich eine ganz echte wäre? wollte ich wissen.

»Die schon«, meinte Hugo, »das weiß ich bestimmt. Für die anderen möchte ich nicht alle bürgen. Hier weiß man nie, wo der Großfürst aufhört und der Spitzbube anfängt. Die Kellner freilich sind alle konzessioniert von der Vereinigung. Das fängt hier alles beim Baron an. Ein anderer wird nicht angestellt.«

»Daß sich Leute für so etwas finden«, fragte ich erstaunt.

»Finden?« rief Hugo, »sie kommen ganz von selbst. Es sind Fürsten hier, die sich Könige dünken würden, wenn sie eine solche Stelle bekämen.«

Schnell füllte sich das Lokal mit abenteuerlichen Gestalten, zumeist Emigranten, die noch etwas zu versetzen hatten und levantinischen Händlern und Geldwechslern, die mit den großen Goldpfunden an den Manschettenknöpfen wo nicht am vornehmsten, so doch am wohlhabendsten ausschauten. Ein alter Herr mit feinem Gesicht und weißen Haaren ging von Tisch zu Tisch und bot wortlos, aber mit einer tiefen Verbeugung Blumen aus einem Körbchen an.

»Er war General der Wrangelarmee und ist erst vor kurzem von Sofia herübergekommen«, sagte Hugo, »Geld hat er keines und fechten kann er nicht für fünf Pfennige. Aber der Trick mit den Blumen ist nicht übel. Ein Wunder, daß es ihm noch niemand nachgemacht hat.«

Im Laufe des Abends wurde es immer lebhafter. Im Hintergrund lärmte die Balalaika, und ein Kosakentrupp tanzte im Nationalkostüm. – Kosaken? Denen da in den Russenkitteln konnte man es an den zarten Fingern ansehen, daß sie in Palästen oder zum mindesten doch in vornehmen Bürgerhäusern groß geworden waren. Diese schlanken Mädchen mit den blonden Haaren hatten niemals Not gesehen auf dem Gut im Baltenlande. Der Gesang verstummt. Die Musik schweigt. – Wie sie gierig nach den Piastern greifen, die der lüsterne Levantiner mit dem aufgedunsenen Gesicht und den Froschaugen ihnen eben zugeworfen! – Nein, *das* haben sie sich gewiß nicht träumen lassen, als sie Hals über Kopf aus der Heimat flohen, mit dem Feuer der Brandstätten in den Augen und dem Schreien der Ermordeten in den Ohren! Niemand hat damals an dauernde Verbannung vom Mütterchen Rußland gedacht. Für viele dieser hohen Damen war dieses Emigrantendasein vorerst nur ein amüsantes und furchtbar interessantes Abenteuer, mit dem man Eindruck machen würde, wenn später einmal wieder Soireen gegeben würden auf, dem Parkett der Kaiserlichen Schlösser zu Petrograd. Aber darüber vergingen unversehens die Jahre. Einer nach dem anderen versanken die Sterne, an die man seine Hoffnung geklammert hatte. – Koltschak, Denikin, Wrangel – aus dem Spaß wurde Ernst. Der letzte Schmuck ins Pfandhaus gewandert. Das Trinkgeld, das man anfangs lächelnd aus den Händen eleganter Kavaliere nahm, rafft man nun gierig vom Boden auf, weil eben der Magen nicht so stolz ist wie die Augen, und ja – weil man doch in weiter Ferne nichts mehr vor sich sieht, als graues Elend und ein trübes Alter.

Und doch – Nitschewo! Das ist ein russisches Wort, das für den Aristokraten so gut gilt, wie für den letzten Muschik. Man ist lustig, man amüsiert sich, man gewinnt auch diesem Jammerleben die besten Seiten ab. Wie könnte es auch anders sein, hier wo sich russischer Gleichmut und orientalischer Kismet die Hände reichen.

Gegen Mitternacht, als die Balalaika noch einmal loslegte und alles erst recht aufzuwachen schien in dem düsteren Lokale, machte ich mich auf den Heimweg, zusammen mit Hugo, der ebenfalls drunten in Stambul wohnte, wo sonst die Europäer nicht zu hausen pflegen. Es war ein langer Weg, aber er lohnte die Mühe. Der Regen hatte endlich aufgehört und es war eine laue, milde, orientalische Nacht, wie eine von den Tausendundeinen. Mitten auf der Galatabrücke blieben wir stehen und schauten auf das Wasser der weiten Bai, auf die Lichter, die darüber hinglitten und auf die schattenhaften Umrisse der Dampfer, die mein Gefährte kritisch betrachtete. Denn ihm war in diesen Tagen eine Kunde geworden, die er mit einem nassen und einem heiteren Auge begrüßte. Der alte Herr in Deutschland hatte ihm nämlich eine Fahrkarte geschickt und sich auch zugleich mit dem Kapitän von dem Levantedampfer in Verbindung gesetzt, damit er für die Rückreise Sorge trage. So sollte man wirklich dort wieder anfangen, wo man vor zwei Jahren aufgehört hatte? Noch einmal Student, wie ein grünes Semester, das eben dem Pennal entronnen? Alles recht schön und gut und sehr nobel vom alten Herrn, aber –. Aber wo blieb dann die schöne große Freiheit der Landstraße? Und der Orient, und der Bazar, und die Kaffeehäuser, und die Wasserpfeifen?

Ich mußte lächeln, aber er meinte es bitter ernst.

»Sei du erst einmal zwei Jahre hier im Lande, so wirst du es auch schon merken!«

Ich antwortete nichts darauf, denn am Ende mochte er nicht so unrecht haben. Beinahe fing ich jetzt schon an etwas zu merken. Bisher war mir Konstantinopel nur grauer Himmel und Regenwetter gewesen, eine Ansammlung von baufälligen Häusern und übelriechenden Gassen. In dieser weichen und wohligen Nacht aber, wo von Stambul her die hohen Kuppeln der Moscheen herüberschauten, die Minarette wie schlanke Finger in den Nachthimmel ragten und überall die Lichter sich im Wasser spiegelten, da war es, als ob der Geist der lieben alten Märchen noch einmal zwischen den alten Mauern ging. Man war am Anfang des Fastenmonats Ramasan, in dem der Mohammedaner die Nacht zum Tage macht. Hoch oben in der Luft las man in Flammenschrift die Koransuren, die an dünnen Drähten von Minarett zu Minarett aufgezogen werden.

»Allah hu akbar!«

Von ferne kam der dumpfe Klang der Trommeln, und da und dort sausten Feuerraketen durch die Luft. Immer mehr versank ich in das Betrachten dieses seltsamen Bildes und war in meinen Gedanken schon Wochen voraus auf meinem Wege, in fernen, morgenländischen Städten, auf heißen Wüstenstraßen inmitten ziehender Kamelkarawanen, am flackernden Feuer vor schwarzen Beduinenzelten, und auf der ganzen Welt gab es nur noch ein Land, das wert war es zu besehen:

Natürlich Persien!

Im Lande Armenien

Geschäftstüchtige Bootsleute – »Bakschisch« – Fahrt nach Trapezunt – Home life im Zwischendeck – Sibirisches Anatolien – Trapezunt im Schnee – Eine unliebsame Überraschung – Madame nimmt sich meiner an – Eine griechische Schwäbin »avec le rucksack« – Schlimme Prophezeiungen – Karawanen im Schnee – Noch einmal die Polizei – Das Zauberwort – Seltsame Teevisite – Auf der Landstraße – Türkisches Gasthaus – Schwierige Unterhaltung – Mohammedaner wider Willen – Unfreiwilliges Fasten – Der Ramasan.

Lange hatte ich es mir überlegt: Angora oder Trapezunt. Das war die Frage. Die neue Stadt des neuen Landes stand groß wie eine Fata Morgana vor meinen Augen. Schon war ich an der Fähre von Skutari gestanden. Aber dann dachte ich noch zu rechter Zeit an die Dürre der anatolischen Landstraßen, an die Öde der Rasthäuser, an das Ungeziefer in den Lokandas und daran, daß die Herrlichkeiten Angoras wohl kaum das alles bezahlen würden, und so marschierte ich an jenem Morgen nach dem Dampfer, der mich nach Trapezunt bringen sollte. Mehr als einer schaute mir nach mit meinem Rucksack, nicht zum wenigsten die Sarafen (Geldwechsler), die aus ihren Buden herausgestürzt kamen auf die frühe Beute. Es gab ein babylonisches Durcheinander von allen Sprachen, die je über eine levantische Zunge gekommen. Schlechtes Französisch, zerhacktes Englisch, miserables Deutsch. Und Spanisch, Griechisch, Türkisch, Arabisch, Armenisch. Funkelnde Augen und funkelnde Pfundstücke in schmutzigen Händen. Und auf einmal hatte einer meinen Rucksack gepackt und rannte davon, so schnell ihn die Beine trugen. Ich natürlich hinterher in einer wilden Hetzjagd, die erst an der Anlagestelle der Boote ihr Ende fand. Ohne ein weiteres Wort warf er mein Hab und Gut in einen der Kähne und setzte sich auf die Ruderbank. Nun war es ja ziemlich einerlei, wem von diesen Hafenratten man das Geld für die Überfahrt nach dem Dampfer zukommen ließ. Seitdem sie keinen Fez mehr tragen, sind diese Efendis recht selbstbewußt geworden. Ein türkisches Pfund verlangen sie für die Bootsfahrt, und wenn es nur wenige Ruderschläge wären. Dennoch ärgerte mich der Bursche, der in seiner neugekauften Apachenmütze nicht eben vertrauenerweckend ausschaute. Wenigstens sollte er sehen, daß auch ein Franke noch überflüssige Zeit hatte. Ich setzte mich auf die Kaimauer und schaute noch ein wenig in die aufgehende Sonne und auf das erwachende Leben im Hafen. Da heulte die Sirene des Dampfers. Ich sprang ins Boot.

»*Avanti!*«

Der Bootsmann legte sich in die Riemen und wir schossen durch das Wasser. Da heulte wieder die Dampfsirene. Mit rasselndem Getöse kam der Anker hoch.

»Avanti, avanti! pronto, signore!«

Da legte der edle Efendi die Hände in den Schoß.

»Bakschisch!«

Ich protestierte, ich schimpfte, ich fluchte, ich wollte ihm die Ruder entreißen, aber drüben war der Anker schon oben an der Back. Langsam wendete sich der Bug dem Bosporus zu. Da war keine Zeit mehr zu verlieren. Er bekam seinen Bakschisch. Es war der letzte, der durch meine Finger gegangen ist in jener bakschischheischenden Stadt. Aber – weiß Gott – es war nicht das letzte Mal, daß orientalische Klugheit über den mangelnden Geschäftssinn dieses Franken triumphierte!

Langsam fuhr der Dampfer zum Bosporus hinaus bei glatter See und blauem Himmel, und inzwischen hatte man Zeit, sich ein wenig umzusehen in dieser neuen Welt. Die Schiffe, die in ihrer Kühnheit das Schwarze Meer befahren, sind wohl samt und sonders nicht mit Note 1 in Lloyds Register verzeichnet. Zumeist sind es alte Kasten, die sich sonst nirgendwo mehr hintrauen, und so mag es auch mit der guten alten »Sofia« vom Lloyd Triestino gewesen sein. Damals – in vergangenen besseren Zeiten, als noch die Flagge des Österreichischen Lloyd vom Heck wehte und fesche Wiener Offiziere auf dem Verdeck promenierten, mag es ziemlich schiffsgemäß hergegangen sein an Bord der Sofia. Nun aber ging es etwas reichlich schmuddelig zu. Deck und Zwischendeck waren lebendig wie ein Bienenschwarm mit seltsamen orientalischen Gestalten. An den unmöglichsten Stellen hatten sie sich eingenistet mit ihren Decken und Teppichen. Der Kapitän kam in höchststeigener Person und verbat sich die Disziplinlosigkeiten. Die Matrosen schimpften und redeten fleißig mit den Händen. Aber das Durcheinander wurde dadurch nur noch größer. Drunten im Zwischendeck roch es nach Knoblauch, Hammelfett und tausend anderen Dingen. Ein dicker Dunst nahm einem fast den Atem. Aber gerade hier schienen sie sich am wohlsten zu befinden. Ganz im düsteren Hintergrund hatte einer einen Kaffeeausschank aufgemacht, der fleißigen Zuspruch fand. Dicht nebeneinander saßen sie hier auf ihren Teppichen und schlürften das edle Getränk aus winzig kleinen Täßchen und rauchten gurgelnde Wasserpfeifen, von deren Spitzen die blauen Flämmchen wie kleine Leuchttürme in dem Dunkel des kahlen Raumes flackerten.

Derweilen wurde das Wetter immer schlechter. Die See ging hoch und warf zischende Spritzer über das Verdeck. Durch Tage und Nächte stampfte der alte Kasten weiter entlang der anatolischen Küste, die mit ihren mächtigen Schneebergen mehr nach Sibirien aussah, als nach Landstrichen, die auf der Höhe von Neapel liegen. Ab und zu hielt der Dampfer weit draußen auf der Reede vor einer kleinen Hafenstadt, die mit ihren hohen, weißen Häusern recht stattlich aussah. Und wirklich: stünde hier statt Moschee und Minarett ein heimatlicher Kirchturm, so könnte man sich ohne Mühe nach einem Kärntner oder steirischen Gebirgsort versetzt glauben, mit dem blauen Wasser vor Augen und den hohen Schneebergen, die den Horizont begrenzen.

Als wir auf der Höhe von Samsun angelangt waren, hatte das Wetter sich zu einem regelrechten Sturm ausgewachsen, mit polternden Sturzseen, die über das Verdeck hereinbrachen und wilden Schneegestöbern, die wie die Gespenster vorüber huschten in den fallenden Schatten der sinkenden Nacht. Aber während noch das Wetter raste, kam einer mit seinem Teppich auf die Back und verrichtete seine Gebete zu Allah. Er achtete nicht auf den Sturm, der sein Gewand nach allen Richtungen flattern ließ, er spürte nicht den Wind, der ihm die Schneeflocken ins Gesicht peitschte, während die Stirn nach den Geboten des Propheten den Teppich berührte und der Mund die dazu gehörige Koransure murmelte.

»Allah hu akbar!«

Am anderen Tage stiegen im dämmernden Morgen die hohen Berge von Trapezunt aus dem Wasser. Etwas anders hatte ich sie mir schon vorgestellt, zum mindesten etwas sommerlicher. In der

Ferne türmten sich die Schneegipfel hoch übereinander, und auch an den nächsten Küstenhängen zog sich die weiße Decke fast bis zum Saum des Meeres. Die Stadt selbst zeigte sich recht ansehnlich mit ihren hohen, weißen Häusern, die aussahen, als ob sie eben den steilen Hang hinunter ins Meer rutschen wollten, mitten in die Brandungswellen, deren weiße Gischt haushoch an den schwarzen Felsen hinauflief.

Noch ehe der Anker niederfiel, war das Meer ringsum belebt von langen, gondelartigen Booten, die bald hoch oben auf den Wellen tanzten, bald tief zwischen Wellentälern vergraben schienen. Es war immerhin ein Wagnis, sich solcher Nußschale anzuvertrauen, aber es ging wider Erwarten gut, und die aufbäumende See setzte uns ganz von selbst auf das Pflaster der kleinen Mole, die halb vergraben war unter den Sturzseen. Der erste, der mich hier in Empfang nahm, war natürlich ein Schutzmann. Denn nirgendwo ist die Polizei so streng und so neugierig wie in Anatolien. Nirgendwo wird so sehr wie dort der ankommende Fremdling auf Herz und Nieren geprüft. Jedes einzelne Gepäckstück, bis zum letzten schmutzigen Hemd, wird sorgsam auseinandergefaltet und ausgebreitet vor dem Auge des Gesetzes. Besonders verdächtig aussehende Individuen – und das waren beinahe alle – müssen sogar die Schuhe ausziehen, damit die hohe Polizei sich von ihrer Ungefährlichkeit überzeuge. Nachdem dann noch das Rockfutter sorgfältig auf etwa vorhandene Waffen abgetastet wurde, ist der Weg endlich frei bis zur nächsten Schikane. –

Jenseits des Zollhäuschens lag die Stadt, oder doch das, was in Anatolien unter diesem Namen geht. Eine enge, mit spitzen Kopfsteinen unordentlich gepflasterte Straße führte steil hinauf in eine wahre Rumpelkammer von baufälligen Häusern und Hütten. Zu sehen war von dem allem nur recht wenig, denn der mit Schnee gemischte Regen kam wie mit Kübeln vom Himmel. Schon manches Unwetter hatte ich erlebt in meinem Leben, aber solches noch nie. Die Brandung tobte an der Mole, die weiße Gischt spritzte bis in die Gassen. Längst schon war kein trockener Faden mehr an mir. Weit und breit war kein Mensch zu sehen, nicht einmal einer der Hotelportiers, deren Aufdringlichkeit in fremden Städten man so oft verwünscht und die man doch so sehr vermißt, wenn sie nicht da sind. Ich muß es gestehen: mir war zum Weinen übel bei solchem

Empfang in einem Lande, von dem ich mit Fug und Recht nur Sommer und Sonne, nur Palmen, Teppiche und Kamele erwartet hatte. Ich ging zurück zur Zollwache und versuchte meine Sprachkünste an einem der Beamten. Ich probierte es mit Französisch. Da schüttelte er den Kopf. Ich redete Englisch. Da zuckte er die Achseln. Ich setzte das Gespräch auf Spanisch fort. Das kam ihm spanisch vor. Keinen besseren Erfolg hatte ich mit Italienisch, Portugiesisch und was ich sonst noch von fremden Sprachen wußte oder zu wissen glaubte. Das machte mich einigermaßen konfus. Ich schaute auf den Regen, den Schnee und in die nassen Gassen.

Wohin in dieser fremden, feindseligen Welt?

Da kam ein kleiner zerlumpter Junge herangestürzt und packte meinen Rucksack.

»Hotel alama!« sagte er, indem er mich einladend anschaute mit seinen schwarzen, funkelnden Augen. Dann rannte er davon mitsamt meinem Rucksack. Ich hinterher. Eine halbe Stunde lang ging die Hetzjagd weiter durch die engen Gassen, in denen der Regen raste. Endlich hielten wir vor einem weißen, hoch auf dem Berge gelegenen Hause, an dem auf einem Schilde in großen Buchstaben zu lesen stand: »Pension Suisse«. Der Junge zog an einer altmodischen Glocke, die einen Höllenlärm verursachte. Eine türkische Dienerin, die ganz Schleier war, öffnete das Tor zu einem Hof, in dem dunkle Oleander und stattliche Feigenbäume in der triefenden Nässe standen. Sogleich kam Madame, die Besitzerin des Hauses, die mich mit einem großen Aufwand von Gesprächigkeit in den Salon komplimentierte.

Madame sprach fließend Französisch und gab sich auch als Französin aus, wenn es ihr gerade vorteilhaft erschien, denn – mon Dieu! – man war im Orient, und da mußte man mancherlei tun, wenn man sich in Ehren durchbringen wollte als alleinstehende Frau! Sonst aber war sie eine Griechin; eine Griechin freilich nur durch Heirat, während sie vorher – ja was war sie vorher nur schnell und jetzt wieder, seitdem ihr lieber Mann das Zeitliche gesegnet hatte, jetzt zumal, wo niemand in der Türkei so unpopulär war wie die Griechen? – Ach ja, richtig, das wars! eine Schweizerin! Das klang solide und war neutral. Niemand konnte einem etwas anhaben in diesen unruhigen Zeiten. »Pension Suisse« stand auf dem Schilde. Wer konnte ihm das ansehen, daß die Inhaberin aus dem württembergischen Gäu, so ungefähr aus der Gegend von Biberach, stammte? Das war ohnehin nicht allzuweit von der Grenze. Die Notlüge war nicht allzu groß, und »caro mio!« meinte sie mit resigniertem Augenaufschlag, »das müßte nicht die schlimmste sein, die man begeht auf dieser Welt!«

Während sie noch so schwatzte, war es spät geworden und die Pensionsgäste kamen nach Hause. Es war in der Tat eine kosmopolitische Pension in des Wortes verwegenster Bedeutung, eine unfreiwillige Berlitzschule. An einem Tische saßen ein junger Schweizer, ein Grieche, ein Engländer und ein Franzose. An einem anderen eine Gesellschaft von älteren Herren, die keiner Nation angehörten und alle Sprachen sprachen. Einer dieser letzteren, der der Sprache und dem Aussehen nach ebensogut ein Franzose wie ein Grieche oder Armenier sein konnte, erkundigte sich nach dem Woher und Wohin.

»Nach Erserum«, sagte ich. »Und von dort weiter nach Persien.«

»Avec le rucksack?«

»Natürlich.«

»Und sonst nichts?«

»Sonst nichts.«

Ein alter, etwas schwerhöriger Herr mischte sich nun ins Gespräch.

»Rucksack – qu'est-ce que c'est ça – ah, le sac au dos. – Und damit wollen Sie über die hohen Berge kommen, wo jetzt zehn Meter Schnee liegt? Und ohne ein Wort türkisch zu können. Und jetzt, mitten im Ramasan, wo man ohnehin tagsüber nichts zu essen bekommt? Sie werden verhungern, Herr, noch ehe der Monat zu Ende ist.« Er sagte das mit viel Überzeugung und fügte dem gleich noch mehrere andere düstere Prophezeiungen bei, bis der Diener das Nachtessen brachte, das die Gedanken in freundlichere Bahnen lenkte.

Nach dem Essen erzählte Madame von ihren Abenteuern, und die waren wahrlich der Rede wert. Seit sieben Jahren war sie nicht mehr aus Trapezunt herausgekommen, und dennoch hatte sie hier den ganzen Weltkrieg im kleinen erlebt. Sieg und Niederlage, fremde Besatzung, Wiedereroberung und Vergeltung und zu allerletzt noch den Teufelstanz der Armeniermorde. Einige der Gäste, die auch dabei gewesen waren, mischten sich ins Gespräch, und so wurde es eine eigenartige Unterhaltung, wie diese Menschen ohne alle Erregung und Leidenschaft von Mord und Verrat, von Straßenkämpfen und Straßenmassakern, von Verbannungen und Ausweisungen wie von den selbstverständlichsten und alltäglichsten Dingen redeten. Madame war keine Freundin der Armenier.

»Sie sind eine Nation von Denunzianten«, sagte sie wegwerfend.

»Auf jeden Fall haben sie angefangen mit ihrem Verrat an die Russen«, meinte der Engländer.

»Die Türken sind freilich auch keine Engel«, warf ein anderer ein und fand allgemeine Zustimmung.

Es war ein grausiges Thema, das noch an meinen Nerven zerrte, als ich allein in meinem Zimmer war, wo die Geister der Erschlagenen in allen Ecken hockten. Von dem Fenster hatte man eine weite Aussicht auf die Stadt, die sich mit ihren weißen Häusern am Hügelhang hinzog und auf das nachtschwarze Meer, das wilderregt die funkelnde Brandung gegen die steile Küste warf. Wie dumpfer Kanonendonner kam es von drunten herauf. Die Wolken hatten sich verzogen, und die Sterne funkelten unheimlich groß in der kalten Luft. Kalt war es wie in Sibirien. Und doch waren wir schon im April und auf der Höhe von Neapel. Und doch schauten Oliven- und Feigenbäume über die Mauern, und doch sah man an den Abhängen blühende Pfirsich- und Aprikosenbäume, denen ein blauer Rivierahimmel bedeutend besser zu Gesicht gestanden hätte. Und doch standen hier hohe, schwarze Zypressen, wie ein stummer Protest auf dieses sibirische Wetter. Wie anders war doch dieses Trapezunt als das, das ich mir in meiner Phantasie ausgemalt hatte! Ich schaute auf das wilde Meer und wieder hinüber zu den noch wilder aussehenden Schneebergen, über die der Weg nach Persien führte und dachte an alles das, was man mir an diesem Abend erzählt hatte von den Schrecken des langen Weges, und es kam mir vor, als ob ich eine Reise nach Alaska vorhätte, aber nicht eine nach dem Lande der Teppiche und der Sonne. Und während ich noch so schaute, ertönte auf einmal melodisches Glockengeläute zwischen den hohen Lehmmauern, die die Straße säumten, und im fahlen Lichte der Nacht zog eine Karawane vorüber. Zuerst ein Treiber in langem, blauem Rock und Turban, phantastisch aufgeputzt im unsicheren Lichte der Laterne. Dann die noch phantastischeren Gestalten der Kamele, würdig schreitend, mit gemessenen Schritten im Dunkel der Nacht. Zuweilen hörte man ein Grunzen, zuweilen ein Brüllen und immer wieder das Läuten der Glocken von fern und nah.

Lange schaute ich ihr noch nach, bis die letzte Gestalt von der Nacht verschlungen war und die letzte Glocke in der Ferne verhallte. Dann legte ich mich zufrieden zu Bett.

Ja doch, wir waren auf dem richtigen Wege nach Persien. – –

Am anderen Morgen machte ich mich frühzeitig auf den Weg zu einem Kampfe mit den zuständigen Stellen. Der Wali in Konstantinopel ist nur zuständig für die Ausstellung eines Erlaubnisscheines für die Landung in einem anatolischen Hafenplatz, wo man dann alles weitere mit dem dortigen Wali abmachen mußte. Würde der ein Einsehen haben? Das war die große Frage, auf die man mir auf der deutschen Gesandtschaft schon im voraus eine Antwort gegeben hatte. – Ausgeschlossen! Das ganze Hinterland, von Trapezunt bis nach Persien, sei in Gärung infolge des Kurdenaufstandes. Zudem sei das Land Aufmarschgebiet gegen den britischen Jack wegen des drohenden Mossulkonflikts. Seit sechs Monaten sei kein Europäer mehr über diese Straße gegangen, und heute, wo das alles auf Spitz und Knopf stehe, ginge eher ein Kamel durch ein Nadelöhr, als ein Franke über Erserum nach Persien.

Alle diese Reden waren mir schon während der ganzen Reise im Kopf herumgegangen. Nächtelang konnte ich nicht schlafen vor Angst und Aufregung, und nun, wo es sich um Sein oder Nichtsein aller meiner schönen Pläne handelte, war ich vollends ein Opfer nervöser Überreiztheit. Das mit den sechs Monaten hatte schon seine Richtigkeit. In diesem Zeitraum – so erklärte man mir – seien zwar immer ab und zu unternehmende Persienwanderer in Trapezunt aufgetaucht, aber keiner habe die Erlaubnis zur Weiterreise bekommen. Erst vor wenigen Wochen habe man eine Gesellschaft von fünf deutschen Ingenieuren zurückgewiesen. Alles das waren trübe Aussichten, und so war es in der Tat ein großes Glück im

Unglück, daß mich der Junge mit meinem Rucksack zu so lieben Menschen geführt hatte, die sich mit ihrer orientalischen Land- und Menschenkenntnis in Hilfsbereitschaft ordentlich überboten. Zumal André, der etwa zwanzigjährige Sohn der Madame, der ganz ausgezeichnet Türkisch sprach, begleitete mich getreulich auf meinen Wegen und spielte den Dolmetscher bei den verschiedenen Efendis, mit denen ich allein niemals fertig geworden wäre. Es war ein aufreibendes Geschäft. Ein hastiges Umherlaufen im strömenden Regen, der kein Ende nehmen wollte, ein Antichambrieren in den zahllosen Büros. – Doch ich will die lange Geschichte von den Efendis und Paschas nicht noch einmal erzählen. Der Himmel ist hier hoch und Angora ist weit und deshalb geht es auch weniger formell auf den Ämtern zu. Der gute André versäumte nicht, in seinen Reden gelegentlich das Zauberwort einfließen zu lassen: »Aleman.«

Dann hellte sich stets die finstere Amtsmiene auf, und ein Diener erschien auf der Bildfläche mit einer Tasse Kaffee. – Ja, und nachdem ich zwanzigmal Kaffee getrunken, hatte ich auch den Erlaubnisschein für die Reise nach Erserum in der Tasche. Inzwischen waren aber zwei Tage darüber hingegangen, während deren ich reichlich Zeit gehabt hatte, mich in der Stadt umzusehen. Trapezunt ist trotz seiner seit tausend Jahren feststehenden Bedeutung als Ausfuhrhafen für persische Landesprodukte, eine fast noch verschlafenere Stadt als andere Ortschaften des Orients es gewöhnlich zu sein pflegen, zumal jetzt, wo das fortschrittliche Element der Griechen und Armenier vertrieben oder auf andere Weise ausgerottet war. Eine Filiale der Banque Ottomane führt ein armseliges Dasein, ein paar Geldwechsler schlafen hinter ihren Kästen. Straßenpflaster im modernen Sinne ist ein unbekannter Begriff, die elektrische Beleuchtung ist nie richtig über das Versuchsstadium hinausgekommen. Aber selbst diese kümmerliche Herrlichkeit hat ein Kinotheater, in dem eben die Wunder und Schrecken des großen Superfilms »Die Mädchenhändler von Neuyork« über die Leinwand gingen. Dann gibt es noch städtische Anlagen mit verdorrten Bäumen, denen die Ziegen das Lebensmark abgenagt haben, vor allem aber viele Kaffeehäuser, die ja von Konstantinopel bis Trapezunt noch immer die wahre Heimat sind für jeden echten türkischen Mann. –

Das größte und schönste Haus am Platze, das in seinem modernen Villenstil wie eine Beleidigung wirkte für seine malerisch-romantisch-schlampige Umgebung, war das Bolschewikikonsulat. In Friedenszeiten war es noch Kaiserlich-russisch gewesen, aber Zeiten und Menschen haben sich seither geändert. Zufällig traf ich den früheren russischen Konsul auf der Straße. Er hatte den armenischen Feldzug als Offizier mitgemacht und besaß von der Zeit her noch eine Generalstabskarte der Gegend von Erserum, die er mir zeigen wollte. So gingen wir zusammen nach seiner Behausung. – Schon manche Bohèmebude habe ich in meinem Leben gesehen, aber solche noch nie! Die ehemalige französische Schule diente als Flüchtlingsheim für vertriebene Russen, die nun schon seit Jahren hier hausten und sich inzwischen stattlich vermehrt hatten. In den Gängen tummelten sich unzählige Kinder. Jede Familie bewohnte einen ganz kleinen Bretterverschlag für sich, den sie nach ihrer Phantasie mit Wanddekorationen versah. Der meines freundlichen Gastgebers war reich geschmückt mit Bildern von Koltschak, Wrangel und Denikin und mit bolschewistischen Greuelszenen aus russischen Emigrantenblättern. Madame – eine noch recht jugendlich aussehende Dame mit feschem blondem Bubikopf – sprach fließend Deutsch, und kein Wunder, denn sie war die Tochter eines baltischen Barons. Das einzige Möbel im Zimmer war ein windschiefer Ofen, auf dem ein Samowar brummte. Im ganzen waren nur zwei Gläser vorhanden, aber auch damit hielten wir eine recht ausgiebige Teevisite. Monsieur prophezeite den demnächstigen Zusammenbruch des bolschewistischen Staates, und Madame schwelgte in Erinnerung seliger Tanzabende auf baltischen Schlössern. Dazwischen tummelten sich Scharen von kleinen Buben und Mädchen. Nachbarsleute, die, nur durch eine dünne Bretterwand getrennt, auf der anderen Seite wohnten, kamen herüber und setzten sich auf Kisten und Betten und machten Konversation wie in einem Petersburger Salon. Und überall war der scharfe Geruch von Armut und Not und frischgewaschener Wäsche und schönem russischem Tee und billigen Zigaretten. Der Konsul a.D., der ein außerordentlich beschlagener Mann war in orientalischen und besonders in armenischen Dingen, ein wandelndes »Who's who in Turkey«, gab mir noch allerlei nützliche Winke, die ich begierig aufsaugte, denn ein wenig gruselte mir doch vor dem langen Wege über das Gebirge. Zum Schluß übergab er mir noch einen Brief für seinen

Vetter, ebenfalls einem Emigrantenoffizier, der zur Zeit in Teheran lebte. Diesen Brief trug ich getreulich über alle Berge des armenischen und persischen Landes, aber abgeben konnte ich ihn nur der Witwe, denn er selbst war kurz zuvor ermordet worden. –

Es war also, alles In allem genommen, nicht so sehr weit her mit den Wundern dieser Teppichstadt, und niemand war froher als ich, als ich ihr endlich den Rücken kehren konnte, wohlversorgt mit allerlei schönen Dingen und Ratschlägen der guten Pensionsmama, die durchaus nichts von einer Rechnung wissen wollte.

So machte ich mich mit großen Schritten auf den langen Weg. Es war Sonntag, und da an diesem Tage die Christen nicht arbeiten und die Türken ohnehin alle Tage Sonntag haben, war fast kein Mensch auf der Straße. Zum erstenmal seit meiner Landung in Anatolien begann der Himmel sich aufzuklären, die mürrischen Wolken waren alle verflogen, und es war, als ob das Wetter selbst seiner Befriedigung Ausdruck geben wollte über diese Wendung des Geschicks. So schön hatte die Sonne schon lange nicht mehr geschienen. So blau hatte der Himmel schon lange nicht mehr gelacht über den Orangen- und Feigenbäumen, die alle sich zu recken und strecken schienen in der Ahnung des kommenden Frühlings. Das Meer war dunkelblau, und ringsum standen auf felsigem Berghang die weißen Häuser in der hellen Sonne, als ob man nicht hier unten, fern in der Türkei, sondern irgendwo an der dalmatinischen Küste wanderte.

Von Trapezunt nach Erserum fahren Autos in den Sommermonaten. Im Frühjahr aber, wenn die Wege in den Tälern von Wildbächen überschwemmt werden und die Gebirgspässe tief unterm Schnee vergraben liegen, muß man schon mit Schusters Rappen als Reittier vorlieb nehmen, wenn man nicht die Postkutsche benutzen will, die in ihrer holprigen und obendrein noch sehr kostspieligen Primitivität so gar nichts gemein hat mit der alten, schönen Romantik derer, die einstmals Eichendorff begeisterte.

Aber das Laufen fällt einem nicht schwer in diesem Lande, auch wenn man lange schon die Meeresküste hinter sich gelassen hat und durch die engen Gebirgstäler den Schneebergen entgegenwandert, die in der Ferne unter dem blauen Himmel stehen. Es ist, als ob man durch die Vortäler der Alpen wanderte. Die hellen Bäche springen von den Felsen, die Vögel singen über blumigen Wiesen, und überall leuchtet und lächelt der Frühling!

Am auffälligsten machen sich die schimmernden Kätzchen der Haselnüsse bemerkbar. Denn dies ist das Land, in dem die Haselnuß Königin ist. Sie wuchern an allen Wegrändern, sie stehen dicht auf den kleinen Inseln des rauschenden Flusses, man sieht sie an den Berghängen in langen, geraden Reihen wie die Obstbäume. In Trapezunt gibt es Fabriken, die sich mit der Entkernung der exportierten Nüsse befassen, und die Schalen sind das bevorzugteste Brennmaterial in den Öfen jener Stadt.

Auf den ersten Blick ist hier alles wie in Deutschland. Und doch so anders! Kein Leben in der Landschaft, keine weißen Häuser hinter grünen Bäumen, keine Glocken, die in den Tälern klingen. Nur kahle Hütten aus braunem Lehm, verfallene Friedhöfe, über denen die Raben krächzen. Kein freundliches Dorf mit stolzen Wirtshäusern, die zur Einkehr laden. Wenn irgendwo auf der Erde der Spruch »Mein Haus, meine Burg« eine Wahrheit ist, so in diesem Lande. Unnahbar wie die Burgen schauen die Häuser zumeist von hohen Felshängen herunter auf die Straße. Nur ab und zu, in Entfernungen von etwa 25 bis 30 Kilometer, trifft man auf so etwas wie ein Gasthaus für die zahlreichen Karawanen, die die Straße bevölkern.

Das ist der Han. Ein Gasthaus à la Turka ist das freilich; ländlich, schändlich, mit recht wenig Bequemlichkeit, von modernem Komfort gar nicht zu reden. In ihrer nüchternen Ärmlichkeit erinnern sie an die »Tambo« genannten Unterkunftsstätten der bolivianischen Hochländer, die überhaupt viel Ähnlichkeit mit diesen Gegenden haben. Im fahlen Lichte des sinkenden Tages kommt man vorbei an Lehmgebäuden, in denen in langen Reihen die Kamele knien, und gelangt schließlich in eine Hütte, in der ein rotglühender Ofen eine angenehme Wärme, aber auch dicke, beißende Rauchwolken verbreitet, die alles in einem dichten Nebel verhüllen. Man tritt hinein.

»Salem Aleikum.«

Was sagt man aber weiter? Südländer – und man muß doch wohl auch die Türken zu diesen zählen – sind im Allgemeinen nicht blöde, wenn es sich um die Unterhaltung eines Gastes handelt. Und wenn sie auch kein Wort von dessen Sprache verstehen, so gab ihnen doch ein Gott zu sagen, was sie leiden, mit Händen und Füßen und wilden Grimassen. Wer einmal in Neapel oder Palermo gewesen ist, wird das ohne weiteres bestätigen. Dem Türken aber ist diese Gabe versagt, und wessen Gehirn da noch einem leeren Blatte gleicht, auf dem die türkischen Vokabeln erst noch geschrieben werden müssen, der hat kein Ende der Schwierigkeiten. Aber du bist müde, du bist hungrig, du möchtest essen und schlafen. Du versuchst es mit einem kleinen Sprachführer. »Was man schwarz auf weiß besitzt, kann man getrost nach Hause tragen«, sagt Mephisto. Du schlägst nach beim Kapitel Gasthof.

»Haben Sie ein möbliertes Zimmer frei?«

Nein, das geht nicht.

»Lassen Sie mir mein Zimmer heizen.«

Auch das nicht.

»Besorgen Sie mir bitte einen Gepäckträger.«

Das klingt reichlich unpassend.

Aber am Ende hat man sich doch verstanden, und du hast dich einigermaßen zurechtgefunden in dieser fremden Welt. Der Hodscha tritt hinaus ins Freie und singt das Abendgebet mit lederner Lunge. Dann kommt das Nachtessen. Mitten auf dem Tisch steht die große Joghurtschüssel, und jeder greift zu mit seinem großen Löffel. Sie tun es mit viel Eifer, denn sie haben viel nachzuholen in diesem Fastenmonat Ramasan, in dem es nur eine Mahlzeit gibt. Auf dem erhöhten Postament im Hintergrund breitest du deine Decke aus und legst dich schlafen und schaust noch eine Weile in das verglimmende Feuer im Ofen und hörst auf das dumpfe Klingen der Glocken einer vorüberziehenden Kamelkarawane.

Und noch ehe du recht eingeschlafen, weckt dich vor Tagesanbruch das Schellengeklingel der aufbrechenden Pferdetruppe. Du packst dein Bündel und wanderst weiter mit nüchternem Magen. Denn wie gesagt: wir sind im Ramasan. Da ist es eine der sieben Todsünden, wenn man am Tage etwas zu sich nimmt. Für Geld und gute Worte gibt es nichts zu kaufen, auch nicht für den Gjaur.

So wanderst du billig, aber hungrig als fremder Ungläubiger durch die frommen Tage und Nächte des heiligen Monats Ramasan.

Nächte in Erserum

Im Han – »Salem Aleikum« – Eine Überraschung – Nächtliche
Reise – Mit der Karawane – Etwas über die Kamele – Blüten und
Ruinen – Ali Bey, der Gastfreund – »Yol da – –!« – Romantische
Postkutschenfahrt – Ganz wie bei Eichendorff – Eine sibirische
Gegend – Beiburt, die Ruinenstadt – Ein Kuß zu Unzeiten – Das
Bairamfest – Im Kaffeehaus – Über den Kop Dagh – Erserum von
ferne – Kontrolle im Festungstor – Ruinen überall – Von Katzen,
Muezzins und Minaretten – Auch eine Eisenbahn – Abschied von
Erserum – Auf der Straße nach Kars.

Allerlei Gedanken steigen in einem auf, wenn man in der kalten
Sonne dieser verspäteten Frühlingstage über kaukasische Landstraßen wandert. So, denkt man, muß es einmal auch bei uns gewesen
sein, damals, als das dampfschnaubende Tier noch nicht die Romantik der Landstraße verdorrte, als schwere Wagen zur Messe fuhren, als die Straßen noch lebendig waren von fahrenden Schülern
und wandernden Gesellen, und hohe Herren hoch zu Roß auf Reisen gingen. Das alles findet man heute noch wie einst in diesem
eisenbahnlosen Lande. Freilich alles à la Turka. Das ist hier ein buntes Leben von Menschen, die von weither kommen und weithin
gehen. Orientalische Menschen, die ausschauen, als ob sie eben erst
entlaufen wären aus einem Märchen von Tausendundeiner Nacht.
Man merkt es hier an allen Enden, daß der Himmel hoch und der
Ghazi in Angora weit ist in diesem hintersten Winkel der Türkei.
Die Wellen der von dorther geleiteten und dekretierten Reformbe-
wegung nach westeuropäischem Muster verebben hier wie die letzten Ringe eines Steinwurfs, und wo sie sich doch ihre Geltung zu
verschaffen wußten, da sind sie der Gegenstand des dumpfen pas-
siven Widerstandes der breiten Massen des Volkes; die europäische
Kopfbedeckung hat man freilich gewaltsam durchzusetzen gewußt.
Dafür tragen sie aber die Mützen umgekehrt und verhüllen sie
durch ein schwarzes Tuch, dessen Enden wie Trauerschleier weit
über den Rücken herunterhängen. Am äußeren Auftreten der Frau-
en vollends verspürt man vom neuen Geiste nicht einen Hauch.
Selbst die Bettlerinnen an den Straßen verhüllen schamvoll ihre
Schönheit vor den Blicken derer, von denen sie Almosen erbitten. Es
ist wohl auch besser so. Aber welche Welt trennt sie von ihren

Schwestern, die heute – europäischer als die Europäer – mit kurzen Röcken und schicken Bubiköpfen, stolz und dauergewellt, auf hohen Stöckelschuhen durch die Straßen Stambuls schreiten.

Drei Tage lang war ich nun schon weiter gewandert auf der großen Straße, die immer höher ins Gebirge und immer weiter in die Wildnis hinein führt. Einige Dutzend türkische Vokabeln hatte ich mir inzwischen schon angeeignet, aber das langte nicht hin zu einer Unterhaltung mit neugierigen Landbewohnern, die einem da und dort begegneten und ein freundliches Gespräch anknüpfen wollten. Eines Abends kam ich an ein aus rohen Steinen und Kamelsmist zusammengebautes Rasthaus, hinter dem ein vielfach gewundener Weg über Schneefelder steil bergauf führte. Der Rauch des Herdfeuers stieg gerade in die Höhe zu dem klaren Himmel, den die Abenddämmerung in allen Farben malte. Die Luft war erfüllt von dem Schreien und Brüllen der aufbrechenden Kamele. Eine nach der anderen schwankten die hohen, schwerbeladenen Gestalten durch die enge Gasse, die zwischen den Hütten führte. Als ich vor dem Han angelangt war, hockten noch einige Treiber um ein spärliches Feuer und tranken Kaffee.

»Salem Aleikum«, sagte ich, denn so viel Türkisch hatte ich inzwischen schon gelernt.

»Aleikum Salaam«, antworteten sie wie aus einem Munde. Dann redeten sie weiter auf mich ein in einer Sprache, die mir ebenso spanisch vorkam, wie sie türkisch war. Neugierig befühlten sie meinen Rucksack, schüttelten den Kopf, betrachteten ihn wieder, und auf einmal packte ihn einer und lud ihn auf einen Esel, der sich auch gleich mit der Karawane davon trollte. Das war einigermaßen unerwartet. Da aber die anderen im gleichen Moment aufbrachen und mich zum Mitgehen einluden, vergaß ich alle Müdigkeit des zurückgelegten Weges und marschierte mit, als ob das so sein müßte. Drei Tage lang war ich jedem menschlichen Wesen aus dem Wege gegangen. Nun aber war das Herdentier im Menschen auch in mir wieder lebendig geworden, und ich war froh, daß ich den Anschluß gefunden hatte.

Schon begann es zu dämmern. Immer länger wurden die Schatten der schwarzen Felsen, mit denen der Abhang förmlich übersät war. Bald war es dunkel Nacht, eine klare, sternfunkelnde Bergnacht.

Nie habe ich einen einigermaßen triftigen Grund dafür gefunden, warum diese Karawanen bei Nacht ihre Straße ziehen, wo doch die Tage so lang sind. In den heißen Wüstengegenden Persiens und Arabiens ist es die Flucht vor der unerträglichen Tageshitze, die gebieterisch dazu treibt, und sicherlich ist es nur das im Orient mehr noch als anderswo geltende Gesetz der Trägheit, das Mensch und Tiere dazu verleitet, diese Gepflogenheit auch im Schnee des Kaukasus fortzusetzen. Ganz gewiß ist es aber auch im Unterbewußtsein ein romantischer Zug, der die Wüstensöhne zum Festhalten an diesem Brauche veranlaßt.

Denn nichts gibt es, das romantischer sein könnte, als das Ziehen einer großen Karawane durch die Stille einer morgenländischen Nacht. In endloser Linie schwankt die Reihe der schwerbepackten Tiere in gleichmäßigem, wiegendem Gange, der sich niemals beeilt und niemals still steht. So viel erzählt man vom dummen Kamel, und das hat gewiß seine Berechtigung. Wer es aber einmal auf orientalischen Landstraßen in Reih und Glied marschieren sah, in gemessenem Schritt, geziert mit bunten Bändern über den langen Ohren des hoch erhobenen Kopfes, der hat zu seinem Staunen das schöne Kamel erlebt. Es hört sich seltsam an, aber es ist schon so: was die Kirchtürme bei uns sind, das sind die Kamelkarawanen für den Orient: die Verkünder des Göttlichen in der Landschaft. Das Leitkamel trägt stets eine mächtige Glocke, deren dumpfer Ton weithin zu hören ist. An anderen Kamelhälsen hängen Glocken von anderen Abtönungen, die harmonisch zusammenläuten, wie die Kirchenglocken bei uns zu Hause. Unwirklich, beinahe überirdisch klingt so etwas in solcher Gegend, in Nacht und Wüste. Unwirklich die Gestalten, die das Nachtdunkel noch phantastischer verzerrt. Da und dort trippelt ein Esel, da und dort geht ein Treiber. Ein dunkles Gesicht, ein Turban leuchten im Schein der Laterne. Ein Kamel brüllt mit heiserer Stimme. Sogleich nehmen die anderen den Ruf auf. Ein unmögliches Grunzen und Schreien geht durch die lange Reihe. Der Treiber flucht. Er zitiert Allah und den Bart des Propheten. »Willst du wohl parieren, Sohn eines Christenhundes?« Er sticht das Geschöpf mit der Stange. Wütend schaut es sich um ob der angetanen Beleidigung. Noch einmal geht ein Grunzen durch die Reihe. Dann ist wieder alles ruhig. Man hört nur die gleichmäßigen Schritte der Kamele, das Läuten der Glocken und das wilde

Geheul eines fernen Schakals. Man sieht nur die Nacht und die Sterne.

Uralte Poesie der Karawane! Ist dies nicht die Straße, über die schon Xenophon zog mit den Zehntausend? Marschierte nicht schon Alexander über diese Berge? Sind nicht schon die Weisen aus dem Morgenlande ihre Straße gezogen mit gerade solchen Kamelen und gerade solchen Treibern, die schattenhaft durch Nacht und Dunkel zogen und tagsüber am kümmerlichen Feuer genau solchen Kaffee tranken und genau solche Gespräche führten? Und haben die Kamele damals nicht gerade so gebrüllt und die Treiber gerade so geflucht und miteinander gezankt um dieselben Nichtigkeiten, wie sie das heute noch tun?

Wahrlich, wie der Berg nicht zu Mohammed gegangen, so ist die Zeit hier auch still gestanden und wird immer stille stehen. »Wie im Unendlichen das Selbe sich wiederholend ewig fließt.« Und es bleibt doch nicht das Gleiche. –

Es war eine lange Nacht, diese erste bei der Karawane. Schon nach einer halben Marschstunde marschierten wir durch eine Schneelandschaft, in der unzählige Kamelhufe einen vielgewundenen Pfad bis zur Paßhöhe gebahnt hatten. An steilen Hängen ging es vorbei, an Abgründen, die schwarz wie Höllenschlünde aus der Tiefe schauten. Der Wind pfiff eisig um jede Wegbiegung, – das und der ungewohnte Gestank der Kamele, der eintönige Sing-Sang der Treiber und die Anstrengungen des langen Tagemarsches verursachten eine derartige Übermüdung, daß mir die Augen zufielen und ich nur taumelnd Schritt zu halten vermochte mit der Karawane, die unerbittlich weiter zog. Lange vor Tagesanbruch erreichten wir das Ziel der Reise. Es war eine sibirische Gegend, über der ein kalter Wind melancholisch summte. Mit Schnelligkeit und einer Präzision, die von langer Übung zeugte, wurde das Lager hergerichtet. Die von der Last befreiten Kamele knieten im weiten Kreise um den Futterhaufen, dem sie knurrend und gurgelnd ihre Reverenz erwiesen. Treiber und Führer versammelten sich in einer steinernen Schutzhütte, wo sie sich sogleich an ihre Kochkünste machten, denn wie gesagt: man war im Ramasan, und da durfte nach Sonnenaufgang kein Bissen mehr einen gläubigen Mund verunreinigen. Hier in der Hütte war man wenigstens geschützt vor dem eisigen Winde, aber das war auch das einzige Erfreuliche an diesem Aufenthaltsort. Der Rauch des brennenden Kamelmistes biß in die Augen. Es duftete nach allen Gerüchen des Orients, nur nicht nach denen, von denen man in den Märchen lesen kann. Ein kleiner Junge brachte mir eine Mahlzeit aus Milch, Joghurt und Brotfladen und zuletzt noch ein Glas Tee, das ich nur halb leerte, denn ehe ich mich's versah, war ich fest eingeschlafen auf dem harten Boden. – –

Als ich wieder aufwachte, war es längst schon heller Tag. Es war ganz windstill, und ein strahlend blauer Himmel stand über der weißen Landschaft. Mit einem Satz war ich aus der Hütte der üblen Gerüche und stand draußen im Freien. Wir hatten die höchste Paßhöhe erreicht und konnten nun von oben herab wie auf einer Landkarte den ganzen zurückgelegten Weg übersehen. Täler und Schluchten und Straßen und Rasthäuser lagen gebadet in der hellen Sonne. Wie kleine schwarze Schlangen sah man die heraufkommenden Karawanen, und ganz in der Ferne unter dem Horizonte lag wie ein dicker dunkler Tintenstrich das Schwarze Meer. Nach Osten, in der Wegrichtung aber, sah man nur ein Chaos von Bergen und Schluchten, das einen daran erinnerte, daß man auch auf diesem hohen Gipfel erst am Anfang der Reise stand und Persien noch nirgendwo in Sicht war. –

Vor Anbruch der Nacht reisten wir weiter, mit nüchternem Magen natürlich, wie sich das für einen Gläubigen geziemt. Nur ein Glas heißen Tees durften wir uns leisten, und der war wie ein Gottesgeschenk in dem kalten Winde, der mit sinkender Sonne wieder wie ein Ungeheuer aus den Bergschluchten kam. Die Treiber zogen ihre persischen Lammfellmützen auf und putzten ihre Messer an den langen blauen Röcken ab. Dann machten sie sich daran, die Kamele zu beladen, und das war kein kleines Geschäft. Denn das Kamel liebt den Protest. So oft es auch beladen wird in seinem Leben, so oft begrüßt es diesen Augenblick mit denselben Anzeichen der Entrüstung, wie am allerersten Tage. Knurrend unterbricht es das angenehme Geschäft des Wiederkauens. Langsam wendet es den langen Hals und besieht sich seinen Peiniger mit großen, schwarzen Augen, aus denen Tränen kollern. Dieser schwingt den Stock und verflucht seine Ahnen bis ins letzte Glied. Darauf wütendes Gebrüll des Kamels.

Seltsame, unergründliche Stimme des Wüstenschiffes! Ihm steht die ganze Tonleiter zur Verfügung, zum Ausdruck seiner Gefühle. Es kann knurren, brummen, es kann stöhnen wie ein Mensch, plärren wie ein Schaf und schreien wie ein wildgewordenes Pferd. Kniend empfängt es seine Ladung und schreit dabei schon, wenn man ihm nur einen Strick überwirft, mit dem man die Last befestigen will. Mit steinerweichendem Stöhnen quittiert es den Empfang der Last. Stolpernd steht es auf, und das ist immer der schwerste Moment in seinem Leben. Ein Kamel soll einmal gesagt haben, es könne die Erde tragen, wenn es nicht aufzustehen brauchte. Ist es aber erst einmal so weit, so schreitet es mit langen, zögernden Schritten wesenlos und schattenhaft, protestlos dahin, als ob überhaupt keine Last auf seinem Rücken läge.

Oftmals habe ich diesen Vorgang mit angesehen und jedesmal ist mir dabei ein Gleichnis aufgestiegen, dessen ich mich nicht erwehren konnte: sind wir nicht auch wie diese Kamele, wir Deutsche? Zuerst, als man anfing uns Lasten aufzubürden, schrien wir aus Leibeskräften. Nun aber, da wir als Daweskamel unter dem Gewicht untragbarer Reparationen dahinstolpern, sind viele schon halb stolz darauf geworden und Monat für Monat lesen wir beinahe schon mit Freude die Berichte des Fronvogts in der Zeitung. Doch das ist Politik.

Die Kamele sind im Gang. Der Schnee knirscht unter den Hufen. Die Treiber gehen nebenher mit langen Schritten, die sie ihren Schützlingen abgesehn. Tagaus, tagein tun sie das ihr Leben lang, dreißig Kilometer pro Tag in Hitze und Kälte, in Nacht und Sturm. Es ist kein leichter Beruf. »Nach fünf Jahren«, sagt ein türkisches Sprichwort, »ist entweder das Kamel oder der Kameltreiber tot.«

Das Reisen im armenischen Kaukasus hat immer seine Schwierigkeiten. Beim Aufstieg auf den Berg waren es die tiefen Schneefelder, die uns den Weg sauer machten. Hier, beim Abstieg an der sonnigen Südseite brauchte man nur vereinzelte Schneefelder zu passieren. Dafür war aber der ganze Abhang lebendig von unzähligen Bächen, die in lustigen Wasserfällen von allen Seiten herunterstürzten und die Straße zu einer Illusion machten. Es gehörte die ganze Erfahrung eines geübten Kamels dazu, um sich und seine Last im Gleichgewicht zu halten in dem abschüssigen Gelände, das bei jedem Schritt unter den Füßen hinwegrutschte. Dennoch wurde eines der Tiere von seinem Schicksal ereilt und purzelte mitsamt seiner Last, sich vielfach überschlagend, den Hang hinunter in ein enges Tal, wo es in einem kleinen Bache liegen blieb und sich nicht mehr rührte. Wir eilten hinunter und erwarteten nur noch eine Leiche zu sehen. Drunten standen sie alle in einem Kreis und machten ihre Bemerkungen, bis Scheich Mohammed, der Karawanenführer, kam und feststellte, daß das Tier noch kerngesund war und abgesehen von einigen Schrammen keinen Schaden gelitten hatte. Soweit war alles schön und gut. Aber wie es nun wieder aufstellen? Das war die große Frage, die sich alle vorlegten, während sie gewichtig ihre Bärte strichen. Hadsch Ali war dafür, daß man es mit einem Strick am Kopfe versuchen solle, während Mustafa die Sache beim Schwanze anpacken wollte. Sie versuchten es auf beide Arten, aber es war alles umsonst. Stunden vergingen. Längst war die Nacht angebrochen und noch immer lag das blöde Tier da und grunzte und stöhnte. Es lag vollständig frei. Es hätte ruhig aufstehen können, aber es wollte oder getraute sich nicht. Die Treiber prügelten es mit viel Temperament. Sie schimpften und verfluchten seinen Stammbaum. Sie verwünschten es, daß der Prophet seinen Bart verbrenne, sie nannten es den Sohn eines Christenhundes. Aber es rührte sich nicht. Schon hatte man beschlossen hier zu übernachten und den Tag abzuwarten, als es auf einmal aufsprang und sich schüttelte. Willig kniete es nieder und ließ sich von neuem die Last aufladen. Dann marschierte es davon, als ob nichts passiert wäre. –

Weiter stampften wir über den schlammigen Boden und durch den nassen Schnee. Von allen Seiten hörte man durch die Nacht das Raunen des Windes und das Gurgeln und Rauschen der Wildbäche. Wilder und wilder wurde die Landschaft, ein Irrgarten von Felsen und Schluchten. Mit Tagesanbruch kamen wir in eine Gegend, wo der Frühling schon auf die Berge gezogen war und die Hänge gelb waren von Primeln und blau von Veilchen. Tief im Talgrund sah man blühende Kirsch- und Aprikosenbäume, die weiß wie Schnee und rot wie die Sonne zwischen den schwarzen Felsen leuchteten. Voll Erwartung stieg ich hinab, aber was man zu sehen bekam, das waren Ruinen.

Denn auch diese weltverlassenen Erdenwinkel hat der nimmersatte Krieg nicht verschont. Mehr als das: es gibt auf dieser Erde kein Land, in dem er so furchtbar gehaust hat, wie hier, wo wahrlich die Prophezeiung sich erfüllt hat, daß er keinen Stein mehr auf dem anderen lasse, daß er dem Menschen nichts mehr lasse als die Augen, um sein Unglück zu beweinen.

Furchtbare Tragik des Landes Armenien! Wir alle haben es ja erfahren müssen, wie der Mensch noch immer des Menschen größter Feind gewesen ist, aber das alles war Kinderspiel im Vergleich zu dem, was in diesen Bergen vor sich gegangen ist.

Es ist ein Widerspruch in sich, wenn man noch von Armenien spricht. Heute ist es nur noch ein geographischer Begriff. Im ganzen Lande existiert heute kein einziger Vertreter dieser Rasse mehr. Die Glücklicheren unter ihnen sind geflohen nach Syrien, nach dem Irak, nach Georgien. Die Mehrzahl aber liegt heute unter dem Boden. Die Geschichte kennt keinen Fall einer so vollständigen Ausrottung eines Volkes.

Dennoch ist es verkehrt, wenn man verallgemeinernd von »Armeniergreueln« im Sinne einseitiger türkischer Verfolgung spricht. In diesem Lande ist kein Volksstamm dem anderen etwas schuldig geblieben, und der Armenier selbst hat durch seine besondere Eigenart nicht wenig beigetragen zu dem Schicksal, das ihn ereilte. Im Orient geht eine Fabel um, die in etwas an die von unserem Distelfink erinnert: als der liebe Gott die Menschen erschaffen hatte und bei ihrem Ansehen feststellte, daß sie ihm leidlich gelungen waren, trat der Teufel an ihn heran mit der Bitte, ob er nun auch etwas schaffen dürfe. »Gewiß«, sagte der liebe Gott. Da nahm der Teufel eine Retorte und mischte darin zwei Griechen, zwei Juden und zwei Levantiner. Das Resultat war ein Armenier. Auch wenn man ihre Charaktereigenschaften nicht so schwarz malt, wie diese türkische Legende, bleibt doch noch genug übrig, um die Feindschaft zu verstehen. Im Kriege nahmen die Armenier offen Partei für die Feinde des türkischen Reiches und ermöglichten durch ihre Haltung erst die Niederlage, die das osmanische Heer gleich zu Anfang des Krieges in jenen Gegenden erlitt. Nach dem Einzug der Russen kühlten sie ihren Mut an ihren Erbfeinden, indem sie türkische Höfe und Moscheen niederbrannten und als Denunzianten ihre Nachbarn dem Feind ans Messer lieferten. Bei ihrer Rückkehr drehten die Türken den Spieß um und verfuhren nach gleichem Muster mit den

Armeniern. Das allezeit kriegs- und beutelustige Volk der Kurden mischte sich in die Händel, und es begann ein wildes Morden und Totschlagen, wie es die Geschichte noch nicht gesehen. Kirchen und Moscheen gingen gleichmäßig in Flammen auf. Selbst vor den Gräbern machte der Haß nicht halt. Was übrig blieb, das war eine Trümmerstätte, die das Land im Urzustand zurückließ, wie es die Natur geschaffen. Die Natur selbst, mitleidiger als die Menschen, beginnt die Spuren der Zerstörung zu verwischen. Verfallene Mauern verschwinden unter einem Teppich von Gras und Blumen, und blühende Pfirsichbäume wachsen aus zerstörten Kirchenportalen. Langsam werden von der Regierung die gesprengten Brücken wiederhergestellt, neue Gebäude erstehen an Stellen, die einmal Städte gewesen. Aber es geht alles sehr langsam. Denn woher das Kapital nehmen in diesem durch elf Kriegsjahre verarmten Lande? Und vor allem: woher die Menschen? Drei Millionen Griechen hat man ausgewiesen aus Anatolien, eine Million Armenier ist nicht mehr, die türkische Bevölkerung selbst ist dezimiert. Platz ist genug und übergenug im Lande, aber sonst fehlt es an allem. So lebt man dahin mit wenig Geld und großen Hoffnungen. Unfaßbar groß ist der Geldwert in jener Gegend. – Was ist eine türkische Lira in Konstantinopel? Ein Nichts, das man vertut in einer unbedachten Minute! Aber hier! Ein Ei kostet knapp drei Pfennig nach deutschem Geld, ein Pfund Butter achtzig Pfennig. Wer eine Fünfpfundnote besitzt, ist ein reicher Mann. Aber es ist eine Billigkeit, bei der die Armut Gevatter gestanden hat.

Nach einigen Tagen durchzogen wir ein schönes breites Tal, das in seiner ganzen Erscheinung das genaue Gegenteil war von den wilden Landschaften, aus denen wir eben kamen. Alles war hier freundlich und anmutig. Der Fluß, der bisher als schäumender Wildbach unser Wegbegleiter war, floß träge dahin zwischen grünen Matten, auf denen Kühe weideten. An den Abhängen, die ebenfalls vom Grün des Frühlings bedeckt waren, kletterten Schaf- und Ziegenherden unter Aufsicht kleiner Hirtenjungen, die ebenso malerisch wie zerlumpt aussahen. Am Flußufer saßen wie bunte Farbenklexe die Weiber, die Wäsche wuschen. Im ganzen Tal aber, so weit man blickte, war die Landschaft weiß vom Blütenschnee der Apfelbäume. Die Straße wurde belebter, und bald tauchte aus dem Talgrunde eine Stadt auf, oder doch das, was man in jenen Gegenden darunter versteht. In der Ferne leuchtete die Kuppel einer Moschee. Schlank wie ein Finger ragte ein Minarett in die Morgenluft. Viel mehr bekam man auch nicht zu sehen, als man mitten in der Stadt stand. Denn sie war natürlich abgebrannt. Nur ein paar verlotterte Buden an einer schmutzigen Straße zeugten von dem, was einmal die Bezirkshauptstadt Gümisch-Hana gewesen war. Etwas abseits, in einem neu entstehenden Stadtteil, standen bereits wieder einige stattliche Villen für die Herren Offiziere und Beamten. Eine neugepflanzte Allee führte zu einem recht stattlichen Hotel, hinter dem ein rührender Versuch zu einem kleinen Walde stand, in dem jedes Bäumchen mit einem Stacheldraht umgeben war, als Schutz gegen marodierende Ziegen.

Hier im Hotel ließ ich mich nieder und war alsbald der Gegenstand allgemeinster Beachtung. Denn Fremde aus Frankistan sind selten in den armenischen Bergen. Besonders Ali Bey, der Besitzer des Hotels und des halben Landes in der Ungegend, war die Liebenswürdigkeit selbst. Kostenlos bewirtete er mich mit dem Besten, was er im Hause hatte und wurde dabei nicht müde, mich über Alamania auszufragen, über den Kaiser und Hindenburg und darüber, ob es demnächst bald wieder losgehen würde gegen die verfluchten Engländer. Die Kunde von dem zugereisten Franken hatte sich schnell verbreitet. Und nach und nach hatten sich eine ganze Anzahl Offiziere der Garnison zur Begrüßung eingefunden, denn in Gümisch-Hana ist man dankbar um jedes bißchen Abwechslung. Da meine türkischen Kenntnisse sehr zu wünschen übrig ließen und die anderen nichts anderes sprachen, wollte die Unterhaltung anfangs nicht recht in Fluß kommen. Das wurde anders, als ein höherer Offizier hereinkam, vor dem alle aufstanden und stramm salutierten. Zu meinem Erstaunen kam er auf mich zu und begrüßte mich in tadellosem Deutsch, mit ein wenig Berliner Anklang. Er war in seiner Jugend, noch zu Abdul Hamids Zeiten, zur Ausbildung zu den Gardedragonern nach Berlin kommandiert worden und fühlte sich seither selbst als halber Spreeathener. – Berlin! Das sei noch eine Stadt! Und Deutschland! – Jetzt sehe es ja schlimm aus dort drüben. Aber er wisse es besser. Die stellen sich bloß tot. Und eines Tages, da seien sie wieder lebendiger als je, und die Deutschen und die Türken – die würden zusammen doch ausreichen, um aus der ganzen Welt ein Armenien zu machen. Das war die allgemeine

Ansicht. Zwischendurch tranken wir unendlich viele Tassen Kaffee, der Offizier erzählte Schnurren aus seiner Berliner Garnisonszeit und schließlich sang er begeistert »Deutschland über alles«, wobei alle anderen mit einstimmten so gut sie konnten.

Inzwischen war es längst dunkel Nacht geworden. Ali Bey, dem vor Begeisterung die Wasserpfeife ausgegangen war, interessierte sich sehr für meine ferneren Reisewege. Das Marschieren mit dem Rucksack erschien ihm als die sonderbarste aller Marotten eines übergeschnappten Franken. Warum ich das wohl täte?

»Zum Vergnügen«, sagte ich.

Da schüttelte er mißbilligend den Kopf.

»Efendi«, sagte er mit vorwurfsvoller Miene, »sagen Sie mir bitte etwas, das ich glauben kann. Zum Vergnügen geht man nach Stambul, wo es guten Kaffee und Kinotheater gibt. Aber nach Gümisch-Hana zu Fuß über die Berge, da zerreißt man seine Schuhe und wird mit der Zeit müde, und das ist das Schlimmste, was einem Gläubigen passieren kann. Sie werden sterben, wenn Sie so weiter machen, und dazu möchte ich nicht auch noch helfen. Heute Abend fährt ein Postwagen nach Beiburt. Sie werden mit ihm fahren. Es geht schneller und kostet Sie nichts.«

Das war in der Tat frohe Botschaft. Schon während des ganzen Tages hatte ich die weißen Schneefelder des Wawug Dagh in der Wegrichtung vor mir liegen sehen und mir schon im voraus die Schrecken ausgemalt, die mir dort noch bevorstanden, die mühsamen Schritte durch den tiefen Schnee. Und nun sollte das alles sich in eine romantische Postkutschenreise verwandeln!

Die »Postkutsche« entsprach dann freilich nicht ganz den Erwartungen. Es war ein mit vier Pferden bespannter Leiterwagen, auf dem die Säcke wild durcheinander lagen. Ich setzte mich auf einen der Säcke.

»Yol da!« rief der Treiber und ließ die Peitsche knallen.

Fort ging die Reise.– –

In mancher Hinsicht war es ganz wie bei Eichendorff. Die Nacht war mild. Ab und zu kam der Mond aus den Wolken und warf ein weißes Licht auf das Meer von Blüten, deren Duft schwer und berauschend über der Landschaft lag. Aber die Säcke waren hart und der Wagen hatte keine Federn. Die vier nebeneinander gespannten Pferde eilten in rasendem Galopp und ließen den Wagen in wilden Luftsprüngen über die Straße eilen, die nur aus Löchern bestand.

Jede zweite Stunde kamen wir zu einem Posthause, wo im Handumdrehen die Pferde ausgeschirrt wurden und vier andere Gäule mit neuer Kraft wieder loslegten. Sehr bald hatten wir das Tal mit seinen Blüten hinter uns gelassen und keuchend trabten die Pferde bergauf zum Wawug Dagh. Zusehends wurde es kälter, und ehe noch die Nacht halb vorüber war, hatte der Himmel sich überzogen und es fing sachte an zu schneien. Vor uns hörte man das dumpfe Glockengeläute einer Kamelkarawane. Schon nach wenigen Minuten waren wir mitten unter ihr.

»Yol da ...!« rief der Postillon.

Da fluchten die Treiber. Die Kamele brüllten und grunzten. Die phantastischen Gestalten der Tiere zogen vorüber wie Nachtgespenster.

»Bum! bum!« läuteten die Glocken. Bei jedem Tier gab es ein Fluchen und Zetern, bis es geruhte, Platz zu machen für die republikanisch türkische Post, deren rote Halbmondfahne dicht neben mir auf dem Wagen flatterte. Es dauerte mehr als eine Stunde, bis wir den Hexensabbath hinter uns hatten, aber noch lange hörten wir in der Ferne das Läuten der Glocken und sahen von weitem die Umrisse der Tiere, die wie ein Gespensterheer den Berg hinaufmarschierten.

Bei Tagesanbruch machten wir längere Rast in einem größeren Hause, das aber auch nur eine größere Lehmhütte war. Da wir noch immer im Ramasan waren und deshalb nichts essen durften, trank jeder ungefähr zehn Tassen Tee. Dann kam ein neues Gespann, das uns mit frischen Kräften weiter in den grauenden Morgen entführte. Es war eiskalt, wohl fünf bis sechs Grad unter Null. Ein messerscharfer Wind fegte die Flocken über die schneebedeckte Hochebene, die flach war wie ein Tisch. Am liebsten wäre ich geblieben, wo ich war, aber in der weiten Runde gab es hier keine Unterkunftsstätte für einen anspruchsvollen Christenmenschen, und so blieb nichts übrig als wieder aufzusteigen und weiterzufahren in Schnee und Kälte dieser sibirisch-anatolischen Landschaft, bis wir nach einigen

Stunden gemartert, gerädert und zu Dreiviertel erfroren in der Stadt Beiburt ankamen.

Das erste, was wir von dieser Stadt zu sehen bekamen, war eine ausgebrannte Kaserne, die einsam in der Ebene stand. Von dort ging es steil bergab in einen von einer verfallenen Burg überhöhten Talkessel, aus dem zwischen Häusern und Ruinen verschiedene Minarette in den grauen Himmel ragten. Die Nähe der Stadt mit ihren Genüssen wirkte beflügelnd auf das Temperament der Treiber und der Pferde. Der flinke Trab, der vorher schon zuviel war für meine geräderten Glieder, artete aus in einen rasenden Galopp. In wilder Karriere ging es durch die engen, winkligen Gassen, gefolgt von einer Meute verwilderter Hunde. Und jetzt erst, bei näherem Hinsehen, bot sich die Enttäuschung, die sich einem heute überall bietet im Lande Armenien. Man glaubt unter Menschen zu kommen und kommt in eine Wildnis. Man glaubt Häuser zu sehen und steht vor Ruinen. So waren es auch nur Ruinen, die hier die Gassen umsäumten, kümmerliche Ruinen von Häusern, die anscheinend vorher auch nicht allzuviel vorgestellt hatten. Zumeist waren sie abgebrannt bis zu den Grundmauern, und was von Bewohnern übrig war, das guckte irgendwo zwischen verkohlten Balken heraus.

Mit einem Ruck hielten wir vor dem Posthause. Wir stiegen aus, und dann geschah etwas, was ich eigentlich nicht erwartet hatte. Ein kleiner Junge kam auf mich zu, drückte mir beide Hände und gab mir einen Kuß. Ehe ich mich noch vom Erstaunen erholt hatte über diese unerwartet herzliche Begrüßung, waren schon drei bis vier andere herbeigekommen und taten desgleichen. Dann erst fiel mir auf, wie hier überall einer des andern Hände drückte, und einer den anderen küßte. Es fiel mir auf, ein wie schöner, sonniger Tag es geworden war nach dem trüben Morgen, und zu allem Überfluß klärten mich auch noch die anderen darüber auf, daß der trübe, traurige Monat Ramasan vorüber war und daß man nun drei Tage lang das große Beiramfest feiere. Bis zum Schluß dieses Festes – denn im Orient hat man immer Zeit – war an eine Weiterreise nach Erserum nicht zu denken, und inzwischen hatte ich reichlich Gelegenheit zur näheren Besichtigung der aufblühenden Stadt Beiburt.

Dabei stellte sich heraus, daß hier doch noch einige Häuser waren, die man nicht ohne weiteres als Ruinen ansprechen konnte. Am

Rande eines lustigen Flusses stand sogar ein recht stattliches neues Gebäude, das ursprünglich zur Fabrik bestimmt war, nun aber als Hotel Verwendung fand. Ein landesübliches Hotel natürlich, in dem ich mich einquartierte und billig, aber etwas ländlich in einem richtigen Bett logierte. So etwas war mir schon lange nicht mehr vorgekommen. Leider waren mit dem Beiram die Nachwirkungen des Ramasan noch nicht überwunden. Hatten sie vorher aus Prinzip gefastet, so fasteten sie nunmehr aus Enthusiasmus, weil jede Arbeit – auch die des Kochens – die Festesfreude stört. Für Geld und gute Worte gab es nichts Gekochtes für meinen Magen, der nach christlicher Speise knurrte. So mußte man wohl oder übel noch einige Tage weiter echt türkisch von Joghurt und Eiern leben. Aber mancher hat sich schon von schlechteren Dingen ernährt.

Alle übrige Zeit verbrachte ich gemäß der Landessitte im Kaffeehaus. Der Türke ist nämlich eine noch unermüdlichere Kaffeehausratte, als selbst der Österreicher. Dort verbringt er den Tag, dort hockt er die halbe Nacht. Kaffee und Tee und einige süße Leckereien, wie jetzt gerade am Beiramfeste, sind seine Lebenselemente. Hier kann er tage- und nächtelang auf den verlausten Polstern sitzen und alles über und über besprechen, von der hohen Politik bis zum letzten Hammelkauf. Schöne Teppiche hängen hier an den Wänden, der Rauch der Zigarette schwebt wohlig im Raume. Mit ein wenig Azetylen haben sie das Ganze aufgepumpt zu wirklich so etwas wie einem strahlenden Lichterglanze, bei dem man zufrieden seine Wasserpfeife rauchen kann. Überall, von Bagdad bis Stambul, findet man die gleichen hohen Bänke mit den Armlehnen, auf denen die Efendis mit unterschlagenen Beinen sitzen und aus winzig kleinen Täßchen ihren Kaffee schlürfen.

In Beiburt freilich, wie überhaupt in ganz Armenien und Nordpersien, macht sich der russische Einfluß insofern bemerkbar, als dort viel mehr Tee als Kaffee getrunken wird und zwar aus kleinen Gläsern, die überall dieselben sind mit den genau gleichen Mustern, in allen Karawansereien, von der indischen Grenze bis nach Anatolien. Irgendwo auf dieser Welt muß es eine ungeheuer große Fabrik geben, die diese alle herstellt, und von deren Aktien möchte ich einige besitzen.

Doch sind dies alles bedauerliche Degenerationserscheinungen. Wer noch streng an den Sitten der Väter hängt, der verachtet den Tee und die Tische und die hornbebrillten Gestalten, die daran sitzen. Er versammelt sich mit gleichgestimmten Seelen in einer besonderen Ecke des Kaffeehauses, die schon von weitem kenntlich ist durch die lange Reihe der ausgezogenen Pantoffeln, die an der Wand stehen. Drinnen sitzen sie alle auf dem Teppich und amüsieren sich auf ihre Weise. Eine schläfrige Unterhaltung ist im Gange. Man hört das Gurgeln der Wasserpfeifen und das laute, genüssige Kaffeeschlürfen der Efendis. Die blauen Flämmchen auf den Pfeifen leuchten wir Irrlichter im Räume. Und über allem liegt der berauschende Duft des würzigen Kaffees. Des süßen Mokkakaffees, für den man dort zulande eine feine Zunge hat, und dessen. Zubereitung sich nicht von heute auf morgen lernt. In der rauchigen Höhle im Hintergrund hocken kleine Jungen, die ewig Kaffee mahlen auf langen kupfernen Röhren, die aussehen wie tibetanische Gebetsmühlen. Fein wie Mehl kommt der Kaffee aus der Röhre und wird alsdann gekocht in einer kleinen Kupferpfanne mit einem sehr langen Stiel. Noch kochend, voller Schaum, wird er in ein winziges Täßchen geschüttet und gleich getrunken.

Allah, aber das ist ein Kaffee, der wert ist, getrunken zu werden!

Inzwischen ist die Pfeife ausgegangen und wird umständlich mit einer Holzkohle wieder angesteckt. Und so vergeht zwischen Schlürfen von Kaffee und Anstecken und Ausgehen der Pfeife der gemächliche Tag des orientalischen Menschen. –

Auch ich tat während des dreitägigen Aufenthalts in Beibut nichts anderes als das Teeglas leeren, das alsdann ein dienstbarer Junge sofort wieder auffüllte. Denn das ist auch eine der Eigentümlichkeiten türkischer Tee- und Kaffeehäuser, ihre Inhaber scheinen überaus menschenfreundliche Seelen zu sein. Mit Engelsgeduld füllen sie jedes leere Glas, das in ihren Gesichtskreis kommt, und wenn sie je einmal nach dem Gelde fragen, so ist es eine derart lächerliche Summe, daß man Gewissensbisse bekommt, wenn man sie bezahlt. Zu allem Überfluß hatte dieses »Hotel« auch noch eine, wenn auch mit keinem Geländer versehene Veranda, auf der man ungestört seinen Gedanken nachhängen konnte in der klaren Bergluft, die an Davos erinnerte, während drunten die Kamele brüllten und die Gassen selbst zwischen diesen Ruinen lebendig waren von den Freuden des Beiramfestes. Gegen Norden lag die noch immer tief im Schnee vergrabene Hochebene in blendendem Sonnenschein, und nach der anderen Richtung hoben sich scharf und schwarz die zerfallenen Mauern der Perserburg vom dunkelblauen Himmel ab. Es war ein Bild, das einen versöhnte mit Hitze und Frost und den langen, steinigen Wegen Anatoliens.

Nach fünf oder sechs Tagen war das Fest endlich vorüber und jeder fing an, wieder seinen gewöhnlichen Geschäften nachzugehen, die allerdings, soweit es die Stadtbewohner anbelangt, auch nur in einem fortgesetzten dolce far niente zu bestehen schienen, denn die Kaffeehäuser erfreuten sich eines kaum verminderten Zuspruchs. Auf der Landstraße aber wurde es lebendig. Die Esel trippelten auf dem holperigen Pflaster. Die Kamele schritten würdig durch den frühen Tag. Die Treiber fluchten. Da packte auch ich mein Bündel und marschierte weiter auf der großen Straße, die nach Erserum führt. –

Nicht weit hinter der Stadt begann die Straße wieder anzusteigen zu den schneebedeckten Pässen, die über den Kop Dagh führen. Die Berge waren hier noch höher als die der Küstenkette. Die Nächte mußte man hungernd und frierend vor dem kümmerlichen Feuer aus Kamelmist in Schutzhütten verbringen, wo der eiskalte Wind durch alle Ritzen pfiff, und tagsüber ging es immer bergauf und bergab durch Schneefelder, die mir meine drei Jahre im Eismeer ins Gedächtnis riefen. Von dem Gipfel des Kop Dagh hatte man eine weite Aussicht auf die anatolische Hochebene, die kahl und braun in der hellen Sonne lag. Fröhlich stieg ich hinab. Nach der ewigen Kraxelei im Gebirge wollte mir der weitere Weg in diesem flachen Lande wie ein Kinderspiel erscheinen.

Aber die Enttäuschung war groß, als es endlich soweit war. Nichts Langweiligeres konnte es geben als das stumpfe Dahinstampfen in dem tiefen Sande dieser endlosen Straße. Nichts Graueres als diese Landschaft, nichts Trostloseres als diese Dörfer.

Kann es etwas Traurigeres geben, als so ein türkisches Köy?

Ah, unsere schönen deutschen Dörfer! Das armseligste Bauernkaff bei uns zu Hause ist eine funkelnde Großstadt im Vergleich mit dieser Kümmerlichkeit. Was ist es nur, das sie unseren Augen so tot und verlassen, so trostlos langweilig erscheinen läßt? Ist es die Armut, die in ihren Gassen hockt, ist es der Mangel an Farbe, der das Auge beleidigt, jetzt, wo das strenge Gesetz mit dem roten Fez auch das letzte Bunt von der Straße verbannt hat?

Jedes dieser Dörfer trägt sozusagen eine Tarnkappe. Grau und braun liegt das weite Land in der grellen Sonne, und man muß schon ganz dicht herankommen an die Lehmwände der Häuser, oder wie man diese Gebilde heißen will, ehe man das Dorf sich aus dem Grau der Landschaft absondern sieht. Ganz kahl steht es da. Kein Baum, kein Strauch, kein freundlicher Garten, keine Blume ist weithin zu sehen. Denn der Orientale ist kein Freund von Zierpflanzen und dergleichen Luxus. Schon in der Bibel steht ja das Gleichnis vom Feigenbaum, der abgehauen wird, sobald er keine Früchte mehr trägt. Und der Türke, als ein der Steppe entstammender Mensch, hat hiefür noch weniger Verständnis als andere Orientalen. »Wo der Türke hintritt«, sagt ein deutsches Sprichwort, »da wächst kein Gras mehr«. Wo immer er hinkam auf seinem Siegeszug, da haben Abholzungen seinen Weg bezeichnet, da hat er mit Haß die Bäume verfolgt. Die Bäume und die Blumen. Vor allem aber die Blumen.

Man braucht sich nur einmal so einen echten türkischen Friedhof anzusehen in seiner schaurigen Verwahrlosung. Weithin dehnt er sich aus vor dem Dorfe. Denn man hat ja Platz in dem Lande. Generation um Generation gräbt hier ihre Gräber und pflanzt ihre Steine, und so wächst er wie die Wüste. Wie im Leben, so halten sie auch im Tode nicht viel auf Äußerlichkeiten. Ein roher, ein behauener Findlingstein, ein kahler Erdhaufen genügt einem toten Türken. Er steht eine Weile, bis Wind und Wetter ihn umgestürzt haben. Zerbrochen bleibt er auf der Erde liegen, bis andere kommen und ihre Gräber graben und das Ganze schließlich mehr einem Schindanger gleicht, als einem anständigen Friedhof.

Im Dorfe selbst ist nur die Sonne lebendig, und der Staub in der Straße und das Gekrächze der Raben, die überall auf den Hausdächern hocken. Langsam schleicht ein vorsintflutlicher Ochsenkarren durch die grundlose Straße. Die Ochsen schlafen im Laufen, der Baschy schläft auf dem Wagen, es schläft der Kaufmann, der auf einem wackligen Stuhle vor seiner Türe in die Sonne blinzelt – ah, diese Welt ist viel zu nichtig, als daß es sich lohne, darum die Augen aufzumachen!

Ja, und es schlafen auch die Ziegen und Hammel in der Straße, die Kamele, die vor den Heuhaufen wiederkäuen, der Bettler selbst, der bakschischheischend die Hände hebt. Hinter seinem Schaufenster thront der graubärtige Bäcker mit verkreuzten Beinen, kassiert die fünf Piaster und schläft gleich wieder ein.– So hast du wenigstens Brot, wenn das Ding auch mehr einem alten Handtuch gleicht. Durch die Straße kommt eine Gestalt in einem aus Lumpen notdürftig zusammengeflickten Rock, der nur in diesem Lande nicht polizeiwidrig ist. Ist dieser nun ein reicher Mann, Besitzer von einigen tausend Hammeln, oder ist er nur ein Bettler? Wer kann es wissen? Denn wisse: in diesem Lande sind alle reich. Wer keine Bedürfnisse hat, ist immer reich.

Der Abend kommt. Der Hodscha steigt in Ermangelung des Minaretts auf eines der flachen Hausdächer und singt sein Gebet mit eintöniger Stimme. Die Nacht folgt frostig auf den heißen Tag. Die Ochsen kehren heim mit den seltsam altertümlichen Pflügen. Nun wird es still. Man hört nur noch das Knurren der Hunde, das Grunzen der Kamele, das Plätschern eines Brunnens und das nimmermüde Krächzen der Raben.

So war es heute im anatolischen Dorfe, so war es gestern und vor tausend Jahren, so wird es morgen und immer sein, denn Allah ist groß und allmächtig, und wer wollte sich wohl aufregen über den Wechsel dieser aus ewigen Quellen immer gleichfließenden Zeit?

Die Dorfhunde freilich sind weniger philosophisch veranlagt, und wer da nicht einen ordentlichen Stock auf seine anatolischen Wanderungen mitnimmt, der ist seines Lebens keinen Augenblick sicher. Zumal die Schäferhunde, die groß wie junge Kälber, in ganzen Rudeln auftreten, machen das Reisen auf der Landstraße zu einem gefährlichen Unternehmen. –

Alles, auch eine anatolische Landstraße, hat einmal ein Ende, und so kam denn doch eines Abends Erserum in Sicht, am Fuße einer hohen Bergkette, die im Osten die Ebene begrenzte. Die Sonne war schon am Untergehen, und die Kamelkarawanen hatten in kilometerlangen Zügen eben ihre Reise angetreten. Es war ein Bild, wie man es sich schöner nicht vorstellen kann. Die hohen Kamele, die exotisch aussehenden Treiber mit ihren Lammfellmützen, im Hintergrund die Minarette, die Zinnen einer Burg, die Kuppen vieler Moscheen, die im letzten Sonnenlichte funkelten, das alles sieht aus wie ein Kapitel aus Tausendundeiner Nacht. Unwillkürlich mußte ich an die Verse in Freiligraths Gedicht denken:

»Wär' ich im Bann von Mekkas Toren – –.«

Allein schon das Tor ist eine Enttäuschung. Warum man gerade diese Armseligkeit mit Wällen und Mauern umgeben hat, weiß ich nicht. Jedenfalls ist Erserum eine stark befestigte Stadt. Auf den Wällen exerzierten Soldaten. Auf einem mit Stacheldraht umzäunten Platz standen Hunderte von Kanonen aller Kaliber, bis zu den schwersten, bunt durcheinander, ohne irgendwelchen Schutz gegen die Unbilden der Witterung. Das Tor war eng und sein Boden hoch angefüllt mit einer Schlammschicht, vor der es kein Ausweichen gab. Der Posten hielt es nicht für der Mühe wert, um des zugereisten Franken willen den Schatten seines Schilderhäuschens zu verlassen.

»Nerede. Wohin?« rief er mir zu.

»Nach Erserum«, antwortete ich.

»Pase, Efendim«, sagte er mit einer Handbewegung nach der Stadt und schlief gleich wieder ein.

Mit großen Schritten ging ich weiter durch die engen Gassen, zwischen Häusern, die zumeist in Schutt und Asche lagen. Wohin man schaute, sah man verfallene Mauern, verbrannte Häuser, deren stehengebliebene Schornsteine sich anklagend zum Himmel reckten. Es war gerade Mittag, und die Gassen waren recht belebt. Es war ein lautes Klappern von Pantoffeln auf dem unebenen Pflaster. Überall gingen Ochsenwagen, die einen Höllenlärm verursachten mit ihren großen Radscheiben, die sich nur unwillig in den Achsen drehten. Pferdehändler ließen ihre Tiere in voller Kariere durch die Gassen rennen und schrien den Preis von oben herunter. Und überall sah man Leute, die Kaffee tranken.

Nach den Strapazen der langen Reise hätte ich etwas gegeben um ein ordentliches Bett, aber so sehr ich mir auch die Augen ausschaute nach einem Hotel, es war nichts dergleichen zu entdecken. So nahm ich mit einem der zahlreichen »Hans« vorlieb, wo ich meine Decken ausbreitete und zwei Tage lang wie ein Murmeltier schlief, abgesehen von gelegentlichen Unterbrechungen, in denen der um meine Gesundheit ernstlich besorgte Wirt mir eine Tasse Kaffee reichte.

Erst am dritten Tage machte ich mich daran, die Sehenswürdigkeiten Erserums in Augenschein zu nehmen. – Je nun, man darf orientalische Städte nicht nach westeuropäischem Muster beurteilen. Ein bißchen Geschrei, ein bißchen Durcheinander, ein bißchen, nein, ein bißchen sehr viel Schlamperei gehört schon zu dieser östlichen Umwelt, die unsere westlich orientierten Sinne verwirrt, verblüfft und oftmals wie in einem Rausch gefangen nimmt. Denn was gäbe es hier noch, wenn keine Pantoffeln mehr auf dem holprigen Pflaster polterten, wenn es keine Ochsenkarren mehr gäbe, die mit singendem Geräusch ihrer ungeschmierten Räder durch die Straßen schleifen, wenn es keine Ochsen mehr gäbe, denen vorsorgliche Hände einen blauen Perlenkranz um die breite Stirn gebunden zum Schutze gegen den bösen Blick? Was wäre hier noch, wenn etwa eine energische Stadtverwaltung die runden Kopfsteine herausreißen und die Straßen asphaltieren ließe, wenn sie die wilden Hunde vergiftete und in ihrem unheiligen Eifer auch noch mit den vielen Katzen aufräumte, die so zutraulich in jedem Bäckerladen und vor jeder Barbierstube schnurren und des Abends beim Mondenschein über die Hausdächer steigen und mit den Muezzins auf den Minaretten um die Wette singen? – Ah, Allah ist klug und weise, daß er das alles so bald nicht erlauben wird!

Wo ist Armut, wo ist Reichtum in diesem Lande? Wo ist Anfang und Ende von dem allem? Da schleicht einer in Lumpen durch die Straße, auf seinem Rücken trägt er einen Perserteppich, der tausend Mark wert ist unter Brüdern, und den er ausschreit mit weinerlicher Stimme, als ob er Heftpflaster oder Schuhrüster zu verkaufen hätte. Da kommt man durch eine elende Gasse, in der es nach saurem Hammelfleisch und nach Knoblauch duftet, in der die Armut aus fensterlosen Höhlen starrt und Frau Sorge vor jeder Tür zu sitzen scheint und wo statt dessen doch vor jedem Haus eine Geldwechslerbude steht, die alle von Geldstücken aus aller Herren Länder überquellen. So ist es in Konstantinopel, so ist es in Bagdad, in Saloniki, in Trapezunt und überall in diesem sonderbaren Lande. In Erserum aber ist nur die Armut zu Hause.

Wie könnte es auch anders sein? Wo das ganze armenische Land in Trümmern liegt, konnte auch der Hauptstadt das gleiche Schicksal nicht erspart werden. In der Kriegs- und Nachkriegszeit hat die Stadt mehrmals ihren Besitzer gewechselt. Schon im Jahre 1915 wurde sie von den Russen erobert und blieb in deren Händen bis zum »Frieden« von St. Germain, in dem sie zur Hauptstadt des autonomen Armenierstaates ernannt wurde, den sie, neben so vielen anderen totgeborenen Kindern, am grünen Tisch in London und Versailles geschaffen hatten und der bald darauf wieder zusammenbrach unter dem Ansturm der neuen erstarkten Türkei. Alle – Sieger und Besiegte – haben hier ihre Spuren zurückgelassen und mit der Zeit mehr als die Hälfte der Stadt in Schutt und Asche gelegt. Das betriebsame Element – und das waren entschieden die Armenier – ist landflüchtig geworden, und was zurückgeblieben ist, das lebt in den Tag hinein, ohne Hoffnungen und Wünsche, weil das Leben nun einmal gelebt sein muß.

Denn woher sollte der Aufschwung kommen in dieser fern abgelegenen Stadt, die man nur auf langen und beschwerlichen Reisen über hohe Schneeberge, unter Bestehung einer Serie von Abenteuern erreichen kann? In dieser Stadt, in der die Dampfmaschine nur dem Namen nach bekannt ist, in der es noch Feilenhauer und Nagelschmiede wie bei uns Anno dazumal gibt! In der die Sägemühlen noch mit Handbetrieb arbeiten und es sogar – man staune, – nicht einmal ein Kinotheater gibt! Man lebt, man vegetiert, man steht mit den Hühnern auf und geht mit den Hühnern schlafen.

Und doch – wenn ich heute hier sitze und die orientalischen Erinnerungen zusammenkrame aus den hintersten Winkeln meines Gedächtnisses, so finde ich auf allen Wegen von Stambul bis Kalkutta kaum einen Ort, dessen Bilder mir besser in der Erinnerung geblieben sind, wie Erserum, obwohl ich mir heute noch nicht vorstellen kann, was wert wäre des Erinnerns an dieser Sammlung von Erbärmlichkeiten.

Oder doch –.

Es waren wohl die Nächte von Erserum, die es mir angetan haben. Abends, wenn die Sonne blutrot niedersank und die fernen

Berge noch einmal dunkelviolett aufleuchteten, wenn der Staub sich gelegt hatte und das Geschrei verstummt war auf dem Markte, dann gab es ein großes Klappern von Pantoffeln. Jeder flüchtet in seinen Bau, seine Ruine, oder wo er sonst in Allahs Hut die Nacht zu verbringen gedenkt. – Bald ist es ganz still. Ein feiner Duft von Kaffee zieht durch die Gassen. Noch ist der Mond nicht aufgegangen. Es ist so dunkel, daß man die Hand kaum vor den Augen sieht. Nur die Sterne funkeln hell durch die dünne Hochlandluft. Und auf einmal tönt es übernatürlich laut, wie eine Geisterstimme vom hohen Minarett einer nahen Moschee: »Allah hu akbar! Gott ist am größten!«

Nun hallt es wider vom nächsten. Nun antwortet es von allen Seiten.

»Allah hu akbar!«

Von Minarett zu Minarett hallt es rundum, als seien es Stimmen aus einer anderen, besseren Welt, die die Menschen herausreißen aus der Nichtigkeit des Alltags mit seinen kleinen Sorgen.

In langgezogenen, zittrigen Tönen, mit seltsam rauhen, gutturalen und doch so eigenartig schönen Stimmen verkündigen sie die Lehre, die sie schon vor tausend Jahren verkündeten über den zerfallenden Häusern dieser verdorrten Stadt.

Eine Viertelstunde lang ist man im Banne dieser Geisterstimmen. Dann wird es still. Noch ein wenig flattern die aufgescheuchten Raben und lassen sich nieder auf den Bäumen, wie böse Geister, die die Gottesstimme bezwungen. Nur noch hie und da hört man das Schreien eines Esels oder das Miauen einer liebestollen Katze. Es ist dunkel und still. Nur ab und zu gewahrt man eine schwankende Laterne, die ein kleiner Junge einem beturbanten Hodscha voranträgt. Spät abends kommt man nach Hause und schaut noch ein wenig auf die Schatten, die in der stillen Straße liegen, man hört auf das Murmeln der Brunnen und auf das Schreien der Katzen, die im Mondschein über die Hausdächer wandeln. Man schaut noch einmal auf die Uhr – so man eine hat – geht sie à la Turka oder à la Franka? Man weiß nicht genau. Und wer fragte wohl auch danach in dieser Welt, in der die Stunden kommen und gehen und alle gleich sind, wie die Hammel in der Herde. –

Beinahe hätte ich es vergessen: Erserum ist auch Endstation einer Eisenbahnlinie, die von der ehemals russischen Festung Kars herunterführt, und da diese auf eine Strecke von einigen fünfzig Kilometern in meiner persischen Wegrichtung lag, erschien sie mir als eine willkommene Reisegelegenheit. Die Illusionen begannen jedoch zu schwinden, als ich vor dem Miniaturbahnhof dieser Miniatureisenbahn stand und der »Stationsvorsteher« mir den Fahrplan auseinandersetzte. »Der letzte Personenzug«, sagte er, »ist vorgestern abgefahren und nun wird keiner mehr fahren, bis Ende nächster Woche.«

Ich konnte nicht umhin zu bemerken, daß ich solche Betriebsordnung etwas eigentümlich fände, aber der hohe Herr fand alles in der schönsten Ordnung. Mißbilligend schüttelte er den Kopf.

»Niemand, Efendi, fährt hier mit der Eisenbahn, denn sie fährt sehr langsam. Drei Tage und Nächte braucht sie bis Kars. Manchmal fällt sie um; dann muß man sie erst wieder aufstellen. Zu Fuß kommt man viel schneller vorwärts.«

So machte ich mich denn zu Fuß auf den Weiterweg, nachdem ich mir zuvor noch in einer Bude Äpfel, in einer anderen Brot und Käse und verschiedene andere Dinge gekauft hatte, die meinen Rucksack erheblich herunterzogen. Es war noch früh am Morgen und nur ein paar verwilderte Hunde bellten mir nach, als ich an der hohen Feste Itsch-Kale vorbei durchs Karstor marschierte, auf der großen Straße, die nach Norden führt. Draußen sah ich mich noch einmal um. Vor mir lagen Schneeberge und hinter mir die Stadt im ersten Lichte der Morgensonne. Ein wenig tat es mir doch leid, daß ich alles das hinter mir lassen mußte, nachdem ich es noch kaum recht gesehen. Und ein wenig gruselte mir vor dem Wege, der vor mir lag. Dann aber wandte ich mich entschlossen ab und dachte nur noch an den langen, langen Weg. Und an Persien.

Durchs wilde Kurdistan

Kardasch, der Herr der Landstraße – Primitive Wohnkultur Das Mistloch als Ofen – Politik in der Erdhöhle – Mähändis? Hindenburg als Kurdenscheich – Lange Wege und heilige Umwege – Der Pflug, mit dem Noah pflügte – Am Fuße des Ararat – Das Blockhaus mit der Fahne – Endlich in Persien!

So war ich nun glücklich wieder auf der Landstraße. Wieder ein Wandersmann, noch einmal ein »Kardasch« für diesen und viele andere Tage. Kardasch – oder Arkadasch. Wer je auf türkischen Landstraßen gewandert, der weiß, was dieses Wort bedeutet.

Was bedeutet es nur?

Ich sehe im Wörterbuche nach: »Kamerad, Reisegefährte.« Ist das alles? O nein! Ein Arkadasch ist ein Ding, ein orientalisches Ding, das es nur auf türkischen Landstraßen gibt, ein Begriff, den niemand völlig deuten kann. Kommst du in ein Haus oder eine Hütte, und sie nennen dich Kardasch, so bist du sicher und geborgen, tun sie es nicht, so magst du Ausguck halten nach den Böen, die voraus liegen. Kardasch nennt dich freundlich der dir Begegnende, oder er tut es nicht, und dann weißt du, was er von dir hält. Denn der Kardasch, das ist der Mann, dem die Landstraße gehört, der auf ihr zu Hause ist, er ist selber ein Teil der Landstraße. In jenen wilden, fernen, eisenbahnlosen Gegenden müssen die Leute oft weite Reisen machen, die sie wochenlang auf der Straße festhalten. Es ist ein mühsames Geschäft im Brande der Sonne und in der Kälte der Berge, und man kommt dabei auf wunderliche Gedanken, die sich einem wie die Kletten an die Rockschöße hängen. Aus diesem Grunde sieht sich jeder zuvor nach einem Kardasch um, der dieselbe Reise macht und mit dem man eine Aussprache haben kann. So sieht man sie immer zu zweit, zu dritt oder in noch größeren Scharen, aber niemals unisolo ihre Straße ziehen. Ein Mensch ohne Kardasch wird einfach nicht für voll genommen, und ich wundere mich darum nicht, daß sie es auch bei mir nicht taten, der ich keinen anderen Kardasch hatte als den Rucksack, den ich mit mir führte.

In der Tat: wenn man in langen Tagen durch phantastische Gebirgsschluchten oder über Höhen wandert, in denen nichts zu sehen ist als das Grün der Landschaft und die Schneeberge, die in der Ferne blitzen, so kommen Stunden, in denen die Einsamkeit sich wie ein Alp auf die Seele legt und man ein Diogenes wird, der die Menschen mit der Laterne sucht. Mit Freuden begrüßt man dann das Herannahen eines Dorfes.

Von türkischen Dörfern und ihren kümmerlichen Herrlichkeiten habe ich schon geschrieben. Gibt es aber Worte genug, um die Jämmerlichkeit der Ansammlung von Erdhöhlen zu beschreiben, in denen in der Einsamkeit der Gebirgstäler hinterwärts von Erserum die Kurden hausen? Diese Menschen haben in der Tat alle Rekorde geschlagen in der Genügsamkeit auf dem Gebiete der Wohnkultur. Wäre nicht das Gekläff der Hunde und wäre da nicht der durchdringende Geruch verwester Tierleichen, der einem die Nase füllt, man könnte wahrlich bei Nacht und Nebel über ein solches Dorf hinwegschreiten, ohne es zu merken. Die fensterlosen, halb in der Erde vergrabenen Behausungen gleichen aufs Haar den Erdhöhlen, die sich die Eskimos in ihren Winterquartieren bauen. Beim Herannahen des Fremden begrüßt ihn die ganze Einwohnerschaft, mit der Neugier, die dem Dorfbewohner aller Länder eigen ist. Auch die Weiber kommen ungeniert und unverschleiert herbei und belieben sogar zu schäkern mit denen, die ihnen etwas abkaufen. Ein Ei kostet hier einen Pfennig! Die Milch ist auch nicht viel teurer. Das Brot – oder was dort so unter diesem Namen kursiert – ist eine seltsame Substanz, die anscheinend aus Stroh gebacken und mit Mist gestreckt ist. Aber sie haben dort auch eine Götterspeise, die alle Sünden türkischer Küche wieder gut macht, und die heißt Joghurt.

Wie gesagt: das Erscheinen eines richtigen à la Franka gekleideten Europäers wirkt wie eine Sensation, von der sie monatelang zehren. Es ist nicht anders, als wenn ein Tanzbär auftaucht. Die Jugend, die zumeist barfuß bis zum Halse ist, drängt sich dicht heran und starrt den Fremdling an, wie ein nie gesehenes Wunder. Die Männer, die offenbar auch nie etwas zu tun haben, setzen sich dicht neben dich auf die Bank aus Mist, die vor dem Hause steht, und beobachten jede deiner Bewegungen, die sie eifrig kommentieren. Sie nehmen dir den Hut ab und setzen ihn auf und fragen, wieviel der wohl koste in Alemannia. Sie untersuchen deinen Rock auf seine Qualität und erkundigen sich nach dem Preise deiner Schuhe. Die Hunde, die Katzen, die Schafe, die Kamele starren dich alle an, bis du endlich zahlst und weitergehst. Der Dorfälteste nimmt das Geldstück in Empfang und betrachtet es mißtrauisch von allen Seiten. Mehrmals beißt er darauf mit seinen zwei Zähnen. Mit einer türkischen Pfundnote könnte man verhungern in diesem Lande. Niemand könnte darauf herausgeben. Niemals habe ich Leute gesehen, die so wenig Geld hatten und doch so geldgierig waren wie diese!

Am späten Abend geht dann das Theater noch einmal los, nur daß es einem mehr auf die Nerven fällt, weil man noch müder ist. Wahrlich, es graust einem zuweilen vor den Höhlen, in denen man hier übernachten muß! Wie Menschen in solchem Platze ihr ganzes Leben zubringen und nicht samt und sonders an der Pest zugrunde gehen, ist mir nicht verständlich. Durch einen schmalen Eingang kommt man in einen völlig dunklen Raum, in dem man über Pferde, Schafe und Hunde stolpert. Ein scharfer Mistgeruch nimmt einem fast den Odem weg. Ganz im Hintergrund der Höhle befindet sich das, was man mit viel Kühnheit als das Wohnzimmer bezeichnen könnte; ein völlig kahler Raum, der nur spärlich beleuchtet ist durch den kümmerlichen Lichtstrahl, der durch eine Öffnung in der Decke fällt. In der Mitte des Raumes befindet sich der Backofen, der aus einem etwa ein Meter tiefen Loche besteht, in dessen Grunde jenes Brennmaterial schmort, das man in Argentinien leña de vaca, Kuhholz, zu deutsch getrockneten Kuhmist, nennt. Bei sinkender Nacht versammeln sich alle Glieder der Familie mit allen Kindern und Kindeskindern in dem Raum, hängen die Füße in den Backofen und trinken eine Tasse Tee nach der anderen. Dann wird der zugereiste Fremdling noch einmal gründlich ausgefragt nach dem Woher und Wohin, nach dem Preise seiner Kleider, nach dem Stande seines Vaters und Großvaters, nach seinem Stande und Ehestande, und dann kommt immer die unvermeidliche Frage: »Mähändis?«

Und das ist auch noch so ein vieldeutiges Wort der türkischen Sprache. Mähändis ist alles und jedes; es ist die Ausrede, die jeder reisende Abenteurer durch das Land trägt, wenn ihm sonst nichts Besseres einfällt. Ein Mähändis ist z. B. ein Ingenieur. Er kann aber auch bloß ein Monteur, ein Mechaniker, ein Schlosser, ein Chauffeur sein. Mähändis ist jeder, der nicht gerade berufsmäßig mit Schafen und Ziegen zu tun hat. Wenn sie dann ihre Neugier endlich befriedigt haben, gleitet das Gespräch so zwanglos hinüber auf das

Gebiet der hohen Politik, auf dem sie alle ganz erstaunlich Bescheid wissen. – Ob der Padischah von Deutschland noch immer in Sankt Helena sei? Und wieso es denn gekommen sei, daß der Padischah von England mit seinem Schiff ertrunken sei auf der Reise nach Rußland? Und dann kam unweigerlich das Gespräch auf Hindenburg. In den Augen dieser Naturmenschen hatte der deutsche Feldherr sich ausgewachsen zu einer Art überirdischem Wesen. Zu einem Recken, der imstande war, mit einem Faustschlag den größten Franzosenscheich zu Brei zu schlagen, zu einem orientalischen Halbgott voller List und Tücke, der sich nur tot stelle, um eines Tages um so furchtbarer Abrechnung zu halten mit seinen Feinden. Denn an Deutschland glaubten sie alle blind. Eines Tages kam ich ins Gespräch mit einem vornehmen Kurdenscheich, einem großen, blauäugigen, blondhaarigen Manne, der ziemlich geläufig Deutsch sprach, das er als ehemaliger türkischer Offizier auf der Konstantinopeler Kriegsschule gelernt hatte. »Zu Zeiten des guten alten Abdul Hamid – Allah segne seinen Schatten! – war der Kurde frei«, sagte der Scheich, »und reich. Es gab Scheichs, die bis zu zehntausend Schafe hatten. Kein Fremdling durfte ihr Gebiet betreten, der nicht im Zelte mit dem Scheich die Pfeife geraucht oder im anderen Falle mit dessen langer Flinte Bekanntschaft gemacht hätte.« – Guter Abdul Hamid, der wie ein Vater für die Gläubigen war und den Kurden die besten Generalsposten reservierte.

Es ist wahrlich eine endlose Straße, die über die kaukasischen Berge von Kleinasien nach Asien führt! Wieviele Kilometer es sein mögen? Ich weiß es nicht. Wieviele Meilen? Ich habe es vergessen in der Tretmühle der immer gleichen Tage. Jedenfalls aber sind sie von der dehnbaren Sorte, die jener Indianer der argentinischen Pampa meinte, den ich einmal nach der Entfernung bis zur nächsten Estancia fragte. »Im Trab«, sagte er mit einem geringschätzigen Blick auf mein Pferd, das so heruntergekommen ausschaute wie sein Reiter, »in einem so langsamen Trab sind's sechs Meilen; aber im Galopp, mit einem guten, fetten Pferde sind es bloß zwei.«

Aber der Türke rechnet nur nach Stunden, und in diesem Lande haben sie entweder andere Stunden oder andere Beine als in anderen Ländern, längere Beine und kürzere Stunden.

Wie schön, wie heimatlich anmutend ist dieses Land mit seinen Blumen, die zwischen den Steinen leuchten, mit den Kühen, die auf grünen Matten träumen, den Wildbächen, die über die Felsen springen! Auf steilen Wegen steigt man wie auf Himmelsleitern hinauf zu wolkenverhangenen Gipfeln, in Schneefelder, die in der Sonne leuchten, in wilde Irrgärten von Felsen und Geröll, von wo man weit hinausblicken kann ins jenseitige Land, über blau verdämmernde Höhen, deren Gipfel in der klaren Bergluft schimmern.

Es ist alles wie bei uns im Gebirge und doch so ganz anders. In vielen Teilen hat das Land eine auffallende Ähnlichkeit mit den patagonischen Mesetas am Fuße der Kordilleren. Hier wie dort fehlt der Wald. Hier wie dort sind es die bizarren Formen der Felsen, die das Licht der Sonne m allen Farben reflektieren, vom tiefsten Schwarz bis zum blutigen Rot. Hier wie dort ist es ein Land der Schafe und Ziegen. Nur – in Patagonien würde man die Sache anders anfassen. In Patagonien sieht man nicht wie hier die Hirtenjungen, die malerisch, aber schmutzig am Bachrand hocken und nur von Zeit zu Zeit mit mißtönenden Rufen, wie Eulenschreie, die Herde antreiben. In Patagonien würde es keinem einfallen, wie hier in biblischer Beschaulichkeit hinter einem Esel über die Landstraße zu schreiten. In Patagonien würde die ganze Arbeit, die hier von einigen hundert oder tausend Menschen verrichtet wird, auf einer einzigen Farm von einem Dutzend Schäfern, von ein paar Pferden und Hunden und einigen zehntausend Metern Drahtzaun geleistet werden.

Immer wieder, wenn man durch diese Länder wandert, muß man staunen über die Rückständigkeit in den Arbeitsmethoden dieser Menschen. Geht man auf der Straße, so fällt einem zunächst auf, daß über diese sich ein sehr ausgetretener Pfad in unendlich vielen, völlig unmotivierten Schlangenwindungen hinzieht. Er rührt von den Kamelen her. Einmal, vor undenklichen Zeiten, war hier ein Kamel gegangen auf Umwegen, nach seiner Phantasie. Dann kam ein anderes Kamel und trat stolz in seine Fußstapfen. Dann folgten zahllose andere und taten desgleichen im Laufe der Jahrhunderte und gingen alle denselben Weg, bis keines mehr anders wußte und konnte, bis die Route festgelegt war wie ein Gebot und jeder Umweg geheiligt, wie ein Kapitel aus dem Koran.

Und genau so tun es die Menschen auch. Rede einer von der modernen Türkei! Hier, in diesem hintersten Winkel ist von ihrem Geiste nicht ein Hauch zu spüren. Hier, zu Füßen des Ararat, hat wohl Noah schon mit derselben Sorte Pflug gepflügt, die nur aus einem zugespitzten Holze besteht, mit dem man gerade noch die Oberfläche der Ackerkrume ritzen kann, so sind sie wohl schon im alten Ägypten hinter den Büffeln hergezogen, so haben sie schon mit den Eseln das Wasser geholt aus dem Brunnen der heiligen Stadt. Hier wenigstens hat sich die Geschichte den Luxus erlaubt, ein paar Jahrhunderte zurückzubleiben hinter dem Automobil der modernen Zeit. Wird es immer so bleiben?

Wer kann es wissen?

Wer möchte wagen zu prophezeien in dieser tollen, aus den Fugen geratenen Zeit?

Etwa acht Tagereisen hinter Erserum kam in der Ferne der Schneegipfel des Ararat in Sicht. Bei Sonnenuntergang stand er plötzlich wie eine Erscheinung aus einer anderen Welt hoch über einer Nebelwand, deren Ränder der Widerschein der untergehenden Sonne vergoldete. Nach kaum zehn Minuten war das Bild zerronnen wie eine Fata Morgana. Ich aber marschierte weiter in den fallenden Schatten der Nacht und war einmal wieder seit langem mit mir und aller Welt vollauf zufrieden, denn eben solche Anblicke sind es, die einem alle staubigen Straßen vergessen machen, die alle Mühen und Lasten tausendmal vergelten.

Drei Tage später stand ich dicht am Fuße des Bergriesen. Alle die Zeit hatte sich der Gipfel in mürrische Wolken gehüllt, als ob oben die Sintflut und unten die Zone der Gerechten wäre. An jenem Morgen aber klärte sich das Wetter plötzlich auf, und in reiner Klarheit hoben sich die beiden Schneegipfel vom dunkelblauen Himmel ab. Im Osten stand wie ein Zuckerhut der Kleine Ararat und gerade gegen Norden das ungeheure, fünftausend Meter hohe Bergmassiv des Großen Ararat, dessen Spitze weiß und schimmernd in der hellen Sonne stand, so recht ein Berg, von dem man eine Taube ausschicken konnte über das von Sünde gereinigte Land. Vor kurzem wurde er seit langer Zeit zum erstenmal wieder bestiegen.

Kamen da eines Tages zwei Wandervögel durch den Türkischen Kaukasus getippelt. Am Fuße des Ararat blieben sie stehen. Der Schneegipfel funkelte verlockend. – War dort oben nicht einmal die Arche Noah gelandet? War das nicht alles umwoben von den Schauern der frühesten Geschichte?

Fünftausend Meter hoch?

Kleinigkeit!

Und also erstiegen sie den Berg im Brande der Sonne, über weglose Felsen, über schimmernde Schneefelder im Tosen der Stürme, schliefen unbehelligt in den Zelten der aufständischen Kurden, die jedem anderen kaltlächelnd die Gurgel abgeschnitten hätten und kamen mit heiler Haut wieder unten an und wanderten weiter, ohne ein weiteres Wort darüber zu verlieren.

Ja. die großen Taten werden oft von ganz kleinen Leuten begangen, nach denen niemals ein Hahn gekräht hat! – Gegen Süden, auf der anderen Seite des Weges, erhob sich der Tschoruk Dagh, ein weiterer Schneeberg von einigen 3500 Metern, der aber fast gerade so hoch aussah wie der Ararat. So wanderte man zwischen zwei majestätischen Pfeilern durch das Eingangstor zur persischen Grenze, die nur noch eine Tagereise entfernt war. Es war eine überaus liebliche Gegend. Überall sprudelten die Quellen, überall rauschte das Wasser. An den Hängen dehnten sich die Matten in leuchtendem Frühlingsgrün. Aber außer den Viehherden war kaum ein Lebewesen zu sehen. Nur da und dort knallten in den Schluchten die Schüsse des Kurdenaufstandes. Nur ab und zu kam eine Militärpatrouille herangesprengt und kontrollierte den Paß mit mißtrauischer Miene. Gegen Mittag war es beinahe unerträglich warm. Die Vögel zwitscherten, die Mücken summten, alles ringsum war Ruhe und Frieden. Nur die Menschen waren einer des anderen Wolf. –

Spät abends ging der Weg steil bergauf an einem von zahllosen Bächen durchzogenen Hang, bis zu einem Blockhaus, von dessen Dach die grün-weiß-rote Flagge Persiens wehte.

Da mußte ich erst eine Weile stehenbleiben und mir das flatternde Tuch mit dem Sonnenlöwen aus der Ferne betrachten. So weit war ich gereist, um dieses Land zu sehen! So viele Monate hatte ich davon geträumt.

Was würde es mir bringen? Ich war wirklich gespannt darauf, während ich langsam weiter ging.

Die Tür des Blockhauses öffnete sich und heraus kam ein Soldat mit langem, krummem Säbel.

»Halt, Wer da?«

Stillstand der Zeit

Unerwarteter Empfang – Herr Schmelzle aus Tiflis – Rucksack-
wanderer nichts Neues – Sogar die Perser haben von ihnen schon
Deutsch gelernt – Weiter im Sandsturme – Seltsame Paßkontrolle
– Im Ortsgefängnis – Ein schwieriger Fall – Schmelzle erscheint
zur rechten Zeit – Souper à la persane – Die Finger als Gabel –
Der Zug der Flüchtlinge – Hassan Bey hält eine Rede – Weiterritt
als »Gast der Polizei« – Bewachung oder Überwachung, das war
die Frage – Dörfer aus Mist – Ankunft in Choi – Das persische
Rothenburg – Lebendiges Mittelalter Die Zeit kein Wertobjekt –
»Hotel Yok!« – Hans und Gretel in Persien – Postkutsche à la
Pompadour – Täbris, ein Märchen!

»Wer da?«

Das sagte der Mann auf deutsch. Und doch schaute dazu ein
dunkelbraungebranntes Gesicht unter der fremdartigen Gendar-
meriemütze hervor. Und doch trug er einen mächtigen krummen
Säbel an dem Gürtel, an dessen Schloß der Sonnenlöwe abgebildet
war. Hätte jemand mich auf Chinesisch angesprochen, so hätte ich
mich nicht im geringsten gewundert, angesichts dieser fremdartigen Umwelt. Aber Deutsch, – ganz ordinäres Deutsch, hier an der
persischen Grenze, im Schatten des hohen Ararat – das warf mich
mit einem Schlag aus dem Himmel aller meiner exotischen Illusionen.

Schon stand ich in der Amtsstube, wo noch etwa vier oder fünf
weitere Gendarmen in den huschenden Schatten saßen, die um ein
kümmerliches Holzkohlenfeuer spielten. Bei meinem Eintritt gab es
ein großes Säbelrasseln. Alle standen auf und erkundigten sich
nachdem Woher und Wohin. Da sie persisch sprachen, verstand ich
kein Wort. Aber der Mann, der mich draußen zuerst angeredet hatte, machte den Dolmetscher. Er heiße Schmelzle – Heinrich
Schmelzle, sagte er mit stark schwäbischem Tonfall. Und er komme
aus Katharinenfeld.

Wo das wohl liege? Im Ober- oder im Unterland? fragte ich..

»Sechzig Werst hinter Tiflis«, antwortete Herr Schmelzle. Sein Vater habe dort ein Gut von fünfhundert Deßjatinen Acker und fünf-

zig Deßjatinen Weinberg gehabt. Aber dann seien die Bolschewiken gekommen und hätten alles kurz und klein geschlagen. Die Knechte hätten sich mit dem Vieh davon gemacht und der Volkskommissar habe den Wein getrunken. Schließlich, als nichts mehr zu stehlen übrig geblieben war, hätten sich die Towarischti auch noch aufs Morden verlegt, und dann – ja was willst mache? – Dann sei er eben in Persien unter die Soldaten geraten.

Und wo ich wohl herkäme?

»Von Deutschland«, antwortete ich.

»Ja«, meinte Herr Schmelzle mit grimmigem Streichen seines großen blonden Schnurrbarts, »das habe ich schon an deinem Rucksack gesehen. Immer von Zeit zu Zeit kommt so einer über die Grenze. Sogar die Perser auf der Wache haben von ihnen schon Deutsch gelernt.«

Während er so redete, hatte ein junger Soldat die Teegläser gefüllt und stand bereit, sie gleich wieder zu füllen. Eine Stunde lang hörte man nur noch das übliche Teeschlürfen orientalischer Visiten, während draußen die Vögel sangen. Gegen Abend warf Herr Schmelzle sein Gewehr über die Schulter und winkte mir zu folgen.

Auf einer schönen, sorgfältig angelegten Straße, die zwischen hohen Bergen bergab führte, marschierten wir weiter hinein nach Persien. Links und rechts standen kahle Berge, deren Spitzen in der Abendsonne glühten. Eine Zeitlang ging es vorbei an einem stillen See, dessen Wasserfläche wie flüssiges Silber zwischen den schwarzen Felsen lag. Viel konnte ich von alledem nicht sehen, denn Herr Schmelzle hatte lange Beine, mit denen ich kaum Schritt zu halten vermochte.

Die Sonne war schon am Untergehen, als wir tief unten im Tale die erste persische »Stadt« gewahrten. Hals über Kopf ging es bergab über eine steile Halde und dann durch einen reißenden Bach, und auf einmal stand man mitten im Orte, ohne es zu merken.

Awadschik heißt diese aufblühende Stadt.

Je nun, sie ist nicht anders als all die anderen »Städte«, die man dort so am Wegrande findet. Lehm und Mist und Sand und Sonne und räudige Hunde, die den Wanderer begrüßen. Aber an dem

Tage, da ich dort anlangte, tat die Natur noch ein übriges zur Belebung des Bildes. Der Sturm heulte, wie er nur im Hochgebirge heulen kann. Der Wind, der eiskalt von den nahen Schneebergen kam, zerrte an den Zweigen der kümmerlichen, wirr zerzausten Bäume, der Staub hüllte alles in eine dicke, gelbe Wolke. Persien zeigte sich wirklich von der schlimmsten Seite. Und nicht anders die Perser. Trotz des scheußlichen Wetters, in dem man wahrlich keinen Hund vor die Tür schicken mochte, hatte sich schon wieder die übliche Masse von Neugierigen versammelt, die sich mir als unwillkommene Eskorte anschloß. Ein Beamter kam herbei mit der schicksalschweren Frage: »Haben Sie nichts zu verzollen?« So, wie er ging und stand, mitten im Unwetter, mitten auf der Straße fiel er über meinen Rucksack her und stülpte ihn um, so daß der Inhalt Stück für Stück in alle Winde geweht wurde. Ich versuchte, mein Temperament im Zaum zu halten, aber es fiel mir schwer. Immer dichter drängte sich die gaffende Menge heran, während die Schar der Beamten, die inzwischen auf sechs oder sieben angewachsen war, ein strenges Verhör anstellten. Freilich war es ein Verhör mit Hindernissen, da sie meist nur Persisch sprachen und ich also mit meinen wenigen in den letzten Wochen mühsam erworbenen türkischen Sprachkenntnissen auf dem Trockenen saß.

»Mähändis«, sagte ich voll Verzweiflung.

Aber diesmal versagte das Zauberwort. Unter militärischer Bedeckung brachten sie mich nach dem Amtsgebäude, wo mir ein Offizier den Paß abnahm und untersuchte. Es war offensichtlich, daß er in seinem Leben noch nie einen deutschen Reichspaß gesehen hatte. Umständlich zündete er sich eine Zigarette an. Dann setzte er sich mit verkreuzten Beinen auf den Tisch vor den Telefonapparat, nahm den großen, krummen Säbel auf den Schoß und fing an den Staub aus dem Apparat herauszublasen, damit die Verbindung zustande käme, die Verbindung mit Teheran, denn der Fall war schwierig. Eine Stunde verging. Die anderen Beamten und Gendarmen im Zimmer waren längst wieder eingeschlafen, aber der Apparat versagte immer noch den Dienst. Mit allem Nachdruck zeigte ich auf das Visum des persischen Konsuls in Wien. Groß und breit stand es da zu lesen: »Bon pour se rendre en Perse.«

Er schüttelte den Kopf mit überlegener Amtsmiene. Ich verlor die Geduld und wandte mich zum Gehen. Ein halbes Dutzend Gewehre machten sich schußfertig. Die Szene ward zum Tribunal. Ich war aufs Schlimmste gefaßt, als plötzlich Schmelzle, den ich gleich bei unserer Ankunft aus den Augen verloren hatte, wieder auf der Bildfläche erschien in Begleitung eines stattlichen Herrn, der sich als ein kürzlich über die Grenze geflohener Kurdenscheich entpuppte.

»Mit dem kannscht Deutsch schwätze«, sagte Schmelzle.

»Major Hassan Bey«, stellte sich der fremde Herr mit allem Anstand vor. »Kaiserlich osmanischer Offizier. – Und Sie kommen eben aus Erserum?«

»Jawohl.«

»Und so haben Sie nichts Näheres darüber gehört?« fuhr er atemlos fort.

»Von was?«

»Von der Revolution. Er ist ermordet!«

»Ermordet?«

»Mustafa Kemal natürlich!«

Darauf wußte ich keine Antwort zu geben. Mehr als einmal hatte man mir Ähnliches ins Ohr geflüstert auf dem langen Wege von Trapezunt bis hierher, wobei der Wunsch wohl der Vater des Gedankens war. Ich meinte, daß man da wohl erst die Bestätigung dieser erfreulichen Nachricht abwarten müsse, aber Hassan Bey wußte alles aus sicherer Quelle und wartete nur noch auf den passenden Augenblick, um an der Spitze von zehntausend Vertriebenen in die Berge zu marschieren.

Während wir noch so redeten, war der Wali, der Gouverneur, in eigener Person erschienen. Hassan Bey, der in der Tat sehr gut Deutsch gelernt hatte auf der Konstantinopeler Kriegsschule, machte den Dolmetscher und so studierten sie dann gemeinschaftlich in meinem Passe jenes furchtbar schwere Wort, über das schon so manche orientalische Zunge gestolpert war in diesen Wochen: »Berliner Lokalanzeiger«. Die Miene des Wali fing an sich aufzuhellen.

»Doktor – ah, de la presse?« – Ob ich nicht eine Tasse Tee in seiner Wohung nehmen wollte?

Natürlich wollte ich das.

Wir gingen nach der Wohnung, die an spartanischer Einfachheit nichts zu wünschen übrig ließ. Als einziges Mobiliar enthielt sie einen Perserteppich, der allerdings in Deutschland für gewöhnliche Sterbliche unerschwinglich wäre. Auf diesem ließen wir uns nieder und aßen ein »Souper à la persane«. Und das war wieder eine neue Erfahrung für mich. Der Perser kennt weder Messer noch Gabel auf seinem Tisch. Auch die Vornehmsten essen nach alter Urväter Art mit den Händen. Mit den Händen greifen sie in den Reis, mit den Händen zerpflücken sie das Huhn. Das wirkt auf den ersten Blick überraschend für uns an solche Tischsitten nicht mehr gewöhnte Mitteleuropäer. Aber man findet sich schnell damit ab, und man mag wohl die Frage aufwerfen, ob diese Art des Essens, bei der man stets eine saubere Glas- oder Kristallschale voll Wasser zum Waschen der Hände neben sich stehen hat, nicht doch hygienischer sei als das Speisen mit Messern und Gabeln, die vorher weiß Gott wer im Mund gehabt hat.

Nachts legten wir uns schlafen auf den Teppich, aber es war nur eine sehr problematische Nachtruhe, denn der Wind heulte um das Haus und der Staub flog durch die undichten Fenster. Gegen Morgen ließ der Sturm plötzlich nach, aber dann war es wieder etwas anderes, das einen nicht zur Ruhe kommen ließ. Draußen auf der Gasse war ein Geschrei und ein Getrippel von vielen Füßen. Wieder war eine Schar vertriebener Kurden über die Berge gekommen. Es war eine traurige Prozession, die da im frostigen Schein der Sterne vorüberzog. Zerlumpte, halbverhungerte Gestalten, die kaum mit dem Notdürftigsten bekleidet waren. Und doch waren sie noch vom Glück begünstigt gegenüber ihren Leidensgenossen, die als Opfer dieser eisigen Sturmnacht tot in den Bergen zurückgeblieben waren. Man redete von hundert, von zweihundert Frauen und Kindern als Opfer dieser einzigen Nacht!

Bei Tagesanbruch war der weite Platz vor der Karawanserei lebendig von fremdartigen Gestalten, die verfroren um die kümmerlichen Feuer saßen. Wie helle Farbenklexe kauerten die Weiber in ihren bunt gewebten Tüchern. Die alten Männer mit langen Bärten und unbeweglichen Gesichtern saßen mit unterschlagenen Beinen in großem Kreise um Hassan Bey, der eine lange Rede an sie richtete. Es ging alles ruhig und gemessen zu. Kein lautes Wort fiel. Kein Beifall, keine Mißbilligung, keine Erregung. Und doch waren es Fragen von Leben und Tod, die sie erörterten. Und doch redeten sie von Raub und Plünderung, von Revolution und englischen Subsidien. Wenn ich dagegen an unsere hirnlosen Volksversammlungen denke, in denen geschäftige Bonzen mit großen Mäulern kleine Nichtigkeiten zu Haupt- und Staatsaktionen aufblasen und tollgeredete Menschen einander die Schädel einschlagen für nichts und wieder nichts! Man würde wahrlich etwas geben um nur ein Atom dieser erhabenen orientalischen Nüchternheit.

Eine Atmosphäre tiefer Traurigkeit lag über diesem Bilde. Und doch war der Himmel so blau wie je und die fernen Berge standen blauverdämmernd in einem weichen, warmen Licht, als hätten sie nie ein Menschenleben auf dem Gewissen gehabt, als wäre niemals Krieg und Mord gewesen in dieser friedlosen Welt. –

Gegen Mittag ging die Reise weiter »an Bord eines Pferdes«, wie die Seeleute sagen. Das Pferd hatte der Gouverneur zur Verfügung gestellt und desgleichen zwei berittene Gendarmen, die mich begleiten sollten auf meinen weiteren Wanderungen. Oftmals habe ich darüber nachgedacht. War das nun eine Bewachung meiner wertvollen Person, oder eine *Über*wachung? Wollte man mir eine Ehreneskorte stellen, oder war man vielleicht doch nicht so ganz überzeugt von meiner Harmlosigkeit, so daß man eine Beobachtung für tunlich ansah an maßgebender Stelle und daß man so zwei Fliegen mit einer Klappe fing, indem man erstens den verdächtigen Fremdling nicht aus den Augen ließ und zweitens noch seinen Dank einsteckte für die liebenswürdige Eskorte?

Ah, tiefe, unergründliche Verschlagenheit orientalischer Seele!

Der Wali kam in eigener Person und verabschiedete sich voller Liebenswürdigkeit. Hassan Bey steckte mir einen Brief zu, der im Namen von fünftausend vertriebenen Kurden an die Teheraner Zeitung Sataré Irán gerichtet war. Ich nahm ihn mit nach Täbris und trug ihn auch nachher noch tagelang herum im Bewußtsein meiner Wichtigkeit. Aber noch ehe ich an Ort und Stelle angelangt war, zerriß ich ihn und streute die Fetzen auf die Landstraße. Was kümmerte mich dieser Streit um des Sultans Bart? Was verstand ich davon? Wer in einem Hause zu Gast ist, soll sich dort nicht zum Geschichtenträger hergeben. –

Wenn Gouverneure sprechen, so hat das Wort Gewicht. Noch mehr will es bedeuten, wenn sie eine wohlwollende Bemerkung in den Paß schreiben, denn dann fühlt sich der nächste zu gleichem verpflichtet. Die Empfehlungen wachsen wie Lawinen auf dem Instanzenwege zu immer höheren Rangstufen. Und so kam es auch hier. Überall war ich der Gast der Polizei, und das war gut so, denn ein Hotel gab es im ganzen Lande nicht. In Kurdistan bauen sie ihre Höhlen unter, in Persien über der Erde. Der Inbegriff der Öde und Langweiligkeit ist so ein persisches Dorf. Die Gassen sind so eng, daß zur Not noch ein beladenes Kamel hindurch kann. Zu beiden Seiten der Gasse erheben sich hohe Lehmmauern, die die Häuser und Höfe wie Festungen umschließen. Es ist, als ob sich hier die Menschen voreinander fürchteten. Fast immer liegen diese Gassen ganz kahl und still in der grellen Sonne. Nur ab und zu sieht man eine verschleierte Frauengestalt, die dicht an der Mauer hinhuscht über den schmalen Schattenstreifen, den die hochstehende Sonne übrig läßt. Man hört nichts als das Klanken und Knarren der Ziehbrunnen, das Heulen der Schakale in der Ferne und ab und zu das Bimmeln einer vorüberziehenden Karawane. Neben Lehm und Sonne ist der Mist das beherrschende Element im Straßenbilde. Mist geht hier wahrlich über alle List. Er gibt das Brennmaterial für die Öfen, er liefert die Bausteine für die Häuser und dient als Wandverkleidung. Er bedeckt die Straßen mit einem Pflaster, auf dem man sanft wie auf einem Perserteppich geht. Das hat indes auch seine Nachteile. Wird man z.B. von Hunden angefallen – und es gibt in jenen Dörfern eine Sorte, die so groß ist wie ausgewachsene Kälber – so findet man in der weiten Runde nicht einen Stein, mit dem man sich ihrer erwehren könnte. Es ist ein Land, in dem man die Hunde losläßt und die Steine festbindet, in mehr als einer Hinsicht.

Und doch haben auch diese Ansammlungen von Lehm und Mist ihre Schönheiten. Wenngleich die Bewohner des Aserbeidschan noch Türkisch sprechen, so zeigt sich doch ihr ganz anders gearteter Charakter schon im Bilde der Landschaft. »Wo der Türk hintritt«, sagte ich bereits, »wächst kein Gras mehr«. Türken und Tartaren sind echte Steppenvölker, die den freien Blick lieben und deshalb die Bäume hassen. War der Siegeszug der Türken stets gekennzeichnet durch abgeholzte Wälder, so liebt der Perser hingegen Bäume und Wälder über alles.

>>Am grünbelaubten Baume ist für den Blick des Weisen
Ein jedes Blatt ein Buch, des Schöpfers Macht zu preisen<<

hat einst Saadi gesungen. Und diese Liebe zu allem Grünen und Bunten ist seinen Landsleuten bis heute erhalten geblieben. An den unmöglichsten Stellen kann man Blumenbeete beobachten in jenem Lande. Der Polizeigewaltige hat zumeist sogar einen Blumenstrauß auf seinem Amtstisch stehen. Die Nähe eines Dorfes wird stets angekündigt durch ein frischgrünes Wäldchen, das sich seltsam üppig abhebt aus der sonst so kahlen Landschaft. Ehe man ins Dorf kommt, reitet man durch das Wäldchen, wo der Sonnenschein auf den weißen Stämmen und den hellgrünen Blättern tanzt. Von den nahen Bergen kommt in unzähligen kleinen Kanälen das murmelnde Wasser, das auf den Terrassen kleine Teiche bildet, denn hier muß jeder Baum besonders bewässert werden. Gegen Abend kommt zumeist der Bergwind und rauscht in den Wipfeln ein heimatlich anmutendes Lied. Die Kühle des Abends lockt die Menschen aus ihren Höhlen. Der Aphor arbeitet mit dem Spaten an seinem Bewässerungsgraben. Die Weiber hocken vermummt am Bachrande, und tiefes Schweigen legt sich über das Ganze, während oben auf der Galerie des halbverfallenen Minaretts der Muezzin das Abendgebet spricht. – – Fünf oder sechs Tage waren wir so schon durch das persische Land geritten, als endlich das Gebirge zurücktrat und der Weg steil bergab führte zu einer weiten, ganz in Grün gebetteten Ebene. In einer größeren Karawanserei tranken wir noch einmal Tee, und dann ging es weiter zwischen Reis- und Maisfeldern und über grüne Wiesen, auf denen die Kühe mit bockbeinigen Sprüngen davon jagten. Immer breiter und immer belebter wurde die Straße. Zwischen zahlreichen Fußgängern, die mit Bündeln auf dem Rücken in der heißen Sonne gingen, trippelten Esel mit vornehmen Herren, deren lange blaue Rockschöße fast bis zum Boden herunterhingen. Gerade voraus sah man eine mächtige, mittelalterlich anmutende Stadtmauer, die reich mit Türmen und Zinnen versehen war. Vor der Mauer war ein Festungsgraben, und eine Zugbrücke führte ganz wie in einer alten Burg durch das Festungstor. Ich mußte mir die Augen reiben, um mich zu vergewissern, daß ich nicht träumte. – Waren wir hier wirklich im zwanzigsten Jahrhundert, im Zeitalter der Eisenbahnen und Automobile, der Maschinengewehre und der schwerkalibrigen Geschütze? Oder hatte ein Zaubermantel uns hinweggeführt in längst vergangene Jahrhunderte? Möglich war ja alles hierzulande.

Persisches Rothenburg. – Ja, aber hier war das weniger Kulisse, Museum, Überbleibsel für die Fremden. Es hatte alles noch Wesen und Inhalt, und die Menschen paßten zu den Dingen. Hier stand man in der Tat ein halbes Jahrtausend zurück in der Weltgeschichte. Das wurde mir gleich klar, als ich durch die engen Gassen ritt, gefolgt von einer Herde Neugieriger, die mich wie ein Neuntagewunder anstarrten.

So wie hier – sagte ich mir – muß es bei uns auch einmal ausgesehen haben vor vielen hundert Jahren. Hier gab es noch Zünfte und Gilden, wie zu Ururgroßvaters Zeiten. Hier hallten die Gassen noch wider von dem Hämmern des Handwerks. Hier sah man Menschen, die noch mit den Händen die Wolle klöppelten, die noch mit der Hand spannen und webten. Man kam durch Gassen, wo sie Nägel schmiedeten für die Hufschmiede und nagelneue handgemachte Kupferpfannen in der Sonne leuchteten. Und vor allem war zu bemerken, daß jedermann viel Zeit übrig hatte. Ich kam über einen Holzhof, wo die Bretter noch mit der Hand gesägt wurden und einige hornbebrillte, halb europäisch gekleidete Herren in einer Gruppe zusammenstanden und von Geschäften sprachen. Als sie meiner ansichtig wurden, kamen sie auf mich zu und begrüßten mich feierlich. Denn ein Fremdling aus Frankistan war auch hier ein seltener Anblick und ein Gesprächsthema für die ganze Stadt. Der Besitzer des Handsägewerkes, der sehr gut Französisch sprach, fragte mich, wo ich hingehen wollte.

»Nach dem Hotel«, antwortete ich.

Da schüttelte er verwundert den Kopf. Und die anderen schüttelten ebenfalls den Kopf, als sie von meinem seltsamen Vorhaben gehört hatten.

»Ein Hotel«, meinte er, »das gibt es hier nicht.«

Und wo man dann als Fremder wohl wohnen sollte? fragte ich.

»Allah ist groß und barmherzig«, fuhr er gemessen fort, »die Häuser der Gläubigen sind besser als ein Hotel.«

Nun wandte er sich wieder an die anderen, die sich eifrig auf Persisch unterhielten, währenddessen sich eine Gesellschaft von mehr als hundert großen und kleinen Gassenbuben um uns versammelt hatte. Offenbar stritten sie sich darüber, wer wohl die Ehre haben würde, den zugereisten Efendi zu bewirten. Schließlich fiel die Wahl auf keinen Geringeren als den Chef der Geheimpolizei, der mich sogleich unter seine Fittiche nahm und nach seiner Behausung entführte. Er war ein sehr gebildeter Herr, der über europäische Verhältnisse erstaunlich gut Bescheid wußte und auch perfekt Französisch und Englisch sprach, obwohl er niemals über die Provinz Aserbeidschan, geschweige denn über Persien hinausgekommen war. Wir ritten durch den Bazar, in dem die neugierige Menge respektvoll zurückwich beim Anblick des Polizeigewaltigen und waren bald wieder in den stillen Gassen mit den hohen Lehmmauern, zwischen denen man das Fürchten lernen kann. Vor einer dieser Mauern, die fast noch höher und düsterer war als die anderen, blieben wir stehen. Der Efendi klopfte an die Tür, die sich öffnete; ein Diener erschien.

Das also war eines der Geheimnisse, die diese hohen Mauern einschlossen! Persische Gärten sind berühmt. Das Paradies hat von ihnen seinen Namen empfangen. Und dieser war in der Tat ein kleines Paradies. Aus dem grellen Grau und Gelb der Gassen kam man hier unvermittelt in eine Umwelt von tropischer Üppigkeit. Büsche mit breiten, fleischigen Blättern spiegelten sich in einem großen Wasserbecken. An den Mauern standen blühende Oleander. Der süße Duft des Jasmin lag schwer und berauschend in der Luft. Der Boden war getäfelt mit bunten Mosaikplatten, mit denen auch das Wasserbecken ausgemauert war. Ein Papagei saß schimpfend auf einer Stange. Ehe wir in das Haus gingen, zogen wir unsere Schuhe aus. Ein Diener wusch uns die Füße, ob wir wollten oder nicht. Dann zogen wir die Pantoffeln an und gingen in die Wohnung, die eine neue Offenbarung war.

Eigentlich bestand sie nur aus einem einzigen großen Teppich, der unter Brüdern – doch ich wage es nicht auszudenken, wieviel er unter Brüdern wert gewesen sein mochte in Deutschland. Außer diesem stand weit und breit nichts im Zimmer, außer den Wasserpfeifen, die ein Diener herbeibrachte. Auf dem Teppich hockend tranken wir Tee und dort wurde uns auch das große »souper à la persane« serviert, das im großen und ganzen genau so verlief wie damals beim Gouverneur und zwischendurch noch an verschiedenen anderen Plätzen, so daß ich schon einige Übung hatte. Nach dem Essen brachte der Efendi ein märchenhaft schönes Schachbrett mit eingelegtem Ebenholz und Elfenbeinfiguren, mit denen ich während des ganzen Abends beharrlich verlor. Es war ein so lauer und milder Abend, wie ich ihn schon lange nicht mehr erlebt hatte. Motten und Nachtfalter schwirrten um das Licht der Petroleumlampe, das weich auf dem Teppich lag. Draußen war alles still. Nur zuweilen hörte man das heisere Schreien eines Esels und das schlaftrunkene Plappern des Papageis im Hofe. Nachdem wir lange genug gespielt hatten, kam der Efendi auf die Besonderheiten seines Berufes zu sprechen und auf die seltsamen Menschen, die man zuweilen auf der Polizeiwache in Choi studieren könne. Seit einem halben Jahre – so meinte er – sei der Strom der Durchreisenden versiegt. Dies liege wohl an der türkischen Grenzsperre infolge des Kurdenaufstandes. Vorher sei es anders gewesen. Da sei kaum eine Woche vergangen, in der nicht eine mehr oder minder große Schar von armen Reisenden über die Grenze gekommen wäre. Fast immer seien es Deutsche gewesen, und mancher sonderbare Kauz fand sich darunter. »Aber keine so sonderbar wie diese – ja, nun sehen Sie mal!« – Er ging in ein anderes Zimmer und kam gleich wieder mit einer Postkartenphotographie, die allerdings geeignet war, einiges Aufsehen zu erregen in dieser Umwelt. Ein Pärchen deutscher Wandervögel, wie man sie zu Tausenden in unseren Wäldern sehen kann. Er, ein Bursch von etwa achtzehn oder neunzehn Jahren in vorschriftsmäßiger Kluft, sie ein gretchenhaftes Ding mit kurzem Rock und langem Zopf. Darunter stand es in allen Sprachen: »Zu Fuß um die Welt. – to foot around the world. – tour du monde à pied.«

»Ja«, sagte der Efendi, »das war eine gute Idee von den beiden! Ganz Choi ist zusammengelaufen. Karten haben sie verkauft wie frische Brote im Bazar. Wenn die nicht um die Welt kommen, bringt's niemand fertig.«

Aber sie sind nie um die Welt gekommen. Später, in Teheran, hörte ich wieder von dem weiteren Fortgang dieses Hans- und Gretelidylls auf persischen Landstraßen. Gretel geriet auf die schiefe Ebene und wurde auf Kosten des Konsulates wieder abgeschoben nach Deutschland. Hans erkrankte an Typhus in Teheran und lag wochenlang zwischen Tod und Leben im amerikanischen Spital. Dort paßte ihm die ganze Richtung nicht, und eines Tages machte er sich, noch am Stocke humpelnd, davon in der Richtung nach Indien. Man hat nie wieder etwas von ihm gehört. –

Die Mitternacht war längst vorüber, als mein Gastgeber sich von mir verabschiedete.

Auch in jener Nacht schlief ich auf dem Teppich und zwar so gut, wie man nur auf einem Perserteppich schlafen kann. Und am anderen Morgen ging die Reise weiter in der Postkutsche.

Wo alles noch nach der Urgroßväter Mode geht, da darf auch die Postkutsche nicht fehlen. Die Kutschen, die von Choi nach Täbris fahren, müssen einmal – vor langen Zeiten – bessere Tage gesehen haben, bis sie ausgemustert wurden von den durch Eisenbahn und Automobil veröderten Straßen Europas und dann die lange Reise nach Persien antraten. In der unseren konnte vor Zeiten die Pompadour gesessen haben oder eine von jenen zierlichen Demoisellen, die wir aus Spitzwegbildern kennen. So stolz sah sie aus mit ihren runden Fenstern und mit den roten Plüschsesseln, die allerdings schon recht verschossen und verschlissen und so wenig appetitlich aussahen, daß ich mir eigentlich gratulieren konnte, daß man mir einen Sitz auf dem Bock reserviert hatte, während drinnen eine Gesellschaft von wohlbestallten und wohlbeleibten Kaufleuten gurgelnde Wasserpfeifen rauchten und dazu mit den Lammfellmützen nickten.

Mit lustigem Schellengeläute ging es vierspännig hinaus in das weite Land, das sich weithin ausbreitete wie ein bunter Perserteppich in den lachenden, leuchtenden Farben des Frühlings. Die Sonne schien hell, die Lerchen jubilierten in der Luft, und alles in allem war es ganz so, wie es in den Gedichten steht. Aber in Persien ist die Natur zumeist nur Kunst. Überall dort, wo der Mensch nicht hinkommen kann mit seinen Bewässerungsgräben, sieht man tote Steppe und kahle Berghänge, die in der Sonne flimmern. In vieler Beziehung erinnert dieses Land an die vielgepriesenen Gegenden Südkaliforniens, wo ebenfalls die trostlose Wüste oft unvermittelt überzugehen pflegt in Landstriche, die sich ausnehmen wie ein einziger großer Garten. Hier wie dort sieht man üppige Weinberge und saubere Obstgärten, in denen die Olivenbäume in langen Reihen stehen. Überall breiten sich dunkelgrüne Kleefelder, und an den Straßenrändern stehen hohe Pappelbäume, deren grüne Blätter silbern aufblitzen, wenn der Wind durch das Laub fährt. Aber es fehlen hier die weißen Häuser, die freundlichen Zäune. Man sieht nur immer die hohen Lehmmauern, die selbst einem Reiter keinen Überblick in die Schönheiten der Gärten gestatten, die man nur ahnen kann an den mehr oder minder üppigen Baumkronen, von denen noch die letzte Spitze über die Mauer ragt, die Schönheit der Gärten so wenig wie der Frauen, die schwarzverhüllt, wie Wesen einer anderen Welt, über die Straße huschen, derweilen die Männer ernst und würdevoll vor der Tür sitzen und Tee trinken. Es ist hier ein Land ohne Lachen. Ist es auch ein Land ohne Tränen? Fast möchte man es glauben in der geruhsamen Atmosphäre dieser ausgeglichenen Welt.

In der Hitze des frühen Nachmittags taucht Täbris in der Ferne auf. Zwischen Schneebergen, die den Horizont begrenzen, erstreckt sich die einige dreihunderttausend Einwohner zählende Stadt weithin in die Ebene. Lange sieht man sie vor sich liegen, aber man muß dicht herankommen, um zu wissen, daß man eine Großstadt vor sich habe. Denn es gibt hier keine Türme, keine Minarette, keine Schornsteine, nichts Himmelstürmendes, was das Herannahen einer Stadt verrät. Die Mauern sind höher als die Häuser, man sieht nur graubraune Lehmwände zu beiden Seiten der Straße, und so muß man schon ein ganzes Stück weit in das Gewirr der Straßen vorgedrungen sein, ehe es einem zum Bewußtsein kommt, daß man sich wirklich zwischen den Häusern einer volkreichen Stadt befindet. Kilometerweit geht man durch diese engen Gassen, ohne etwas anderes zu sehen als die hohen Wände, die wie Gefängnismauern wirken.

Seltsame Stadt! Was immer man in Choi an Seltsamkeiten gewahrte, das sieht man hier in vergrößertem Maßstab wieder. Die vierjährige Russenherrschaft während des Krieges hat zwar modernisierend gewirkt. Die alten Stadtmauern sind gefallen, aber die Gassen haben sich darum nicht verbreitert. In vollem Galopp, als ob wir noch in der offenen Steppe wären, rasten wir durch den Irrgarten von Gassen und Gäßchen. Die vier nebeneinander gespannten Pferde füllten die Straße aus und trieben eine buntgewürfelte Schar von verschleierten Frauen, bärtigen Mullahs und fliehenden Eseltreibern vor sich her. Räudige Hunde rannten kläffend im aufgewirbelten Staube, eine Schar Lastkamele drückte sich knurrend und grunzend gegen die braune Lehmmauer. Ein Derwisch im Bazar erhob drohend seine Axt, und alles in allem war es so, wie wenn Ali Baba mit den vierzig Räubern seinen Einzug hielte. Durch ein breites Tor ging es, immer noch in ansehnlichem Tempo, hinein in eine weite, geräumige Karawanserei, wo wir mit einem Ruck zum Stillstand kamen und sogleich auch Gegenstand allgemeiner Aufmerksamkeit waren.

Eine ganze Schar von würdigen Kaufleuten, die recht erhaben ausschauten in ihren langen, schwarzen Abbas, die sie lose wie Advokatenroben über die Schulter trugen, begrüßte mich feierlich, jeder mit einer tiefen Verbeugung.

»Salem Aleikum.«

»Aleikum Salaam«, antwortete ich.

Dann erkundigten sie sich ausgiebig nach dem Woher und Wohin, und ich gab ihnen Auskunft in meinem unmöglichen Türkisch. Bald kam ein sporenklirrender Offizier, der so stramm und wichtig salutierte, als ob er mir die Grüße des Schahs von Persien zu übermitteln hätte. Da er Persisch sprach, verstand ich kein Wort, ließ es mir aber ruhig gefallen, daß er mich in eine recht elegante, weiß gepolsterte Kutsche packte und mit mir und meinem Rucksack davon fuhr durch das Gewühl der lärmenden Straßen. Der betreßte Diener auf dem Bock war von magischer Wirkung. Alles flitzte auseinander bei unserem Erscheinen. Die Hamals (Gepäckträger, Tagelöhner) hörten einen Augenblick auf mit Fluchen. Die sonst so wenig schüchternen Eseltreiber drückten sich scheu zur Seite, die Kaufleute im Kahwe-Hane erhoben sich von ihrem Teppich und verneigten sich bis zur Erde. Vor dem Tor eines wappengeschmückten Gebäudes, das aussah wie eine Kaserne, kamen wir zum Stillstand. Durch eine Hecke von salutierenden Soldaten kamen wir in einen großen Hof, der eigentlich mehr ein Garten war.

Der Offizier verabschiedete sich mit viel Grandezza, nicht ohne vorher den Dienern seine Weisungen erteilt zu haben, die nun in ihren langen blauen Röcken geschäftig umherliefen. In der Halle, die zum Hause führte, breiteten sie einen Teppich aus, der tausend Toman wert gewesen sein mochte und stellten darauf die Wasserpfeife, mit der ich nichts anzufangen wußte. Dann zogen sie mir die Schuhe aus und reichten mir ein Täßchen Kaffee, so süß und würzig, wie man ihn nur im Schatten der Moscheen trinken kann. Es war wie ein Märchen.

Nach einer Weile kamen noch mehr Diener und brachten in einem großen Bündel das Essen, das sie kunstvoll vor mir auf dem Teppich aufbauten. Brotfladen, so groß wie ausgewachsene Pfannkuchen, ein gebratenes Huhn, Tauben, Nüsse, kindskopfgroße Melonen und natürlich auch das unvermeidliche Pilau.

Am nächsten Tage, schon um sieben Uhr morgens – denn das ist in Persien die offizielle Besuchszeit – erschien wieder der Offizier in Begleitung von einem Dutzend hoher Würdenträger, die einander in tiefen Verbeugungen überboten. Und gerade hier muß ich ein Wort einlegen zum Lobe der persischen Polizei, die vielleicht nicht immer die tüchtigste, sicher aber die höflichste und aufmerksamste auf dieser Erde ist. Wer als zugereister Franke die persische Grenze überschreitet, der hat auch sofort das Empfinden, daß das Interesse der hohen Staatsautorität ihn auf allen seinen Wegen begleitet. Ob sie ihn mehr be- oder überwachen, bleibe dahingestellt. Jedenfalls sind sie stets die liebenswürdigsten aller Jünger der heiligen Hermandad. Einen Blumenstrauß findet man auf dem Tisch der düstersten Amtsstube, eine Zigarette, eine Tasse Tee wird einem immer angeboten. Und alle Tage wird man vor einen anderen hohen Würdenträger zitiert, bei dem man immer noch einmal Tee trinken und Zigaretten rauchen muß und zum tausendsten Male zu hören bekommt, daß man der willkommenste der Gäste in Persien wäre. Vielleicht – wahrscheinlich – denken sie das Gegenteil, aber es ist dennoch angenehm zu hören, und nirgends haben schließlich die Lügen längere Beine als in Persien.

Drei Tage lang ging es so von Amtsstube zu Amtsstube, bis endlich der letzte Khan mich mit einer umfangreichen Verbeugung in die Freiheit entließ.

Die Stadt Täbris ist ein Irrgarten von engen Gassen, die alle einander vollständig gleich sind, denn nirgendwo ist ein Haus zu sehen, das die Straße begrenzt. Nur überall die braunen Lehmmauern ohne Fenster und fast ohne Türen. Und Hunde und Kehrichthaufen und die nimmermüde Sonne am blauen Himmel. Nur ab und zu kommt ein Trupp Packesel, die hoch bepackt, wie wandelnde Warenbündel, auf kleinen Füßen durch Staub und Sonne trippeln. Verschleierte Frauengestalten huschen im Schatten der Mauern hin, wie schuldbeladene Wesen einer anderen Welt. Nun kommt in rasender Fahrt eine Droschke heran. »Abadar! Abadar!« schreit der Kutscher. Achtung! Schön und gut, aber wohin soll einer ausweichen in einer Gasse, die nur für Lastesel bestimmt ist, aber nicht für europäische Droschken, die mit ihren zwei Pferden den Durchgang von Mauer zu Mauer sperren?

In morgenländischen Städten führen indes alle Wege zum Bazar. So still und tot es in den Gassen ist, so lebhaft geht es dort zu. Der Bazar von Täbris ist der größte des Orients. Wer wäre ihm je in Wort oder Bild in seiner ganzen Farbenglut gerecht geworden? In seiner Länge und Breite nimmt er ein großes Stadtviertel ein, dessen Gänge – wie übrigens die aller größeren orientalischen Bazare – übermauert sind von kreuzgangartigen Bogen, unter denen alles in einem dämmernden Lichte liegt. In bestimmten Abständen fällt durch Löcher in der Decke ein Lichtstrahl herein. Während draußen die Sonnenglut wie ein Ungeheuer in den schattenlosen Straßen liegt, ist es im Bazar immer kühl, wenngleich die Luft so dick ist, daß man sie schneiden könnte; eine seltsam süßliche Luft, die reich geschwängert ist mit dem Duft von Kaffee, Wasserpfeifentabak, türkischen Lederpantoffeln, ranzigem Hammelfett und noch vielen anderen Dingen. Kurzum: ein morgenländischer Duft. Man muß ihn selbst gerochen haben, um zu wissen, was das ist, um ihn alsdann nie wieder zu vergessen. Links und rechts sieht man in den endlosen Reihen die Buden der Kaufleute, die klein wie Vogelkäfige sind, und dazwischen drängt sich eine nimmermüde Flut von Menschen vom frühen Morgen bis zum späten Abend. Denn das Handeln und Verhandeln mit diesen Bazargestalten ist das große Ver-

gnügen des Orients. Stundenlang kann man dabei im Feilschen um
ein Paar Pantoffeln über das Wetter und die schlechten Zeiten reden
und den Namen Allahs mißbrauchen. Es ist keine Grenze der Beredsamkeit. Zu einem königlichen Vergnügen aber wird das alles,
wenn man in die Halle kommt, wo die Teppiche feilgeboten werden.

Hier ist es still und feierlich, fast wie in einer Kirche. Viel höher
als über der Gasse wölben sich hier die Kreuzbogen, von deren
Deckfenstern das Licht herunterfällt, das in flüssigen Ringeln auf
den Teppichen tanzt, die überall zu hohen Stapeln aufgeschichtet
sind. In den Nischen des Raumes sitzen auf kostbaren Teppichen
die Kaufleute – ah, die königlichen Kaufleute, die noch viel längere
Barte haben und noch viel schönere Turbane als die anderen in den
Buden an der Gasse. Vor sich die gurgelnde Wasserpfeife und neben sich die Rechenmaschine. Und natürlich die Teetasse. Du gehst
auf einen zu, und er begrüßt dich mit einladender Handbewegung.
Du nimmst Platz auf dem Teppich (mit verkreuzten Beinen, so gut
du es verstehst, und schon hat ein Junge von einer nahen Schenke
neuen Tee gebracht. Zuerst einmal großes Schweigen. Dann beginnt
eine gemächliche Unterhaltung über deine Gesundheit und die
deines Gastgebers, über deine letzte Reise und über die neuesten
Bazargerüchte. Dazwischen werden viele Tassen Tee getrunken, die
Bärte werden oftmals gestrichen, die Namen Allahs und des Propheten werden oftmals gebraucht und mißbraucht, jedesmal mit
einem schmückenden Beiwort, einem gläubigen Senken des Kopfes
und einer Handbewegung nach der Brust. Und so langsam kommt
man dann auf die Geschäfte zu sprechen. Du wirst ihm ein Preisan-
gebot machen, und er wird es annehmen oder ablehnen. – Aber
nein, solche Schnelligkeit wäre gegen das Gesetz und die Propheten. Zunächst wird er seine Wasserpfeife anstecken, die inzwischen
ausgegangen war. Dann wird er einen Diener rufen, der den Teppich im gedämpften Sonnenlichte ausbreitet, derweilen er selbst mit
sanfter, melodischer Stimme seine Vorzüge preist. Aus Khorasan sei
das Stück, ein wahres Wunderwerk der Kunst, gut genug zu einem
Gebetsteppich für einen Imamen. Der Prophet selbst – der Herr
segne seinen Schatten! – könnte ihn gebrauchen und für zweihundert Toman wäre er so gut wie ein Gastgeschenk.

Du denkst eine Weile nach und nennst etwa ein Viertel der Summe, worauf der Kaufmann den Kopf schüttelt mit mildem, verzeihendem Lächeln. Dann folgt eine lange Pause, während deren dein Auge ziellos wandert zu den Kupferschalen im Laden und zum gemauerten Dach der Halle. Du suchst ganz uninteressiert zu scheinen, aber ehe du dich versiehst, hängt dein brennendes Auge wieder an den Lichtern, die über dem Teppich geistern und du machst schon einige Konzessionen im Preise. – Nun wird wieder Tee getrunken, wieder Allah zum Zeugen angerufen und du steigst schließlich in deinem Angebot auf siebzig, achtzig, hundert Toman, die dein bärtiger Freund als die Ursache zu seinem sofortigen Bankrott bezeichnet, aber dennoch schmunzelnd annimmt. – Oder auch nicht. Dann ist das eben eine willkommene Gelegenheit, um morgen noch einmal Tee zu trinken und noch einmal in dem großen, schönen Genuß dieses königlichen Schachers zu schwelgen. –

Aber ist wirklich der Bazar nur ein Ort zum Handeln und Schachern? Es wäre eine üble Verkennung der Wirklichkeit, es wäre geradezu eine Beleidigung, wenn man das behaupten wollte. Denn es gibt auf dieser Erde keinen Ort, an dem man sich so gut unterhält und so andauernd amüsiert, wie auf einem persischen Bazar. Man hat dort sogar ein Wort für diesen besonderen Zustand: Basari. Man geht »basari« unter diesen Gewölben: man mischt sich unter die Menge, man freut sich seiner Mitmenschen und lauscht der »chronique scandaleuse«, die von Mund zu Mund fliegt, der Unterhaltung, die nie ein Ende nimmt. Da brüllt ein Geschichtenerzähler die Abenteuer seiner Helden aus vollem Halse, dort schreitet ein Derwisch in härenem Gewand, mit der Axt über der Schulter. Hier sitzt ein Mullah mit verkreuzten Beinen auf einem hohen Schemel und schildert einer entzückten Gemeinde die Leiden der Märtyrer, von denen sie niemals müde werden zu hören. Verschleierte Frauen trippeln vorüber auf ledernen Pantoffeln wie Gestalten aus einer Märchenwelt. Nun kommen Kamele stolz und unnahbar, überschreiten einen Eselstrupp und zermalmen fast einen spindeldürren Mirza, der schreiend über sein Tintenfaß stolpert. Man sieht Lammfellmützen und Turbane, so groß wie Storchennester. Hier ist man in der Straße der Schuhmacher, wo es nach Leder riecht und die Luft lebendig ist vom Takte der Hämmer. Und dort sind die Zimmerleute, bei denen die großen Zehen die Hobelbank ersetzen. Dort wieder leuchten rote Schmiedefeuer aus dem Halbdunkel. Und hier sitzt hinter einem mächtigen Tintenfaß ein Mirza, der mit seiner Gänsekielfeder in zierlichen Buchstaben die Liebesworte aufschreibt, die sanft errötend unter dem Schleier eine Klientin ihm zuflüstert. Und immer und immer ist es kein Ende des Schauens, wenn man an den Kaufläden vorbei kommt, wo von der Decke die Zuckerhüte hängen, die die Kamele über Berge und Wüsten von Gott weiß woher geschleppt haben, die Kamele und Esel, die hier in biblischer Beschaulichkeit verweilen.

Ja, und da ist die Straße, wo man fast sein eigenes Wort nicht mehr hört von dem Takte der Hämmer, dem Singen der Sägen und dem Kreischen der Feilen, die Straße der Sarafan und Goldschmiede, deren Buden überquellen von funkelndem Silber und leuchtendem Gold. Reichtum und Armut zugleich. Denn, wie gesagt, hier sind alle arm und reich. Unergründliche Seele des morgenländischen Menschen! Noch haben wir uns nicht satt gesehen an der so seltsamen Welt, aber schon ist die Sonne gesunken. Schon ruft der Muezzin das Abendgebet vom Minarett der nahen Moschee. Die Läden schließen. Alles trippelt nach Hause, wie eine Schar nachtblinder Hühner, und bald sieht man nur noch verspätete Bettler und verlassene Hunde durch die Hallen schleichen. Denn so will es das Gesetz, das hier alles regelt.

Wir folgen der Sitte und gehen langsam nach Hause. Still ist die Nacht. Die kühle Abendluft zieht durch die menschenleeren Gassen. Es ist, als ob sich alles zusammenkuschelt. Denn der Schlaf ist eine heilige Handlung im Orient. Nur von ferne hört man das Heulen eines Hundes oder das Schreien eines Esels. Dann hört auch dieses auf. Es ist, als ob die dumme Kreatur um das Tun der Götter wüßte.

Es ist die Stunde des Gebets.

Vom nahen Minarett fällt wieder die Stimme des Rufers wie ein Tropfen aus dem All.

»Allah hu akbar!«

Gott ist am größten!

»Ich bezeuge, daß es keinen Gott gibt außer Gott und keinen Propheten außer Mohammed!«

Fünf Minuten lang ist die Nacht lebendig wie von Geisterstimmen, die sich fortpflanzen durch die Finsternis und fern verhallen in den entlegensten Stadtvierteln.

Kismet des Lebens! Stillstand der Zeit!

Durch die enge Gasse kommt schwankend eine trübe Laterne. Ein Diener in blauem Rock hält sie hoch über dem bärtigen Gesichte eines Mullah, der andächtig im Koran liest. Gläubiger Tor! Er hätte sich mit Fug und Recht auch eine andere Lektüre wählen können, denn wirklich: je länger man in diesem Lande lebt, je mehr kommt man zu der Erkenntnis, daß es hier kein Buch gibt, das so wahr, so treu und aufrichtig wäre wie dieses: Tausendundeine Nacht.

Die ewige Straße

Der neue persische Gott: das Automobil – Allerlei Weltwanderer – Ein verdächtiges Fahrzeug – Kaiserlich persische Post – Ein Abenteurer – Fünfhundert Kilometer im Galopp – Ungemütliche Postkutschen – In der Karawanserei – Im Land Aserbeidschan – Schneeberge und Wüstensonne – Eine unerfreuliche Gegend – Bettlerland – Kaswin – Im Hotel de France – Kein Mensch kann Französisch – Der Mullah als Reisegefährte – Was man einem Fordwagen alles zumuten kann.

Es ist wahrlich eine ewige Straße, die da vom Abend- ins Morgenland führt, von Trapezunt nach Teheran und weiter nach Indien. Es ist die »Straße der Zehntausend«, über die schon Xenophon seine verlorenen Scharen führte. Alexander machte Weltgeschichte auf ihrer Spur. Und so ist sie stets die Hochstraße der Weltgeschichte gewesen, wenn immer, gelockt von den Schätzen Indiens, erobernde Abenteurer von Westen kamen, oder wenn zur Abwechslung einmal wieder das Licht im Osten aufging über der Erde. Sie kamen und gingen, aber die Straße ist gleich geblieben und mit ihr die Menschen. Denn im Orient sind tausend Jahre nur wie ein Tag.

> »Fiel Gut und Böses dir im Leben zu,
> Ward Not und Angst dir oder Glück und Ruh',
> Schreib's nicht dem Weltrad zu, das Weltrad ist
> Noch tausendmal ohnmächtiger als du!«

Das hat schon Omar der Zeltmacher gesagt.

Ewige Straße über Berge und Wüsten, die schon vor zweitausend Jahren so war, wie sie heute ist, während der Sturm der Zeiten über alle anderen Straßen ging. Da ist kein Stein am Straßenrand, der nicht umweht wäre vom Staube vermoderter Gebeine von Tier und Mensch, die einst hier in Frost und Hitze ihre letzten Koransuren murmelten.

Allah ist groß! Aber die Straße ist älter als Ali und Mohammed.

Und nun – nun soll alles auf einmal anders werden? Die Rasthäuser an den Straßen verfallen, die Kamele sollen nicht mehr in den Höfen der Karawansereien brüllen, die Treiber nicht mehr ihre Gebete im Zwielicht des dämmernden Tages verrichten und all die uralte Romantik zermalmt werden unter den Rädern benzin-schnaubender Ungetüme?

Ach, es ist ein Rad, das nicht mehr aufzuhalten ist! Der Gott des modernen Persiens ist das Automobil. Sein Gott und sein Teufel. Denn was soll werden, wenn es noch einige fünf oder sechs Jahre lang so weiter geht in dieser Entwicklung? Was wird alsdann noch übrig bleiben von den Nagelschmieden, den Handwebern, den Schuhmachern im Bazar, wenn sie erst einmal gefangen sind im Netze des großen Weltverkehrs? Ein einziges Lastautomobil mit Nägeln wird hunderte von Existenzen aus ihren Buden im Bazare werfen, in denen ihre Vorfahren schon seit Jahrhunderten als ehrbare, geschickte und in ihrer bescheidenen Art zufriedene Handwerker saßen. Die Entwicklung vom Handwerk zur Industrie, die im fernen Europa im Lauf eines Jahrhunderts soviel Not und soviele Unzufriedenheit geschaffen hat, wird hier im knappen Zeitraume von einem Jahrzehnt vor sich gehen. Niemand wird sich so schnell darauf ein- und umstellen können. Millionen werden aus ihrer tausendjährigen Beschaulichkeit aufgeschreckt und brotlos auf die Straße geworfen werden, eine leichte Beute für die glatten Zungen der Volksverführer. – Und dann werden sich – wie jetzt im Falle China – die europäischen Diplomaten zusammensetzen und sich die Köpfe zerbrechen, worauf wohl die Ausbreitung des Bolsche-wismus im Osten und fernen Osten zurückzuführen sei.

Doch will ich nach diesen Abschweifungen in das Gebiet der hohen Politik wieder zurückkehren zu dem Wanderer, der – selbst ein Teil dieser endlosen Straße – mit dem Rucksack durch Staub und Sonne ging. Bald sah ich mich selbst auf dieser Straße; ach, um die schönen Bahnhöfe und die bequemen Fahrpläne, die man in Europa kennt! In Persien ist das Reisen noch eine Kunst, wie es zu Urväter Zeiten auch bei uns der Fall war. Es ist ein Abenteuer, das lockend auf der Landstraße steht. Und zwischen Täbris und Teheran liegen siebenhundert Kilometer.

Ein bärtiger Araber mit einem Seelenverkäufer von einem Ford-automobil trug mir seine Dienste an. Wieviel er verlange für die Reise?

»Fünfzig Toman.«

Kopfschüttelnd ging ich weiter. Fünfzig Toman waren soviel wie fünfzig Dollars und jedenfalls mehr, als mein Geldbeutel mir erlaubte. Am anderen Tage erschien ein polnischer Jude, der ebenfalls ein Automobil besaß, das er für den halben Preis zur Verfügung stellte. Das schien mir verdächtig. Zuerst möchte ich einmal den Kasten von Angesicht zu Angesicht betrachten. Wir gingen zusammen nach der Karawanserei, wo in einer Ecke, hinter Spinngeweben, die jämmerlichste aller Kutschen träumte, die je aus Detroit in Michigan kamen. Der Efendi strich liebevoll über ihren staubigen Rücken.

»Gute Maschine!«

Ob er damit schon einmal nach Teheran gefahren wäre? wollte ich wissen.

»Nein«, sagte er, »ist sie gekommen von Rußland vor einem Jahre. Oder beinahe von Rußland.«

»Beinahe?«

»Beinahe, Efendi! In Maränd ist der Motor zersprungen und man hat sie auf den Kamelen hierher gebracht. Seerr gute Maschine! Übernehme ich Garantie bis Teheran.«

Noch eine Weile redeten wir weiter. Was dem Motor an Tüchtigkeit abging, das ersetzte die glühende Beredsamkeit des Efendi. Ich versprach am Nachmittag wiederzukommen, um den Handel perfekt zu machen, kam aber nicht wieder, denn unterwegs war mein Blick auf ein Schild gefallen, das meinen Gedanken eine andere Richtung gab.

Ja, das war's! Die Kaiserlich Persische Post. Das ging noch nach der Väter Sitte, mit lebendigen Pferdekräften, in einer Kutsche, die Tag und Nacht mit Remontepferden das Land durcheilte. Das war romantisch und billig. Für die sechshundert Kilometer lange Strecke bis zur Stadt Kaswin brauchte man nur fünfzehn Toman zu bezahlen. Noch in derselben Nacht sollte die Reise beginnen. –

Um neun Uhr abends, als das meiste Leben schon erstorben war in den Gassen, saßen wir in der dunklen, rußigen Poststube und tranken Tee. Die Postillione, die mit ihren Lammfellmützen recht phantastisch ausschauten, gingen hin und her, und allmählich erschien auch die Postkutschen, die ich fast noch kritischer betrachtete, als den Fordkasten in der Karawanserei: – o Lenau! O Eichendorff! O Posthorn im stillen Land! Von alledem war hier nicht die Spur zu bemerken. Es waren ebenso jämmerliche Leiterwagen wie die, die ich noch von Armenien her in so angenehmer Erinnerung hatte. Und die Postsäcke lagen genau so wirr durcheinander. Sehr verdächtig schien es mir auch, daß außer mir kein anderer Fahrgast sich diesem Beförderungsmittel anvertraute. Daran war indes nun nichts mehr zu ändern. Mit meinen fünfzehn Toman hatte ich mich mit Haut und Haaren der Kaiserlich Persischen Post verkauft, und alles übrige mußte man in Rechnung stellen. Schwer von bösen Ahnungen bestieg ich den Wagen, wo ich mir ein so weiches Plätzchen suchte, wie das zwischen den harten Säcken nur immer möglich war. Die vier Pferde zogen an, und mit munterem Schellengeläute ging es vorwärts in die dunkle Nacht, in der Hoffnung, daß der Herr nicht regnen lasse auf die Gerechten. Langsam rumpelte der Wagen durch die engen Bazarstraßen. Es war eine ungewöhnlich schwüle, gewitterdrohende Nacht. Schwere Wolken schoben sich langsam vor dem Vollmond vorüber. Es wetterleuchtete in allen Himmelsrichtungen. Überall knurrten die Hunde in den Gassen, die schwer waren von Düften, die zum Orient gehören und dennoch ... ... märchenhaft sind. Da und dort tauchten zerlumpte Gestalten auf und rannten bakschischheischend mit erhobenen Händen neben dem Wagen her. Ein beturbanter Mullah ging vorüber und begrüßte uns mit einem feierlichen Salaam. Schreiende Derwische standen an den Ecken. Man wußte nicht, ob es der Fluch des Bösen oder der Segen Allahs war, den sie uns zuriefen für die Reise.

Als wir auf der breiten Straße angekommen waren, die ostwärts zur Stadt hinausführte, ließ der Fuhrmann die Peitsche knallen. Die vier Pferde gingen im Trab, dann im Galopp, und das hörte von nun an nicht mehr auf für mehrere Tage und Nächte. Der Mond war inzwischen ganz herausgekommen, die Bäume in den Gärten standen scharf wie Schattenbilder am heiteren Himmel; man hörte Ziegen meckern und Hunde bellen in der warmen und weichen Nachtluft, und das und der Abendwind und die fernen Lichter der entschwindenden Stadt ließen in mir ein so fröhliches Postkutschengefühl aufkommen, daß ich darüber selbst meinen harten Sitzplatz vergaß.

In der offenen Steppe ging der Trab der Pferde in einen gestreckten Galopp über, die einzige Gangart, bei der ein persischer Postgaul sich in seinem Element befindet. Nach etwa einer Stunde ging es immer noch in derselben wilden Karriere einen steilen Berghang hinunter in ein trockenes Flußtal, dessen Sand weiß im Mondlicht schimmerte. Der Wagen krachte und das linke Vorderrad rollte in den Bach. Sogleich war alle Eile vergessen. Auf offener Straße machten wir ein Feuer und tranken Tee, während sich der Postillon auf die Suche nach dem Rade machte. Die Stunden vergingen, und kein Mensch redete von der Reise und von Zeitversäumnis, bis um Mitternacht der Schaden wieder behoben war und die wilde Jagd von neuem beginnen konnte. –

Drei Tage und drei Nächte ging es so weiter im Galopp. Ohne Aufenthalt, abgesehen von den kurzen Stationen beim Pferdewechsel in der Karawanserei, wo man gerade noch Zeit hatte, um einen heißen Tee zu trinken, worauf es mit vier neuen Pferden im Galopp wieder weiter ging. – Diese Pferde! Man konnte von ihnen wohl sagen, wie einst der alte Fritz von seinen Grenadieren: »Schön sind sie nicht, aber sie beißen.« Immer von Zeit zu Zeit stellen sie sich auf die Hinterläufe und fechten ihre persönlichen Kämpfe miteinander aus. Die Mähnen flattern, die Postkutsche macht die verwegensten Sprünge und ein wildes Gewieher erfüllt die Nacht. Dann – als wollten sie das Versäumte nachholen, nehmen sie mit der verdoppelten Schnelligkeit den Lauf wieder auf. Es ist ein Reisen, das auch die stärksten Nerven zum Zerspringen bringt. Bald hat man keine Körperstelle mehr, die nicht wunde wäre bis auf die Knochen. Bei jedem neuen Luftsprunge des Wagens – und die ganze Fahrt besteht im wesentlichen nur aus solchen – ist einem zumute, als ob der Magen in den Mund springen wollte. Müde ist man von überlangem Wachen. Man möchte schlafen und kann doch nicht einen Augenblick Ruhe finden auf dieser Marterkiste. Je länger die Reise dauert, je mehr erfaßt einen das trostlose Gefühl, das so treffend Ausdruck findet in der ergreifenden Bitte jenes alten englischen Liedes von der Seekrankheit: »Mister captain, stop the ship and let me get off and walk!« Aber davon ist keine Rede. Unerbittlich ist die Kaiserlich Persische Post.

Bei Tag ist es noch einigermaßen erträglich, denn mancherlei gibt es zu sehen in dem weiten Lande. Der Himmel ist klar und hell, und überall am Horizonte stehen die Schneeberge. Im Südwesten ist der hohe Demir Dagh mit seinem leuchtenden Gipfel ein treuer Wegbegleiter, im Norden zieht sich die Kette der kaspischen Berge, und dazwischen liegt die Steppe in trostlosem Grau, durchzogen von kahlen Bergketten, um die die Ferne einen dunkelvioletten Schleier webt. Nur ab und zu kommt man durch ein Dorf, oder was man dort so unter diesem Namen versteht. Immer liegt es in einer Talmulde, am Rande eines mehr oder minder großen Baches, der von den nahen Bergen kommt. Die Häuser sind kaum zu erkennen in ihrer lehmfarbenen Nüchternheit. Aber ringsum ist grünes, blühendes Leben, das mein von den harten Farben der Steppe gemartertes Auge begierig trinkt. Man sieht üppige Weinberge und Obstgärten, in denen die Pflaumen reifen. Aber kaum irgendwo sieht man einen Menschen. Desto zahlreicher sind die Hunde, die kläffend aus allen Winkeln hervorgeschossen kommen, während der Wagen ohne Nachlassen des Tempos durch die engen Gassen rast, wo die Pferde sich an den Hausmauern scheuern. Schon ist man am anderen Ende des Dorfes. Auf der Anhöhe sieht man einen ebenfalls aus Lehm gebauten Wachtturm zum Schutze gegen die Räuber. Am Straßenrand lagert eine Karawane im Schatten eines mächtigen Baumes. Überall in der Steppe grasen die abgeschirrten Kamele, deren schlanke Gestalten sich scharf wie Schattenrisse vom abendlichen Himmel abheben. Und plötzlich, fast ohne Warnung, fällt wieder die Nacht über das Land.

Der Tag ist Tod und die Nacht ist Leben auf persischen Landstraßen. Groß und feurig scheinen die Sterne. Es bimmelt auf der Straße. Es trippelt von Eselsfüßen. Man hört die heiseren Rufe der Treiber.

»Yol da ...!« ruft der Postmann.

Alles stiebt auseinander. Die Pferde scheuen. Die Kamele gleiten hoch und bucklig, wie Schiffe mit geblähten Segeln, durch die Finsternis. Es brummt und grunzt allenthalben. Im Scheine der Laterne taucht für einen Moment der Turban eines Mullahs auf. Noch eine Weile hört man das Läuten der Glocken in der Ferne. Dann wird es wieder still, und man sieht nichts als die Nacht der Sterne.

Und ehe noch der Tag wieder angebrochen, steht man vor einer Karawanserei. Was im türkischen Lande der »Han« ist, das ist in Persien die Karawanserei, aber in sehr stark vergrößertem Maßstab. Das Wort setzt sich zusammen aus zwei Elementen: Karawane und Serail (Schloß: das Karawanenschloß). Es gibt in der Tat keine bessere Bezeichnung für diese gewaltigen Bauwerke, die da wie mächtige Burgen weithin sichtbar im Grau der Steppe an der Straße stehen. Dicht an der Straße erhebt sich ein mächtiges, aus ungebranntem Lehm errichtetes Gebäude von sonderbarer Spitzbogenarchitektur. Das Dach ist zumeist mit kriegerischen Zinnen versehen, und an den Ecken stehen gewaltige Türme, ganz wie in mittelalterlichen deutschen Burgen. Von jeher hat man in Persien die Tüchtigkeit der Regierung des jeweiligen Schahs nach der Anzahl der erbauten Karawansereien und der Köpfe der hingerichteten Straßenräuber beurteilt. Im Sichern der Karawanenstraßen erschöpfte sich die Betätigung der Staatsgewalt. Wer viele Karawansereien erbaute und viele Räuberköpfe auf den Stadttoren aufspießte, der war ein guter Schah, den die Geschichte preist. Die anderen waren nie der Rede wert. An solchem Maßstab gemessen, hat es nie einen Herrscher gegeben, der tüchtiger war als Schah Abbas der Große. Noch heute, nach mehr als einem halben Jahrtausend, steht man staunend vor den gewaltigen Bauwerken, mit denen er das Land übersäte, von Teheran bis hinunter zum Persischen Golfe. Wie herrlich muß damals das Reisen auf persischen Landstraßen gewesen sein! Jede einzelne Karawanserei war eine Burg für sich mit kühlen Säulenhallen als Unterkunftsräumen und einem weiten, windgeschützten Hof, in dem ein Brunnen plätscherte. Heute ist das meiste zerfallen. Man kampiert in den Torsos, die in ihrer gefallenen Größe noch Bewunderung wecken und ist froh, daß wenigstens diese noch vorhanden sind, denn viel Neues ist seither nicht mehr dazugekommen, abgesehen von einigen armen Konstruktionen, die gelegentlich von reumütigen Sündern errichtet werden. Schah Abbas Zeiten werden niemals wiederkehren für dieses Land, und allem was man an Pracht und Märchenhaftigkeit begegnet, muß man stets die Worte voransetzen: Es war einmal. Und dennoch hat auch dieses Landstraßenleben seine Reize, trotz der Wüste, die einen umgibt, trotz der Bilder des Verfalls, die einem auf Schritt und Tritt begegnen. Woran liegt das nur?

Bei Tagesanbruch hält der Postwagen vor dem Tore. Es ist die Stunde, in der die Karawanen ihre Wanderungen unterbrechen, ehe die sengende Sonne noch das weite Land zu einem Backofen macht. Noch ist es nicht Tag oder Nacht. In den dämmernden Schatten des Zwielichts ist es lebendig von dunklen Gestalten. Es grunzt und brüllt im Hofe. Ein trippelnder Eseltrupp geht vorbei an der langen Reihe der knienden Kamele, die eben mit tiefen Seufzern der Befriedigung die Last abwerfen, die sie die Nacht über gedrückt hat. Schon blitzt der erste Sonnenstrahl durch das Gemäuer. Die Treiber nehmen ihre Gebetsteppiche und gehen hinaus zum Rand der Straße, wo sie dem aufsteigenden Licht entgegen zu feierlich gemessenen Bewegungen die uralten Suren murmeln.

Einer nach dem anderen kehrt zurück zu der Feuerstelle unter dem Torbogen.

»Salem Aleikum!«

Es gibt eine feierliche, allseitige Begrüßung. Ganz ohne Aufforderung bekommt man ein Glas Tee. Kaum ist es halb leer, so nimmt es der Junge wortlos fort und füllt es wieder. So werden aus einem zehn Gläser, falls man Zeit dazu hat. Das Teetrinken ist ursprünglich keine persische Sitte. Omar und Saadi haben den Wein besungen, und ihre Nachfolger hielten sich an den Kaffee, bis die Russen kamen und mit ihnen der unvermeidliche Samowar. Heute übertreffen die persischen Schüler in ihrer Leidenschaft für Tee und Samowar noch ihre russischen Lehrmeister. Nirgendwo sonst auf dieser Erde gibt es so fanatische Teetrinker wie diese. – Aber was sie essen? Oft habe ich es mich gefragt, ohne darauf eine befriedigende Antwort zu finden, wie auf so manches andere in jenem Lande. Ein Brotfladen mit einem darein gewickelten Stück Käse, eine Gurke mit ein wenig Salz, eine Handvoll Datteln tun die Dienste. Und wie sie damit auskommen bei der endlosen Quälerei auf den weiten Wegen? Und wann sie eigentlich schlafen, da sie die Nacht über reisen und tagsüber vor dem Feuer sitzen und Tee trinken? Frage nicht! Es gibt noch andere Dinge, die einem Rätsel aufgeben, wenn man ostwärts von Stambul reist. Trotz aller Ungekämmtheit sind sie eine malerische Gesellschaft. Meist sind sie von dunkler Hautfarbe. Manche sind kaffeebraun, manche schwarz wie Stiefelwichse. Aber alle tragen sie den langen blauen Überrock, das persische Nationalkostüm, und alle haben sie dieselbe Frisur, die dadurch zustande kommt, daß man die Haare oben auf dem Scheitel, also dort wo andere sie haben oder doch gerne haben möchten, sorgfältig abrasiert, um sie dann zur Seite, über den Ohren, um so üppiger wachsen zu lassen. Und als ob es damit noch nicht genug der Schönheit wäre, haben viele der Natur noch etwas nachgeholfen, indem sie Haar und Bart mit roter Farbe bearbeiten. Oft sieht man von einer nächtlicherweile vorüberziehenden Karawane nichts anderes als den roten Bart des Karawanenführers, der heller als seine Laterne leuchtet.

Doch weiter ging die Reise. – –

Nach vierundzwanzig galoppierten Stunden hatten wir das schöne Land Aserbeidschan mit seinen Schneebergen hinter uns gelassen und fuhren nun durch eine Gegend, die einer Wüste so ähnlich sah wie ein Ei dem anderen. Ganz flach wie ein Tisch war die Ebene. Der Sonnenschein flimmerte auf dem Boden, der von der Trockenheit zerrissen war mit tiefen Rissen und Sprüngen, wie die Furchen eines uralten Gesichtes. Nur ab und zu sieht man noch ein Dorf, das trostlos in der heißen Sonne liegt. Wenn immer es die Umstände erlaubten, d. h. wenn nicht gerade eine Karawanserei mit einem Vorspann dort auf uns wartete, fuhren wir mit verdoppelter Geschwindigkeit durch diese Ansammlungen von Erdhöhlen, denn Mann, Weib und Kind leben dort nur vom Betteln. Hält der Wagen vor einer Karawanserei, so ist er sofort umringt von Hunderten von Händen, während ein Chor von weinerlichen Stimmen den Segen Allahs, oder, im Falle der Ablehnung, den Fluch der Hölle auf den Fremdling herabwünscht. Setzt der Wagen sich wieder in Bewegung, so erschallt ein allgemeiner heulender Aufschrei, und alles, von den ältesten Greisen bis zu den kleinsten Kindern, verfolgt das Fahrzeug wie eine Wolke. Die meisten bleiben schnell zurück, aber noch weit draußen in der Steppe läuft dicht neben den Rädern eine Schar von kleinen Kindern, bei denen man nicht weiß, ob man die Ausdauer ihrer Beine oder ihres Mundwerks mehr bewundern muß. Es ist ein widerwärtiges Schauspiel, und man kann bei seinem Anblick nicht umhin zu bemerken, welch anderer Kerl da doch der anatolische Bauer ist. Der hat ganz gewiß auch sein gerütteltes Maß orientalischer Indolenz. Aber wenn ihm einmal der Hunger so wie diesen aus den Augen sehen würde, so würde er – ja, was würde er wohl tun in solchem Falle? – Er würde zum Dieb und Straßenräuber werden, er würde seinem Nächsten kaltblütig die Gurgel abschneiden. Er würde die vorüberziehenden Postkutschen überfallen, statt sie anzubetteln. –

Immer unerträglicher wurde indes die Reise, und es war darum gut, daß am Morgen des vierten Tages endlich die Stadt Kaswin in der Ferne aufleuchtete, denn länger hätte ich es wirklich nicht mehr ausgehalten. – Durch ein seltsam verschnörkeltes Stadttor fuhren wir in die Stadt hinein, die mit ihren vielen Moscheen auf den ersten Blick gar keinen üblen Eindruck macht. Kaswin ist der Scheitelpunkt vieler wichtiger Straßen, die vom Kaspischen Meer und von Bagdad kommen. Aus diesem Grunde war die Stadt auch seit langem ein Brennpunkt russischer und englischer Intrigen, die um die Herrschaft Persiens gesponnen wurden. Jahrelang war sie von den Russen beherrscht oder doch überwacht worden, und dieses Überwiegen des russischen Einflusses zeigt sich allenthalben im Straßenbilde. Der Bazar tritt hier in seiner Bedeutung schon ganz zurück vor der Zahl der offenen Ladengeschäfte, die mit ihren kyrillischen Inschriften einen ganz russischen Eindruck machen, wenn es auch meist Armenier sind, die vor den Türen lungern. Durch eine weite, von hohen Bäumen beschattete Allee, die sich zur Not schon in einer europäischen Stadt sehen lassen könnte, fuhren wir nach der Karawanserei, wo der Postwagen ausgeschirrt und seiner verdienten Ruhe überlassen wurde. Ich weinte ihm keine Träne nach. So gerädert war ich, daß ich kaum mehr auf den Beinen stehen konnte. Nach alter Gewohnheit wollte ich mich für die Nacht in der Karawanserei einrichten, aber da erschien wie ein deus ex machina ein Jüngling in blauer Uniform, der ohne weiteres meinen Rucksack packte und damit fortlief. Ich hinterher. Ich brauchte nicht zu fragen wohin. Es stand groß auf seiner Mütze:

»Hotel de France.«

Es war in der Tat ein Hotel, das nicht übel war, aber es hatte nur den einen Nachteil, daß in ihm kein Mensch Französisch oder sonst irgendwelche westeuropäische Sprache sprach und ich mich nach wie vor mit meinen kümmerlichen persischen Sprachkenntnissen behelfen mußte. Aber wenigstens konnte man einmal wieder in einem richtigen Bette schlafen, wenngleich die darin befindlichen

Wanzen in dem dafür bezahlten Preis von zwei Toman mit inbegriffen waren.

Am anderen Morgen machte ich mich frühzeitig auf die Suche nach einer Gelegenheit zur Weiterreise nach Teheran. Die Kaiserlich Persische Pferdepost ging nur bis Kaswin, und das war schließlich ebenso gut. Denn wenn sie auch weiter gegangen wäre und ich die Fahrkarte bezahlt gehabt hätte bis Teheran, so hätte ich sie doch nicht weiter mit meiner Kundschaft beehrt. Während des ganzen Vormittags lief ich umher und schaute mir die Augen aus nach einem passenden Automobil. Es gibt in Kaswin derer soviel wie Sand am Meer, Lastautos und andere. Ein Armenier mit einem Fordwagen erbot sich für fünf Toman. Wir wurden handelseinig, und pünktlich um zwölf mittags erschien er vor dem Hotel mit einem recht verwahrlosten Wagen, dessen Befrachtung er sogleich vornahm. Das Innere des bedauernswerten Autos stopfte er mit schweren Kisten aus. Dann polsterte er das Äußere mit Decken, Matratzen und mächtig aufgeblähten Säcken, die er mit Stricken festband. Je mehr er hineinpackte, je mehr Raum schien zu sein. Bei aller Phantasie aber konnte ich mir nicht vorstellen, wo da noch ein Plätzchen für einen Passagier übrigbleiben sollte. Vor dem Auto stand ein Mullah, dessen Turban allein schon größer war als mein Rucksack. Die Fülle seines Gepäckes beschämte mich in meiner Armut. Zuletzt kam er noch mit einem Vogelkäfig und einem Federbett. Da protestierte ich und verlangte mein Geld zurück.

»Wieso?« meinte der Armenier, »der Wagen ist ja noch halb leer.«

Noch einmal ging er in das Hotel. Zwei Mann schleppten einen schmiedeeisernen Herd herbei, der mir als Sitzplatz neben dem Führer diente. Der Mullah aber strich seinen langen Bart. Dann breitete er sein Federbett auf dem Dache aus, setzte sich mit verkreuzten Beinen darauf und fort raste das Auto durch die Straßen, gefolgt von einer hundertköpfigen Meute, deren klagende Rufe zur heißen Mittagssonne aufstiegen:

»Bakschisch, Bakschisch ...«

Bald waren wir wieder in der grauen Steppe. Aber die Straße war so gut wie nur irgendeine europäische Landstraße. Ungefähr jede Meile bekam der Mullah auf dem Dache eine Dusche, wenn wir durch einen der Bäche fuhren, die von den Schneebergen herunterkamen. Im Norden standen sie als eine weißleuchtende Kette. Etwas weiter gegen Osten stand einsam wie ein Zuckerhut der mächtige Demawend. Und ehe wir es uns versahen, fuhren wir durch ein hohes, mosaikgetäfeltes Stadttor.

Da waren wir in Teheran.

In Teheran

Sherlock Holmes im Stadttor – Noch einmal Mähändis – Auch ein
Hotel – Ich mache die Bekanntschaft einer interessanten und
weitgereisten Dame – Mit der Pferdebahn zum Kanonenplatz –
Fliegende Liebesbriefsteller – Verschüttete Milch – Die recht-
gläubigen Goldfische – Liebenswürdige Torwächter – Etwas über
Risa Khan – Auf der Avenue Lalezar – Franzl der Abenteurer –
Wir schreiben zusammen einen Brief an den Minister – Abreise
nach Isfahan – Der Demavend als Wegweiser.

Grau und braun wie alle anderen persischen Städte, lag Teheran
in der hellen Sonne. Zusehends wurde die Straße belebter. Man sah
die Mirzas in ihren langen blauen Fräcken auf den Eseln reiten,
überall sah man Menschen zu Fuß und zu Pferd, und dazwischen
schritten bimmelnde Kamelkarawanen. Von der Stadt war vorerst
nichts zu sehen als die hohe, lehmbraune Stadtmauer mit ihren
runden, kriegerisch ausschauenden Bastionen. Durch ein hohes,
getäfeltes Stadttor kamen wir zunächst an eine Polizeiwache, wo ein
wirklich sehr eleganter Offizier, der ausgezeichnet Französisch
sprach, sich mit der Gewissenhaftigkeit eines Sherlock Holmes nach
dem Woher und Wohin erkundigte. Meinen frommen Reisegefähr-
ten, den Mullah, ließ er ohne weiteres passieren. Mich und meinen
Rucksack betrachtete er dafür um so kritischer. Lange redeten wir
hin und her, ohne daß seine Amtsmiene sich wesentlich aufgehellt
hätte. Da besann ich mich noch zu rechter Zeit auf das Zauberwort,
das mir schon bisher so gute Dienste geleistet hatte.

»Mähändis«, sagte ich voll Verzweiflung.

»Ah, Mähändis!« rief der andere voll Erleichterung, »passez, au
revoir, bon voyage!«

Wir fuhren weiter durch die geraden, von hohen, schattigen
Bäumen umrahmten Straßen und hielten schließlich vor einem
Hause, das sich, genau wie in Kaswin »Hotel de France« nannte.

Je nun, ich mag mich nicht zum Richter aufspielen über persische
Hotels. Man trifft ein Grand Hotel, ein Hotel de Paris, ein Hotel de
Londres. – Große Namen, große Preise, befrackte Kellner, schwel-
lende Klubsessel auf kostbaren Teppichen und Betten, in denen sich

die Wanzen tummeln. Orient und Okzident in stetem Kampf, wobei immer der eine den anderen umbringt und der Gast die Kosten tragen muß in diesem Kampfe. Nicht immer war das Leben schön gewesen auf der Landstraße, aber jetzt, wo ich teures Geld bezahlen mußte für den verlogenen Luxus dieser Karawanserei, erfaßte mich plötzlich wieder ein Verlangen nach den alten Rasthäusern am Wege, nach dem Feuer unterm Torbogen, dem Brüllen der Kamele und dem weiten Hofe unter den großen, funkelnden Sternen.

Freilich war hier das Leben interessant und reich an Abwechslung. Ich glaube kaum, daß es auf dieser Erde noch andere Gasthäuser geben dürfte, die ein so buntes Gewimmel von Menschen beherbergen, wie die Hotels in Teheran. Ganz wie in den Gaststätten aufspringender Goldgräberstädte wird hier die Nacht zum Tage gemacht von Unternehmern, Abenteurern und sonst noch allerlei seltsamen Gestalten, die das Geld lose sitzen haben. Nicht die letzten sind dabei die politischen Intriganten, zumeist britischer Nationalität, unter denen Missis Deusbery sich besonders hervortat.

Wenn es je eine charmante Dame gegeben hat, so war es diese. Seit zwanzig Jahren reiste sie durch den Orient. Von Bagdad bis Delhi gab es keinen Platz, den sie nicht kannte und über den sie nicht etwas Interessantes zu berichten wußte. Ein lebendiges Lexikon, ein wandelndes »Who's who« in Persien. Eine chronique scandaleuse des gesamten Orients. Von Stambul bis Kabul gab es keinen Gesandten und keinen Legationsrat, dessen schwache Seiten sie nicht kannte, keinen persischen Prinzen, den sie nicht durch und durch studiert hatte, obwohl sie außer englisch keine andere Sprache verstand. Der Höhepunkt ihres Lebens aber lag schon eine Weile zurück, als sie mit dem Deutschen Kronprinzen auf demselben Schiffe von Indien nach Europa fuhr. Seither war sie seine glühende Verehrerin und blieb es auch, trotz aller Kriegspsychose. Wenn einer es wagte, in ihrer Gegenwart eine der häßlichen Kronprinzenlegenden aufzutischen, so fuhr sie ihm in die Parade: »Schweigen Sie still, Sie wissen nicht, was Sie reden. So ein hübscher und eleganter junger Mann!«

Ein weiterer Herr, auf den sie große Stücke hielt, war ein gewisser Dr. Müller, Bruder des Emdenkapitäns. Er wohnte in Bombay und sie trug mir Grüße an ihn auf.

»Ein perfekter Gentleman«, sagte sie, »a good sort of a fellow. Pity he is a German.«

Und wie für das Leben in den Hotels, so gilt es für das, was man zu sehen bekommt in den Straßen dieser Stadt, in der sich Morgen- und Abendland so seltsam begegnen:

»Und wo du's packst, da ist es interessant.«

Sicher hat man hier einmal das Kommen der Pferdebahn als einen Boten der neuen Zeit à la franca begrüßt. Nun klappert sie schon seit vielen Jahren durch die Gassen, und ganz gewiß sind es auch noch dieselben Pferde, die damals ihren Dienst antraten. Sie sind inzwischen nicht jünger geworden, und der in seiner Lammfellmütze recht romantisch aussehende Schaffner muß seine Peitsche in ständiger Bewegung halten, um diese wandelnden Leichen zu neuem Leben zu galvanisieren. Es ist die traurigste aller Pferdebahnen, aber gewiß auch die seltsamste mit den bunten, fremdartigen Gestalten, die da dicht zusammengedrängt auf den Bänken sitzen. Zu Fuß kommt man freilich ganz erheblich schneller vorwärts. Dennoch ist es gerade das richtige Beförderungsmittel für einen, der sich Teheran ansehen möchte. Man gleitet durch das Gewühl der Menschen, das stellenweise ganz beängstigend ist, dort wo die Straßen an den Bazar stoßen; man schaut hinab auf die Händler, die mit heulender Stimme ihre Waren anpreisen, man sieht die Bettler, die bakschischfordernd herbeidrängen. Bettler überall. Wo ringsum das Land von Almosen lebt, darf Teheran auch nicht zurückbleiben. Auf allen Wegen und Beiwegen liegen sie umher, schlafen auf den Haustreppen oder auch mitten in der Gasse, im Brande der Sonne. Am aufdringlichsten sind die Weiber mit ihren oftmals ekelerregenden Entstellungen, die sie gierig zur Schau stellen, während das Gesicht sich immer noch züchtig hinter dem Schleier versteckt.

Neben den Bettlern sind die Schreiber die prominentesten Figuren im Stadtbilde Teherans. Lesen und Schreiben ist eine Kunst, die nur den wenigsten Personen geläufig ist. Wer sich dennoch darauf versteht, hat den Anspruch auf den Titel eines Mirza und ist eine gesuchte Persönlichkeit. Denn die althergebrachte persische Höflichkeit tobt sich am ausgiebigsten auf dem Papiere aus. Die Stände sind hier noch scharf unterschieden, und jeder Stand erfordert nicht nur eine besondere Anrede, sondern auch seinen eigenen Briefstil.

Während z. B. ein großer Teppichhändler in blumenreich umrankter Sprache und mit Exzellenz angeredet wird, muß sich ein Pantoffelmacher im Bazar mit einem gewöhnlichen »Aga« begnügen und Allah wird nicht halb so viel angerufen und sein Schatten nicht halb soviel gesegnet, als der seines vornehmen Kollegen. Es sind sehr subtile Unterschiede, die aber geheiligt sind durch tausendjährige Tradition und bei dem geringsten Verstoß den Abbruch der Geschäftsbeziehungen zur Folge haben. Da aber kein europäisches Gehirn, auch bei noch so guter Landeskenntnis, diese Dinge richtig auseinanderzuhalten vermag, so ist jeder europäische Geschäftsmann umgeben von einer Wolke von Mirzas, die in ihren langen schwarzen Abbas recht würdevoll aussehen und sich auch dementsprechend fühlen.

Wer keinen Anschluß an ein solches Geschäft gefunden hat oder den Dienst für die Franken verschmäht, der mietet sich eine Bude im Bazar, oder er hockt als fliegender Liebesbriefsteller an den Straßenecken, ein Geschäft, das anscheinend auch seinen Mann ernährt. Es ist ein malerisches Bild, wenn man sie so auf der Straße kauern sieht mit dem Zettel in der hohlen Hand und mit der Gänsekielfeder, die dünn wie Spinngewebe die arabischen Schriftzeichen malt. Auf der Spitze der Nase sitzt die große hörnerne Intelligenzbrille, und darüber hinweg schielt er hinüber zu der vor ihm kauernden Jungfrau, die unter dem dicken schwarzen Schleier ihm die Liebesworte zuflüstert, die überall dieselben sind an allen Enden der Erde.

Aber Teheran hat noch ein anderes Gesicht.

»Ein bißchen Französisch, das macht sich so schön.« Nirgendwo gilt dieser Spruch mehr, als am Fuße des Demawend. Wie sie es fertig bringen, diese Sprache so schnell und gründlich zu erlernen, weiß ich nicht. Tatsache ist jedenfalls, daß hier jedermann, der auch nur einigermaßen Anspruch erhebt auf das, was man so Bildung zu nennen pflegt, ein nahezu perfektes Französisch spricht. Man findet Tausende und aber Tausende, die es ebensogut sprechen wie ein Franzose, obwohl sie nie aus den Grenzen ihres Landes gekommen sind. Man braucht nur über die große Avenue Lalezar, die Tauentzienstraße Teherans, zu gehen und ein wenig die Firmenschilder anzusehen, um einen Begriff zu bekommen von dem Maß westeuropäischer Zivilisation, das überall schon eingedrungen ist in das

Straßenbild dieser fernen, eisenbahnlosen Stadt. Da wimmelt es überall von comptoirs français, marchands tailleurs, maisons de confiance. Alles in riesenhaften Inschriften, an denen nur da und dort verschämt in einer Ecke eine Schrift in persischen Buchstaben angebracht ist. Man hat den Eindruck, als ob in Persien jeder etwas gelte, nur der Perser nicht. Wenigstens habe ich mir vergebens die Augen ausgeschaut nach einem »Hotel de la Perse« neben all den Hotels de France, de Paris, de Londres usw. Dabei ist es freilich so, daß die von außen so französischen und englischen Herrschaften von innen meist nur armenisch können. Es ist die tiefe Reverenz vor Pfunden und Dollars, die wir auch einmal kannten, als unsere Zeitungen voll waren von beweglichen Anzeigen, die alle so pathetisch anfingen: »Achtung, Ausländer!«

Das imposanteste in Teheran ist der Kanonenplatz, der breit und weitläufig mitten in der Stadt liegt und etwa die Grenze bildet zwischen dem engen Gassengewirr im Bazarviertel und den breiteren Straßen des anderen Teheran mit westlichen Ambitionen. Es ist ein wirklich schöner Platz, umrahmt von stattlichen Gebäuden, von denen das der Kaiserlich Persischen Bank, die in Wirklichkeit nichts als ein Ableger der Kaiserlich Britisch-Indischen Bank ist, am meisten vorstellt.

Auf Bildern, die nur wenige Jahre zurückliegen, sieht man hier Kanonen in langen Reihen stehen. Aber das war einmal. Man hat sich inzwischen pazifiziert. Dort, wo die Mündungen der Geschütze starrten, liegt jetzt ein herrlicher Garten mit Beeten von roten Geranien, die wie Feuerringe in der Sonne leuchten, mit üppigen Rosen, die eben ihre ersten Knospen entfalten. Nach dem heißen Tage kommt der erste kühle Abendwind von den Schneebergen des Elbrus, dessen Gipfel in scheinbar greifbarer Nähe in leuchtender Klarheit am blauen Himmel stehen. Die Musik spielt auf dem Platze. »Machen wir's den Schwalben nach ...« Es ist ganz so wie etwa auf der Kurpromenade in Meran. Und doch so anders! Man sieht nur Männer, die da in langen Roben und hohen Filzhüten würdevoll durch die Kühle des Abends schreiten. – Aber wo sind die Frauen? Es ist, wie es immer ist bei allen Veranstaltungen in diesem Lande: sie sind einfach nicht da.

Und sie sind doch da. Abseits vom großen Getriebe, am Rande des durch einen Stacheldrahtzaun eingefaßten Gartens, haben sie sich zu Hunderten festgesetzt, eine Schar von wesenlosen, vom Kopf bis zu den Füßen in schwarze Schleier gehüllten Gestalten. Sie haben es »den Schwalben nachgemacht« und sich nach Belieben auf den Treppenstufen und im Rinnstein der Straße niedergelassen. Es ist eine düstere, geisterhafte Szene. Barbarische Religion, die solchermaßen alles Leben und alle Farben von der Straße verbannt im Namen des Gesetzes!

In diesem Zusammenhang komme ich auf etwas zu sprechen, das der Reisende nicht übergehen kann und darf, wenn er vom Orient und insbesondere von Persien spricht. Für jeden Orientalen ist die Religion das, um was sich alles andere dreht. Hat sich daran etwas geändert in diesen letzten Jahren mit ihrer Fülle von drängendem Neuen, das wie ein Windhauch in die Stickluft dieser alten Anschauungen kam? Nach vielen äußeren Erscheinungen, zumal auch auf dem Gebiet der Emanzipation der Frau, die man vor wenigen Jahren hier noch für völlig unmöglich gehalten hätte, sollte man es beinahe glauben. Jedoch – wenn man aus den großen Städten mit ihrem modernisierenden, nivellierenden Einfluß herauskommt auf das Land, so macht man Erfahrungen, die eher alles andere vermuten lassen. Für die übergroße Masse des Volkes stehen die Gebote des Koran, fest wie ein Fels, und man läßt sich ihre Erfüllung etwas kosten. Ich selbst mußte das mehr als einmal erfahren. Da war z.B. die Sache mit der Milch, die ich so schnell nicht vergessen werde. Das war in einer Karawanserei an der großen Straße, die von der türkischen Grenze nach Erserum führt. Spät abends kam ich an und war so hungrig, wie nur einer, der während des ganzen Tages noch nichts gegessen und drei Tage lang vorher auch nur von Tee und Schafkäse gelebt hat. Hier aber stand vor meinen lüsternen Augen ein mächtiger Eimer voll Milch, die ein geflickter Bauer in einem Holzgefäß zu einem Kran (10 Kran = 1 Toman)! je Schüssel verkaufte. Das Geschäft ging nicht schlecht. Ich leistete mir gleich zwei Schüsseln, worauf dann der Bauer selbst Appetit bekam. Schon hatte er die Schüssel am Munde, als ihm plötzlich einfiel, daß ja da ein Gjaur daraus getrunken hatte. Was tat er? Er ging hinaus und schüttete den ganzen Eimer voll Milch auf die Straße. Er tat das nicht mit zorniger Miene, er schwor nicht beim Barte des Propheten, er rief nicht den Zorn Allahs auf das Haupt des Ungläubigen. Ganz gleichmütig kam er zurück, setzte sich mit verkreuzten Beinen auf den Teppich, zündete sich eine Pfeife an und schaute seelenruhig hinaus auf die Straße und auf die verschüttete Milch, die da lag wie das Gesetz es befohlen.

Ein andermal – es war in derselben Gegend, in der sie anscheinend besonders fanatisch sind – kam ich ins Gespräch mit einem Herrn von der Polizei. Er war ein gebildeter Mann, und wir hatten eine angenehme, wenn auch etwas holprige Unterhaltung in hausgemachtem Persisch und Türkisch. Er gab mir zum Abschied die Hand – und als ich mich im Weiterreiten noch einmal umdrehte, war ich Zeuge, wie er sich die Unreinheit der Berührung mit dem Gjaur in einem über die Straße laufenden Bewässerungsgraben abwusch. Und dabei war er – wie gesagt – ein verhältnismäßig gebildeter Mann und von der jüngeren Generation, von der man sagt, daß sie hinaus wäre über solche Dinge.

Und da fällt mir noch eine dritte Begebenheit ein, die ich zwar selbst nicht erlebt habe, für deren Wahrheit aber ein hier ansässiger Deutscher mit seinem Kopfe bürgt: im Hofe eines jeden persischen Hauses befindet sich ein größeres Wasserbassin. Es ist eine schöne und löbliche Einrichtung, die für Kühlung sorgt, und die einem an dürren, heißen Sommertagen die tröstliche Gewißheit gibt, daß doch noch nicht die ganze Welt ausgedörrt ist. In dem Hofe, von dem ich erzähle, befand sich ein besonders schönes, von Granitsteinen eingefaßtes Wasserbecken, in dem zahlreiche Goldfische schwammen. Nun geschah es eines Tages, daß ein Ungläubiger vorbeikam und die Hände darin wusch. Sofort ließen sie den ganzen Teich ab, bis kein Tropfen Wasser mehr darin war. Die Goldfische, die von dem unheiligen Wasser getrunken hatten, schnappten noch eine Weile, ehe sie den verdienten Tod fanden. Dann wurde reines Wasser hereingelassen, in dem sich neugekaufte, rechtgläubige Goldfische tummelten, und Allahs Segen waltete wieder über dem Hause. –

Nur wenig abseits vom Kanonenplatze liegt der Palast des Schahs, zu dem ein schönes, mit bunten Fliesen besetztes Tor führt, flankiert von zwei blankgeputzten Messingkanonen, die in der Sonne funkeln. Als ich eben dort vorbeiging, lungerte im Schatten eine

Wache, deren Kommandant, ein sehr kriegerisch drein schauender Kosakenoffizier, gerade auf mich zukam. Ich wunderte mich, was er von mir wollte. – Ah, ich war noch nicht lange genug in diesem Lande der vollendeten Höflichkeit gewesen! Nur die Hand wollte er mir geben, nur Salem Aleikum wollte er mir sagen. Er sagte das auf Persisch, von dem ich nicht allzuviel verstand. Aber er sagte es so freundlich, daß ich nicht umhin konnte, ihn zu einer Tasse Tee einzuladen in einem benachbarten Restaurant.

Dort zeigte er sich als vollendeter Kavalier und großer Politiker, und da sich ein französisch sprechender Landsmann von ihm uns zugesellte, der bereitwilligst den Dolmetscher spielte, konnte ich auch von seinen Kenntnissen profitieren. Ehe man sich's versah, waren die beiden in einen mächtigen Disput verwickelt.

Der Offizier war natürlich für Risa Chan, schon um des zweierlei Tuches willen. Auf Kemal Pascha – so meinte er – habe man gehofft, aber Risa Chan habe erfüllt. Er sei der Mussolini des Ostens, und wer das nicht wahrhaben wolle, der sei eben kein Perser. Man brauche nur drei Jahre weit zurückzudenken in der Weltgeschichte. Was sei damals Persien gewesen? Ein Niemandsland, in dem jeder tat was ihm gefällig war, in dem Engländer und Bolschewiken sich um die Herrschaft rauften und jedermann im Lande etwas galt, mit Ausnahme der Perser. Vor drei Jahren hätte noch jedermann sein Testament gemacht, ehe er seinen sterblichen Leib der Landstraße anvertraute. Der dritte Mensch, dem man draußen begegnete, sei ein Räuber gewesen, und die übrigen hätten zu russischen Kosakensotnien oder zu den von England bezahlten Diebesbanden gehört, die man »South Persian Rifles« zu nennen beliebte. Täglich habe es eine neue Revolution gegeben. Und heute? – Heute habe man eine persische Armee mit persischen Soldaten und sichere Landstraßen, auf denen man mit dem Automobil in die hintersten Winkel des Landes fahren könne.

Der andere widersprach heftig. Vor kurzem erst sei einer seiner Verwandten auf der Straße nach Bagdad beraubt und ermordet worden. Hungersnöte gäbe es heute noch. Die meisten Menschen an den Straßen ernährten sich auch heute noch vom edlen Handwerk des Straßenraubes, nur säßen sie heute in den Ämtern als Bürokraten und niemand sei mehr da, um ihnen auf die Finger zu sehen, denn Pahlavi[1] hätte das Parlament unter seinem Stiefel zertreten.

Zu allem Unglück mischte sich nun noch ein Mullah ins Gespräch, der ebenfalls die volle Schale seines Zornes über Pahlavi ausgoß. Er sei ein gottloser Atheist, ein Feind der Geistlichkeit und bei Licht betrachtet nichts anderes als eine Kreatur des Vizekönigs von Indien, der auch das Geld liefere für die schönen neuen Uniformen und die vielgepriesenen Automobilstraßen. Dafür verlange der wohl seinen Preis. Das sei klar. Er müßte denn der erste Engländer sein, der etwas verschenkt habe.

So redeten sie noch lange weiter, während der Samowar brummte und die Wasserpfeife von Mund zu Mund ging. Nur wenig verstand ich von dieser persischen Politik, und ich muß gestehen, daß ich auch heute noch nicht klüger darin geworden bin.

Wer versteht überhaupt etwas von orientalischer Politik? Mitten in der Stadt Teheran liegt ein großer Garten, der von mächtigen Mauern fast wie eine Festung umgeben ist. Darinnen stehen die Bungalows unter uralten Platanen, und vor dem Tor stehen die riesigen, schwarzbärtigen, beturbanten Gestalten der Sikhs als Leibwache für den britischen Gesandten, der hier fast wie ein Resident regiert. Tausend Fäden der hohen Politik laufen hier zusammen. Zeitweilig ist der Park gefüllt wie eine Karawanserei von politischen Flüchtlingen und sonstigen Parteigängern, die hier mit ihren Zelten und Kamelen residieren, von Abenteurern und Intriganten, die, wie einst Napoleon, herbeikamen, »um sich am Feuer des britischen Herdes niederzusetzen« – oder sich daran die Finger zu verbrennen.

Schon mehr als einmal glaubten sie sich am Ziel. Der Vertrag vom Jahre 1919 errichtete die Schutzherrschaft über das ganze Land. Persien wurde zu einer indischen Satrapie, der Schah zum Maharadschah erniedrigt. So weit war alles nach Wunsch gegangen. Indien reichte fortan bis zum Kaukasus, und durch die Schutzstaaten im Irak und Palästina bis zum Mittelmeer. Dabei wäre es auch geblieben, wenn nicht neben den schönen Gärten in Teheran ein beinahe ebensogroßer anderer Garten wäre, der von den Russen besetzt ist,

---

[1] Pahlavi, der von Risa Chan nach seiner Krönung angenommene Name.

die heute in ihrer bolschewistischen Einkleidung mindestens ebenso imperialistisch eingestellt sind, wie ihre zaristischen Vorbilder. Was in diesen Nachkriegsjahren auf persischem Boden vor sich gegangen ist, ist hohe Politik, wenngleich das kriegs- und politikmüde Europa ihm wenig Beachtung schenkte. Der Sieger in diesem Wettlauf der Großmächte war die neugestärkte persische Staatsautorität, der in Risa Chan ein starkes und tatkräftiges Haupt erstand. Als Instrument der Engländer gegen die vom Rescht vorrückenden Russen ist dieser rauhe Kriegsmann, der noch während des Krieges als gewöhnlicher Kosake vor der deutschen Gesandtschaft Wache schob und dem man nachsagt, daß er noch heute, als Herrscher aller Gläubigen, nicht einmal seinen Namen schreiben könne, zur Macht gekommen. Ob er sich dauernd als britischer Stipendiat betätigen wird, oder ob er als geriebener Orientale die Farbe wechseln wird, wenn Allahs Sonne von einem anderen Himmel scheint, ist freilich eine Frage, die zur Zeit noch niemand beantwortet hat.

Doch das sind alles Dinge, die weit abliegen von dem Gang der kleinen Erlebnisse dieses reisenden Franken.–

Wieder stehen wir in der Avenue Lalezar. Sie ist das Wunder des modernen Persien, der Traum aller Chauffeure, die hier in modern aufgemachten Kaffeehäusern, bei schmelzender Musik, in Gesellschaft mehr oder minder schöner Damen sich von den Anstrengungen und Entbehrungen erholen, die persische Autoreisen noch mehr als anderswo im Gefolge haben. Ach, es ist doch nur eine kümmerliche Vorstadteleganz, wenn man freilich auch um das noch dankbar ist. Denn im Reiche der Blinden ist der Einäugige König. Alle Nationen trifft man auf der Avenue Lalezar, nicht zuletzt die deutschen Landsleute. In allen Lebenslagen sind sie vertreten, vom hochmögenden gräflichen Gesandten bis zum reisenden Handwerksburschen. Von dieser letzteren Abart – sollte man es eigentlich glauben? – trifft man besonders viele. Der Weg von Berlin nach Teheran ist weit und voller Gefahren. Die Schwierigkeiten sind groß, aber größer noch ist die Unternehmungslust des deutschen Wandersmannes. Ohne Geld, ohne Papiere, ohne irgendwelche Kenntnis fremder Sprachen, gerade nur auf sich und den immer bereiten und gefälligen Schutzgeist der Vagabunden vertrauend, marschieren sie über Berge und Wüsten, durch reißende Flüsse, die Tod und Verderben drohen. Sie kommen durch verbotene Städte und ungastliche Landstriche, in denen verbissener Fanatismus sie aus scheelen Augen anschaut, über zahllose Grenzen, an denen grimmige Bürokraten zur Umkehr auffordern. Viele gehen dabei zugrunde, Zahllose kehren wieder um, noch ehe sie den Weg recht begonnen. Aber immer und immer wieder sieht man so einen modernen Odysseus, der zerlumpt und verkommen als Sieger einzieht durch die funkelnden Tore dieser seltsamen Stadt.

Teheran! Der Name ist schwer von Romantik. Und dahinter liegt Indien, das Wunderland, das alle lockt und das kaum einer erreicht, denn dazwischen liegt Afghanistan, ein Land voll lauernder Gefahren und südwärts, in der Richtung nach Isfahan, ist es nicht viel anders.

So sehe ich mich heute noch einmal, wie ich damals in dem Kaffeehause an der Avenue Lalezar saß und mir die Sache hin und her überlegte: Kabul oder Isfahan, das war die Frage. Beides hatte seine Vor- und Nachteile. Beides waren dürftige Strecken, voll Sand und Sonne und doch wieder voll leuchtender Straßen, auf denen lockend das Abenteuer stand. Lange dachte ich nach über diese Dinge und wäre sicher auch an dem Abend zu keinem Resultat gekommen, wenn nicht zufällig Herr Franz Michel hinzugekommen wäre.

So wenigstens nannte er sich, wenngleich es mir auch heute noch so vorkommt, als ob dieser Herr Franz Michel zuweilen Wert auf Abwechslung in seinem Aushängeschilde legte, und das aus guten Gründen.

Ach, die Zeiten sind doch die Macher der Menschen! Was wäre aus Herrn Franz Michel wohl geworden, wenn nicht der Weltkrieg gekommen wäre? Sicher wäre er heute noch der friedfertige Franzl im Dorfe, dessen Abenteuer nie über die einer Kirchweihrauferei hinausgekommen wären, oder allenfalls ein ergebener Zahlkellner in einem Wiener Café. Aber dann kam der Krieg. Franzl wurde Unteroffizier bei den Hoch- und Deutschmeistern, geriet in russische Gefangenschaft ins ferne Turkestan, von wo er zu passender Zeit davon lief nach dem bisher für alle Ungläubigen streng verschlossenen Lande Afghanistan. Gelegenheit macht Diebe, aber auch Männer. Und so sah sich Franzl bald als Ingenieur in den Artilleriewerkstätten des Emir, ehe er sich selbst recht bewußt wurde, wie das geschehen. Da er ein aufgeweckter Bursche war, fand er sich bald mit den Sitten des seltsamen Landes ab, lernte persisch sprechen wie ein Buch und wenige Jahre später war er persischer Kavallerieoffizier unter Risa Chan. Dann kam der faule Friede. Die überflüssigen Offiziere – voran natürlich die Ungläubigen – wurden abgebaut, und Franzl, der vorher schlecht und recht gelebt hatte von seinem mehr als unregelmäßig eingehenden Sold und dem, was sich so nebenher stehlen ließ, stand wieder einmal vor dem Nichts in der fremden Stadt. Tagelang schrieb er sich die Finger wund über ergebenen Briefen an persische Prinzen und sonstige Exzellenzen, um sie als Geldgeber für eine von ihm in Aussicht genommene Reparaturwerkstatt für Automobile zu interessieren. – Ach, es ist in Persien nicht anders als anderswo! Die das Geld haben, wissen es festzuhalten, und nur selten findet sich ein Gönner, der einem unternehmenden jungen Mann auf die Beine hilft. Jetzt – so meinte er – sei er am Ende seiner Geduld und seines baren Geldes. Nur noch eine Bonze sei übriggeblieben, den er sich vorknöpfen wolle, wenngleich er wenig Hoffnung habe auf ein befriedigendes Resultat, denn der hohe Herr sei nicht nur ein Prinz – deren gebe es wie Sand am Meer in diesem Lande – sondern auch noch ein Exminister. Man dürfe ihm nur französisch schreiben, und wo hätte er das lernen sollen?

Ich bot ihm meine Hilfe an, und so machten wir uns gleich an die Arbeit, und während nun der Lärm immer weiter ging in der Wirtschaft, setzten wir einen Brief auf, der imstande gewesen wäre, einen Kriminalrichter in Moabit zum Weinen zu bringen.

Herr Franz Michel steckte den Brief hocherfreut ein und sagte, er werde sich früh um sieben Uhr – denn das sei die offizielle Besuchszeit in diesem Lande – höchstselbst damit bei der Exzellenz anmelden lassen. Ich war nun selbst gespannt, wie das ausgehen würde. Aber am anderen Morgen erschien der gute Franzl in dem Hotel mit einem sehr langen Gesicht. Die Exzellenz war tags zuvor in Geschäften verreist. Warten bis zur Rückkehr könne er nicht, denn ganz ohne Geld könne man auch in Persien nicht leben. – Aber er habe inzwischen etwas anderes ausfindig gemacht. Vorhin sei er einem Mullah begegnet, der ein Fordautomobil gekauft habe und nun jemand suche, der es ihm über Isfahan nach Schiras bringe. Fünf Toman Vorschuß habe er schon bekommen und für zwanzig nehme er auch mich mit für die ganze Reise.

Ich rechnete. – Zwanzig Toman. Das waren achtzig Mark. Und Schiras tausend Kilometer entfernt.

»Mensch, ja, ich gehe mit. – Wann soll's losgehen?«

»Heute Abend.«

»Abgemacht.«

Schon in der hellen Mittagshitze hatte ich mich in der Karawanserei eingefunden, wo der eben erst aus Amerika gekommene, von Lack, Politur und Neuigkeit funkelnde Wagen unternehmungslustig unter einem Torbogen stand. Bald kam auch der Mullah, der mit seinem schwarzen Bart und seinem großen Turban genau so aussah wie jener, den ich von Kaswin her noch so gut in der Erinnerung hatte. Eine Wolke von Dienern war ihm in die Karawanserei gefolgt, die nun wiederum das Auto bepackten nach der Mode, die ich schon kannte. Ich war aber inzwischen schon Perser genug geworden, um mich darüber nicht mehr aufzuregen. Nach einer Weile kam Franzl und ließ den Motor schnurren. Der Mullah kam mit der kupfernen Kanne, die das Gesetz vorgeschrieben. Er schleppte eine Melone herbei, die größer war als sein Turban. Dann sog er noch einmal an seiner Wasserpfeife und verschwand im Wagen. Man sah ihn nicht wieder, bis wir durch die Tore von Isfahan rollten.

Punkt sechs Uhr abends ratterte das Wüstenschiff, will sagen das Automobil, über den Kanonenplatz, gefolgt von einer ansehnlichen Eskorte von Bettlern. Bald waren wir im Bazarviertel, wo wir nur langsam vorwärts kamen durch die engen, von riesigen Mauern umsäumten Gassen, in denen noch immer die Hitze grell und flimmernd stand. Eselkarawanen sperrten uns alle Augenblicke den Weg. Franzl fluchte. Hunde, Katzen und kleine Kinder machten sich überall breit. Derwische brüllten an den Ecken, Mullahs gingen stolz vorüber und überall, wohin man blickte, sah man die schmutzigen Hände der bakschischhungrigen Bettler.

Durch ein schönes Stadttor, das dem völlig glich, durch das ich vor wenigen Tagen von der anderen Seite hereingekommen war, ging es hinaus in das weite Land, das gleich wieder eine Wüste war. Wir wollen milde sein und es Steppe nennen. Überall nur Sand und Sonne und dürre Gräser. Und doch war es eine schöne Landschaft. Denn in Persien ist der Himmel so blau, und die Berge sind so wunderbar in ihrem wechselnden Farbenspiel, daß man nur ein paar einzige kleine Bäume am Horizont zur Belebung der Landschaft braucht, um alle Entbehrungen einer langen Reise zu vergessen. Und an diesem Abend zeigte sich das Farbenspiel der Steppe besonders lebendig. Am Vormittag war ein heftiges Gewitter niedergegangen. Noch hingen Tropfen wie Perlen an den spärlichen Gräsern, die sich silbern im Winde wiegten. Im Norden, hinter der Stadt, sank groß und rot die Sonne hinab. Mit ihren letzten Strahlen entzündete sie ein feuriges Alpenglühen auf den Schneegipfeln des mächtigen Elbrusgebirges, dessen Massiv finsterer wie die Nacht unmittelbar hinter den Häusern der Hauptstadt aufzusteigen schien. Über den hellen Gipfeln aber stand im Hintergrund der majestätische Demawend wie ein leuchtender Zuckerhut vor einem unwahrscheinlich tiefblauen Himmel.

Ich aber schaute mich nicht einmal mehr um. Ich hörte nur das Surren des Windes, das Brummen des Wagens, der vorwärts raste in die Nacht, die schwarz auf der Straße hockte. Noch vieles hatte ich mir ansehen wollen in Teheran, aber jetzt war mir alles gleichgültig.

Ade, Teheran. Ade, du falsche Stadt, an den Rockschößen einer verlogenen Zivilisation.

Ade, auf Nimmerwiedersehen! Jetzt geht's nach Indien!

Von Isfahan nach Schiras

Nächtliche Fahrt – Wo das Kamel über das Auto triumphiert Kismet – Kum, die heilige Stadt – Eine willkommene Panne – Das persische Lourdes – Auf verbotenen Pfaden – Ich entgehe mit knapper Not einer Steinigung – Ungesunde Gegend – Isfahan, die Perle von Persien – Besuch im Bazar – Allerlei Kaufgeschäfte – Persische Studenten – Man kennt sie nicht von den Professoren – Nirgendwo eine Studentenbude – Ein empfehlenswertes Hotel – Abenteuer auf der Landstraße – Schiras, die Rosenstadt – Sie stellt sich als die Hauptstadt der Sandflöhe heraus – An Hafis' Grab.

Teheran war längst verschwunden unter dem schwarzen Mantel der lauen Nacht und immer noch brummte der Motor, immer noch ging es weiter auf der weißen Straße, wo nur ab und zu ein vorüberziehender Eseltrupp im Lichtkegel des Scheinwerfers auftauchte. Zwei oder dreimal wurden wir aufgehalten durch Kamelkarawanen, vor denen die moderne Technik die Waffen strecken mußte. Da half kein Fluchen. Die Nacht widerhallte von Verwünschungen, Bärte wurden verbrannt und Seelen zur ewigen Verdammnis verurteilt, aber es nützte nichts. Grollend mußte das schnelligkeitstolle Fahrzeug aus Frankistan den Motor abstellen und ruhig abwarten, bis die nächtliche Heerschar vorübergezogen war. So wenig wie einst der Berg zu Mohammed gegangen, so wenig kann man es auch fertig bringen, einem Lastkamel eine andere Gangart anzugewöhnen als die, die es von Kind an gewohnt, die ihm ererbt und überkommen ist von tausend Generationen anderer Kamele. Langsam schwanken sie vorüber, wie Gespenster der Nacht. Die Tiere brüllen, die Treiber fluchen, und überall hört man das Läuten der Glocken. Vielleicht sind sie nur ein Dutzend, vielleicht sind es mehrere hundert Tiere. Vielleicht ist die Karawane mehrere Kilometer lang. Aber es nützt kein Jammern über den Zeitverlust, wenn man nicht eine Panik gewärtigen will, in der das Teufelsding aus Frankistan unter den Kamelhufen verende. So rächt sich der Orient am Okzident. – Aber man jammert auch nicht.

Was ist die Zeit in diesem Lande?

Der Mullah schnarchte vernehmlich im Wagen. Franzl, der Chauffeur, zündete sich eine Pfeife an und schlief gleich ein. Und so standen wir immer noch auf der Straße, während die Glocken der weiterziehenden Karawane in der Ferne verhallten und wieder das klagende Lied der Schakale in der Wildnis einsetzte. Plötzlich brummte wieder der Motor, und weiter ging die Reise mit vierzig Kilometern in der Stunde.

Um Mitternacht hielten wir Rast in einer Karawanserei, dicht neben einer kleinen Moschee, wo wir ausgiebig Tee tranken. Dann ging es wieder hinein in die Nacht, bis der graue Tag über der grauen Steppe dämmerte. In der Ferne stand eine Stadt.

Wenn man sich in westlichen Ländern einer Stadt zu nähern beginnt, so merkt man es zunächst an den überhandnehmenden Reklameschildern. Dann kommen die Schuttabladeplätze, dann die Schornsteine und die Mietskasernen. In Persien aber hat man noch etwas von dem biblischen Gefühle der Ehrfurcht vor alten Mauern.

»Ziehe deine Schuhe aus, denn der Ort, worauf du stehest, ist heiliges Land.«

Und hier war es in der Tat eine heilige Stadt, deren Umrisse sich in der Ferne abzeichneten. Neben Kerbela und Meschhed gibt es für einen Schiiten keine heiligere als diese: Kum, die Heilige, am Fuße der Grabmoschee des Imamen. Von weither leuchtete die goldene Kuppel in der Morgensonne. Beim Näherkommen sah man die vier mächtigen Minarette, deren Spitzen wie goldene Speere in der Sonne blitzten. Einen erhabeneren Anblick kann man sich nicht wohl vorstellen und man versteht es, daß gläubige Wallfahrer, die in ihrem Leben nie etwas anderes gekannt haben, als die graue Steppe und die schwarzen Zelte ihres ruhelosen Daseins, nach monatelanger Wanderung vor ihnen in den Staub sinken wie vor etwas Göttlichem.

Ich war dafür, daß wir ein wenig Station machen und uns dieses Wunder etwas näher ansehen wollten. Aber Franzl protestierte heftig. – Was es da wohl zu sehen gebe? Eine Moschee wie alle andern. Und gar noch die? Eine Grabmoschee? In der ein Imame liegt? »Nicht um alles in der Welt! Einmal bin ich so etwas zu nahe gekommen, drüben im Harat. Aber nie wieder!«

Er war noch nicht fertig mit seiner Rede, da knackte etwas im Motor und das Auto humpelte wie ein lahmer Vogel zur Reparatur in die nahe Karawanserei. Das war fatal. Franzl fluchte. Der Mullah steckte den Kopf heraus und murmelte etwas Unheiliges. Mir aber war der Unfall zur rechten Zeit gekommen. Zwei oder drei Stunden Aufenthalt genügten auch ohne Bädeker zur Besichtigung dieser seltsamen Stadt.

Ein breites, fast trockenes Flußbett, auf dem eben ein Eselmarkt abgehalten wird, trennt uns von dem Orte. Eine alte, in einer sehr merkwürdigen Architektur gehaltene Brücke führt in die Gassen dieses »Lourdes von Persien«, die von Mullahs nur so überquellen. Jeder dritte Mensch scheint hier ein Geistlicher zu sein. Sehr eng, dunkel und schmutzig sind die Gassen, aber um jede Wegbiegung blitzt die goldene Kuppel der Moschee, die einen magisch in ihren Bann zieht. Verführerisch wie ein Gift, denn Franzls Furcht vor diesen verbotenen Früchten war keineswegs so unbegründet. Schiiten sind sehr eifersüchtig und oftmals gewalttätig in der Behütung ihrer Gotteshäuser vor den Blicken der Ungläubigen. Erst zwei Jahre zuvor war in Teheran der amerikanische Konsul von der fanatischen Menge zu Tode gesteinigt worden, weil er gewagt hatte, ein solches Heiligtum zu photographieren.

Zweifelnd stand ich vor dem Eingang. Ich setzte mich ein wenig auf die marmorne Stufe, die hinauf in das Heiligtum führte und schaute ein wenig den würdigen, schwarzbärtigen Buchhändlern zu, die stets vor den Moscheen sitzen, und der Bücherwurm in mir wurde lebendig beim Anblick der kostbaren Miniaturen, die da wie Perlen in einem Schutthaufen lagen zwischen dem Wust von wertloser Druckerschwärze. Schön anzusehen, aber teuer und unverkäuflich für einen Ungläubigen. Ein Junge brachte eine Tasse Tee aus einer benachbarten Schenke. Ich schlürfte ihn bedächtig und schaute auf das ein- und ausgehende Gewimmel und schielte ein wenig durch das Portal, das über und über geziert war mit bunten Fliesen, die vielfach verschnörkelte Koranschriften darstellten. Einen Blick warf ich ins Innere des Hofes, der wie ein steinernes Gedicht herausleuchtete in diese Rumpelkammer einer verwahrlosten Stadt.

Und dann wurde plötzlich die Neugierde größer als alle Vorsicht. Schnell ging ich über die Steinfliesen, die ebenso viele Grabsteine waren und stand nun mitten in einem großen, viereckigen Hofe, der rings umrankt war von Säulengängen, während in der Mitte ein Brunnen stand. Hier war es wunderschön kühl, überall leuchtete von den Mauern eine Fülle von Farben. Gerade vor mir stand ein Portal, das schimmernd in einer Überfülle von blauen und weißen Mosaikverzierungen in maurischer Art in der Sonne funkelte. Darüber stand die gewaltige goldene Kuppel der Moschee, die Minarette mit ihren vergoldeten Spitzen, und über dem Eingang hing die Ampel wie etwas Unwirkliches. Weiter abseits, an der anderen Seite des Hofes, standen andere Minarette und dazwischen ein kleiner, spitzer Tempel mit einem goldenen Dach wie eine chinesische Pagode. In dem Hofe hockten ringsum die Menschen wie bunte Farbenklexe, und überall hörte man das leise Beten der weitgewanderten Pilger.

Lange hatte ich nicht Zeit zum Betrachten. Nur einen Augenblick stand ich da und trank mit gierigen Augen das Bild dieser seltsamen Schönheit. War das nun Täuschung? War es nur die Wirkung der verbotenen Frucht, die mich berauschte? Ich weiß es nicht. Vor wenigen Monaten erst war ich in der berühmten Hagia Sofia in Konstantinopel gewesen, aber die Erinnerung daran verblaßte vor der Schönheit, die hier vor mir stand. Ganz versunken war ich in das Bild und achtete es erst nicht, wie es von allen Seiten auf mich losgestürzt kam, wie der weite Hof lebendig wurde von schreienden Menschen und gestikulierenden Mullahs. Die Angst lief mir kalt den Rücken hinunter, als ich es gewahr wurde. Hier sieht es schlimm aus um den Neffen deiner Tante, dachte ich mir. Aber einmal wenigstens ließ mich die Kaltblütigkeit nicht im Stich. Ich tat das Beste, was ich unter den Umständen tun konnte: ich stellte mich dumm und taub. Langsam zog ich mich zum Tor zurück. Dort aber artete der Rückzug in Flucht aus. So schnell mich die Beine trugen, rannte ich hinein in den Irrgarten der engen Gassen. Hinter mir brüllte es wie eine aufgeregte Brandung, Steine flogen um den Kopf, bissige Hunde schnappten nach den Beinen. Glücklicherweise waren die Gassen so eng und winkelig, daß die Menge sich zwischen den hohen Mauern staute und mich dadurch vor einer unheiligen Steinigung rettete.

Noch ganz erfüllt von dem Abenteuer, beobachtete ich im Bazar noch ein wenig die Töpfer bei ihrem kunstvollen Handwerk und dabei gingen mir die Worte des alten Omar Khajam durch den Kopf:

>»Dem Töpfer sah einst im Bazar ich zu,
Wie er den Lehm zerstampfte ohne Ruh.
Da hört' ich, wie der Lehm ihn leise bat:
Nur sachte, Bruder, einst war ich wie du!«

Und es lief mir noch einmal kalt über den Rücken, wenn ich daran dachte, wie leicht er es auch von mir hätte sagen können in dieser Stunde. –

Als ich wieder in der Karawanserei ankam, stand das Auto repariert und tatendurstig im Hofe. Heimlich, damit der Mullah nichts davon gewahr würde, erzählte ich dem Österreicher von dem Abenteuer, der der Ansicht war, daß es nun allerdings höchste Zeit zum Ausreißen sei, wenn wir nicht vor Nacht noch die ganze Geistlichkeit auf dem Halse haben wollten.

Wenige Minuten später fuhren wir davon in der Richtung Isfahan, dicht vorbei an der Moschee in ihrer funkelnden, unwahrscheinlichen Schönheit. Wir kamen vorbei an Gärten, aus denen blutrote Blumen über die Mauern schauten und dann wieder durch lange Friedhöfe, die kahl in der grellen Sonne lagen. Die Gegend rings um Kum ist wie die aller anderer Grabmoscheen schiitischer Imamen, uneben von lauter Gräbern gottesfürchtiger Perser, die nach ihrem letzten Willen in Sicht des Heiligtums bestattet wurden. Es war gerade Freitag, die schwarzgekleideten Frauen saßen mit Kindern und großen Wasserkrügen um die Gräber und lasen in den Koranbüchern oder taten doch so, als ob sie läsen.

Im Morgengrauen des nächsten Tages kamen wir in die Gegend von Isfahan. Franzl wurde unruhig.

»Das da hier«, sagte er, »das ist die ungesündeste Gegend im ganzen Lande. Schlimmer noch als Khorasan. Die Räuber sind hier Stammgäste. Wenn die Bachtiaren aus den Bergen kommen, ist's aus mit der Reise nach Schiras.«

»Und aus mit uns«, meinte ich.

»Nein«, tröstete der Österreicher, »die Sorte ist nicht so schlimm. Die nimmt nur das Geld und meistens wird man auch noch verprügelt. Schlimmer sind schon die Gouverneure.«

»Die Gouverneure –?«

»Wer denn sonst? Die sind die Schlimmsten. In den meisten Dörfern haben sie Wachtposten stehen, damit die Leute beizeit ausreißen können in die Berge, wenn er seinen Mirza schickt um die Steuern einzuziehen.«

Inzwischen fuhren wir mit voller Kraft durch eine Gegend, die einen das Gruseln lehren konnte; so recht ein Land, das nach Räubern ausschaute. Überall war der Boden hart wie eine Dreschtenne, und nach allen Seiten durchzogen von meterbreiten Rissen. Die kahlen Berge standen wie Backöfen in der glühenden Sonne. Ab und zu kam ein Sandsturm wie ein kleiner Weltuntergang und hüllte alles in Nacht am hellen Tage. Zuweilen schimmerte ein Salzsee in der Ferne. Zuweilen kam man vorbei an einem verfallenen Brunnen, an einer Karawanserei, die kahl in der Wüste lag. Sand und Sonne war die ganze Gegend. Aber auf der Straße wurde es zusehends lebendiger mit all den Gestalten, die in Persien stets das Herannahen einer Stadt verkünden. Die Wüste, die bisher unsere Begleiterin war, hatte plötzlich ein Ende. Von einer Minute zur anderen kamen wir in eine Gegend von strotzender Fruchtbarkeit, mit üppigen Gärten, mit wogenden Getreidefeldern, mit leuchtend blühenden Mohnfeldern, die das hier allgemein beliebte Opium liefern. Durch enge Gassen, die erfüllt waren von dem üblichen Lärm orientalischer Städte, kamen wir schließlich zum Postgebäude, das mitten in einem Blumengarten liegt, der würdig wäre, von einem neuen Saadi besungen zu werden. Dann machten wir uns daran, die Wunder dieser Stadt zu schauen, die so seltsam verborgen liegen unter den Trümmern des Verfalls.

Denn Isfahan ist nur noch ein Schatten von dem, was es einmal gewesen. Vor noch nicht allzulanger Zeit – im achtzehnten Jahrhundert – zählte die Stadt einige 600 000 Einwohner. In jener Zeit, als Schah Abbas seine Paläste baute, rivalisierte sie mit Stambul, mit Kairo und selbst mit Bagdad, der alles überstrahlenden Hauptstadt des Kalifen. Die langen Platanenalleen, die heute noch stolz ausschauen, waren damals umsäumt von schimmernden Palästen, draußen am Zend-a-Rud führten mächtige Granittreppen hinab zu einem künstlichen See, wo fremde Potentaten in lauen Nächten ihre Feste feierten. Isfahan – das war der Traum aller Muselmänner, die Quelle der Weisheit, zu der die Jugend herbeigeströmt kam, von Stambul bis nach Indien. Damals –.

Aber dazwischen liegen Erdbeben und Anarchie und Bürgerkrieg und fremder Überfall. Wo einmal Glanz und Freude herrschten, sieht man heute eine zwölf Kilometer lange Strecke von zerstörten Häusern, zerfallenen Bazaren, verwilderten Alleen, wo kaum noch einige verlassene Hunde marodieren.

Und dennoch ist Isfahan noch heute die Perle von Persien.

Woran liegt es? Ist es die Schönheit der Gärten? Ist es das Blau des reinen Himmels, das Jahrhunderte des Unglücks nicht zu trüben vermochten? Ist es die verschlissene Pracht der alten Paläste, die da und dort noch stehen?

Diese seltsame Stadt hat etwas von der verschossenen Eleganz eines heruntergekommenen Grandseigneurs. Und doch – und doch! Wie viele Perlen liegen hier noch unter dem Schutt! Wieviel Reichtum versteckt sich hier noch in den stillen Gassen!

Es kostet nicht viel, sich davon zu überzeugen. Man braucht nur einmal durch den Bazar zu gehen. Er ist der größte nicht unter den orientalischen Bazaren. Man vermißt hier das ameisenhafte Leben des Bazars von Täbris. Man sieht nicht wie dort die königlichen Kaufleute, die auf den Teppichen thronen. Aber das Staunen beginnt erst, wenn man in das Viertel kommt, wo der Lärm der Hämmer die Arbeit der Kupfer- und Silberschmiede verkündet. Die Waren, die man bei uns Damaszenerklingen nennt, werden in Isfahan angefertigt und auch im ganzen Orient als solche bezeichnet. Die Schwertschmiede haben freilich ihre beste Zeit gehabt, die Kupferschmiede haben sich im wesentlichen auf die Herstellung von Samowaren geworfen, aber das edle Handwerk der Silber- und Goldschmiede hat anscheinend heute noch einen goldenen Boden, auch in Isfahan. Wenn man durch diese Bazarstraßen geht und seine Blicke schweifen läßt auf die Schätze, die hier aufgetürmt liegen, auf die Gold- und Silbermünzen aller Herren Länder, die einem hier entgegenfunkeln, so erfaßt es einen wie ein Rausch, und mehr noch ist man verblüfft, wenn man näher zusieht und die kunstvolle Handschmiedearbeit bewundert, die diese Ornamente geschaffen, mit ihren Blumenmustern, mit schlanken Gazellen, gravitätischen Kranichen, behäbigen Haschischrauchern, mit wilden Drachen und bösen Frauen. Es ist die alte, schöne, zur Kunst emporgearbeitete Handwerktechnik, die bei uns verschwunden ist mit den letzten Kupferstechern. In Isfahan haben sie heute noch ihren Merian. Es lohnt sich, ihn zu betrachten, ehe ihn morgen die Maschine zermalmt. Und immer weiter gehen wir durch die Gassen, immer neue Wunder tun sich vor uns auf. Zuckerdosen zum Verlieben, Teekannen von berauschender Schönheit. Man möchte tausend Toman haben, um hier zu kaufen, kaufen. Vor einem göttlichen Teeservice stand ich lange in tiefes Nachdenken gehüllt. – Konnte man sich das leisten? Ich zählte die Groschen. Zwanzig Toman war viel Geld, das man anderwärts nötiger gebrauchen würde. Und dann – es lief mir kalt den Rücken hinunter, wenn ich an die vielen Zollgrenzen dachte, durch die ich es hindurchschmuggeln mußte. Aber die Lust war größer als alle Vorsicht. Ich zahlte die zwanzig Toman. Nun brachte noch einer ein Tablett mit einem eingravierten Haschischraucher, das er wohlgefällig vor meinen Augen funkeln ließ. Das konnte ich nicht aushalten und kaufte auch das. Inzwischen hatte sich blitzartig die Kunde von dem leicht zu bearbeitenden Franken im Bazar herumgesprochen, und sogleich war ich umringt von funkelnden Augen und Teekannen. Ich machte mich aus dem Staube. Ich rannte aus dem Bazar, aber alles stürzte Hals über Kopf hinter dem zahlungsfähigen Sahib her. Zu Hause steckte ich meinen Schatz in die tiefsten Tiefen meines Rucksacks. Ich hütete ihn fortan wie einen Augapfel, ich schmuggelte ihn durch alle Grenzen und heute, da ich dieses schreibe, steht er neben mir als ein Bote aus fernen Sonnenländern.

Die persische Regierung hat die Ausfuhr dieser Schätze verboten, und das aus guten Gründen. Das ganze Geschäftsgebaren ist hier noch mehr als anderwärts eingestellt auf den Betrug des Vater Fiskus, das ganze Leben ein einziges fortgesetztes Attentat auf den Geldbeutel des blamierten Europäers. In Persien herrscht die Silberwährung. Aus diesem Grunde ist die Ausfuhr dieses Metalls verboten. Was wäre nun näherliegend, als eine Ausfuhr von Talmikunstwerken? Und glaube keiner, daß persische Kaufleute nicht Augen hätten, um so etwas zu sehen. Gerade diese! Abgesehen von den Chinesen hat sie noch keiner übertroffen. Kein Geschäft ist ihnen fremd, kein Gewinn ist ihnen zu groß oder zu klein, keine Kunst ist ihnen verborgen, vom Schwitzen der Goldmünzen bis zum Spekulieren mit den Noten der »Imperial Bank of Persia«.

Denn es gibt keinen besseren Kaufmann als den asiatischen. Gierig, geizig, auf den kleinsten Profit bedacht, und dennoch groß in seiner Art, in seiner Geduld und Schmiegsamkeit, unbegreiflich für uns europäische Menschen. Er rafft das Geld und gebraucht es nicht. Er kleidet sich einfach, er reitet auf seinem Esel, er geht bescheiden über die Straße, mit der Miene eines Heiligen. – Ist es Geiz? Nicht doch! Ist es Bedürfnislosigkeit? Ist es das Kismet, das der Prophet gepredigt? Wer kann es wissen? Wer weiß überhaupt etwas von diesem Lande? Es ist nur das Spiegelbild der tiefen, unergründlichen Asiatenseele, die sich duckt und kuscht und immer wartet, die in diesem letzten traurigen Jahrzehnt die europäischen Kassen von ihren Goldstücken geplündert und sie aufgespeichert hat im Bazar von Isfahan.

Was soll man noch von Isfahan erzählen? Auch ohne eine Avenue Lalezar ist diese Stadt die Perle von Persien mit ihren grünen Gärten und dem klaren Hochlandhimmel, der sich darüber wölbt. Am meisten zu schätzen weiß der von der Trockenheit iranischer Landstraßen gemarterte Reisende den lustigen Gebirgsfluß, den Send-i-Rud. Denn in Persien ist man dankbar um jedes bißchen Feuchtigkeit. Halbe Tage lang saß ich am Rand des Wassers, das gurgelnd und rauschend vorübereilte. Eine seltsame, wie für die Ewigkeit gebaute Brücke mit 34 Spitzbogen, zu der man gewiß in der ganzen Welt kein Gegenstück findet, führt hinüber zu der Armenierstadt Dschulfa. Sie ist eigentlich das Letzte, was noch übriggeblieben ist als Zeuge jener längst vergangenen großen Zeiten, als Isfahan beinahe die Hauptstadt der Erde war und Gesandtschaften aus aller Herren Länder sich hier in den duftenden Gärten ergingen. Noch Gobineau, der vor siebzig Jahren diese Stadt besuchte, berichtet begeistert von den Palästen, die in langer Reihe die vom Flußufer in die Stadt führende Platanenallee umsäumten und von denen heute kaum mehr die Ruinen zu sehen sind. Nur die Moschee zeigt noch einiges Leben in dieser zu einem Dornröschenschlaf erstarrten Welt. Noch heute ist Isfahan die große Mädrässe, die Hochschule der islamischen Theologie. Es ist äußerst interessant, hier am Ausgang –

denn ein Besuch des Innern ist den Ungläubigen verwehrt – das Kommen und Gehen der Studenten und Professoren zu beachten.

»Student sein, wenn die Veilchen blühen – –.«

Keinen größeren Unterschied kann man sich denken, als zwischen einem flotten deutschen Bruder Studio und seinen Kommilitonen auf der Mädrässe in Isfahan. Für einen Europäer ist es immer schwierig, orientalische Menschen auseinanderzuhalten. Das Dekorum liegt diesen Leuten nicht. Der reichste Kaufmann kleidet sich nicht anders als der letzte Mirza. Studenten und Professoren sind nicht voneinander zu unterscheiden in ihrer farblosen Abba, zumal ihre schwarzen Bärte auch das Alter nicht so ohne weiteres taxieren lassen. Aber Student und Professor – alle scheinen gleichermaßen erfaßt zu sein von einer uns Europäern gerade unbegreiflichen Bedürfnislosigkeit. Unter dem Torbogen des Eingangs haben Händler ihre Buden aufgeschlagen. Von diesen ersteht der Student – oder ist es der Professor? – einen oder zwei Brotfladen und eine Wassermelone oder eine Handvoll kleiner Maulbeerfrüchte, mit denen er sich nach einer der vielen Teebuden begibt, wo er ein Glas ums andere schlürft für zwei Schahi das Glas und ab und zu an der Wasserpfeife saugt. Nach Sonnenuntergang geht er an den Fluß, wo er bis spät in die Nacht aufs Wasser schaut und die Zeit mit wenig Gedanken verbringt. Wo sie schlafen, habe ich nicht herausgebracht; jedenfalls sah ich mich in ganz Isfahan vergeblich um nach dem, was man auch bei größter Nachsicht noch als eine Studentenbude ansprechen konnte.

Nur wenige Schritte entfernt von der Universität liegt das einzige Hotel am Platze, oder was dort so unter dem Namen passiert. Die Perser haben ein sehr ausgeprägtes Gefühl für Verwandtschaften. Das ganze Land quillt über von Onkels und Tanten, so daß man auf Reisen, auch in den entlegensten Gegenden, immer irgendwie Vettern und Basen ausfindig macht, bei denen man unterschlüpfen kann. Die übrigen kampieren mit ihren Tieren in den Karawansereien, und Hotels in unserem Sinne sind landfremde Erscheinungen europäischer Degeneration. Dieses Isfahaner Hotel teilte freilich mit europäischen Einrichtungen dieser Art nicht viel mehr als den Namen. Der Wirt, der ganz leidlich Englisch sprach, begrüßte mich am Eingang mit einem feierlichen Salaam und führte mich durch einen großen Garten, vorbei an vielen Bänken, auf denen mit verkreuzten Beinen vornehme Herren saßen, die bei unserem Anblick samt und sonders aufstanden und sich verneigten wie vor dem Schah in eigener Person. Um ein großes Wasserbecken, in dem ringsum die zum Abkühlen hineingestellten Wasserpfeifen wie die Angelruten standen, kamen wir nach dem zu ebener Erde liegenden Zimmer, wo nicht weniger als fünf Bediente der Befehle des großen Sahib – das war ich – gewärtig waren. Der eine packte unaufgefordert meinen Rucksack, leerte ihn aus und legte jedes Stück sorgfältig auf den Tisch. Der andere zog mir die Schuhe aus, ein dritter holte Wasser, ein vierter brachte eine Tasse Tee und der fünfte fächelte mir derweilen Luft zu mit einem umfangreichen Fächer. Es war wirklich ein bißchen viel auf einmal für meine bürgerliche Ängstlichkeit, aber ich ließ es mir doch gefallen, bis nach Dunkelwerden einer mit einem Windlicht kam, das er wortlos auf den Teppich stellte, worauf sie dann alle verschwanden und mich allein zurückließen in dem großen Zimmer. Eine Weile noch lag ich wach und schaute auf die Wände, die mit bunten Gobelins mit wilden persischen Rittern behangen waren und hörte auf das Schlagen der Nachtigallen im Garten, und meine Meinung von Persien begann sichtlich zu steigen.

Nein, niemand wird ungestraft von fünf Dienern betreut! Die Diener selbst stellten keine Ansprüche. Um so mehr aber der Herr. Die Augen gingen mir über, als ich die Rechnung betrachtete. – Zwanzig Toman für drei Tage, wobei ich noch die Diener selber bezahlte.

Niemals!

Der Hotelsekretär lächelte nachsichtig.

Ich schimpfte, aber er verzog keine Miene, denn außer Persisch verstand er kein Wort.

Wo der Hotelier wäre?

Er zuckte mit den Schultern.

Ein anderer Angestellter, der etwas besser Bescheid wußte in fremden Sprachen, kam herbei und machte den Dolmetscher.

»Der Hotelier – er schläft!« sagte er mit flüsternder Stimme.

»Und sein Kompagnon?«

»Er schläft auch.«

Entrüstet packte ich meine Sachen zusammen. Ich hatte keine Zeit zu verlieren. Draußen wartete Franzl mit dem Auto, für die Weiterreise nach Schiras. Schon hatte ich meinen Rucksack auf dem Rücken. Da wurde es lebendig im Garten. Jetzt erst hatte ich Gelegenheit zu staunen über die Zahl der hier vertretenen Dienerschaft. Jeder Gast hatte deren mindestens zwei oder drei, und da mehrere hundert Gäste da wären und alle ihre dienstbaren Geister abgeordnet hatten zum Aufhalten des fremden Sahib, war im Nu eine Heerschar versammelt, die den Ausweg verbaute, ohne sich jedoch auf eine Erklärung mit mir einzulassen. Immer weiter wurde ich zurückgetrieben. Es war eine lächerliche Situation für jeden Zuschauer, aber nicht für mich. Draußen brummte das Auto. Franzl kam herbei und mit ihm der Hotelier mit der Abschrift der Rechnung, die ich soeben zerrissen hatte. Sie war inzwischen noch gesalzener geworden. Eine Weile redeten sie Persisch miteinander.

»Was willst machen?« meinte Franzl.

»Verklagen!« sagte ich wütend.

»Bei wem? Der Polizeichef hat jetzt Mittagsschlaf.–

Zeig her!' Zwanzig Toman? Da bist du billig weggekommen. Mich haben sie ganz anders geschröpft, wie ich zum erstenmal ins Land gekommen bin.«

Da griff ich in die Tasche und zahlte alles. Das Morgenland hatte wieder einmal über das Abendland gesiegt. Eine Minute später saß ich im Auto, und weiter ging es nach Schiras. –

Über die große Brücke hinweg kamen wir bald in die Armenierstadt Dschulfa, die schon erheblich europäischer ausschaute als das eigentliche Isfahan mit seinen zerfallenden Palästen. Hinter diesem Ort ging es noch eine Weile durch ein Ruinenfeld, das mehrere Quadratmeilen im Umkreis maß und im Schutt und Verfall noch Zeugnis ablegte für die einstige Größe und den jetzigen Niedergang dieses Landes. Freilich sind Ruinen hier nicht so tragisch zu nehmen. Sie gehören mit zum Landschaftsbild des Orients. Eine morgenländische Stadt ohne Ruinen gibt es nicht. Selbst das stolze Bagdad zur Blütezeit der Kalifen war übersät mit Ruinen. Die Liebe zur Ordnung und Sauberkeit in europäischem Sinne ist bei den Orientalen nur wenig ausgebildet. Er wohnt ebenso komfortabel in einer Ruine wie in einem ordentlichen Hause. Leute der ärmeren Schichten oder auch des Mittelstandes hausen immer nur in kümmerlichen Konstruktionen aus Lehm, die der erste ordentliche Regenguß zu einem Morast macht. Dazu kommt noch die in schiitischen Ländern weitverbreitete Furcht vor den Geistern der Toten. Ist ein Mitglied der Familie gestorben, so macht der Aga zumeist kurzen Prozeß. Er steckt sein Geld in den Gürtel, setzt die Frau auf den Esel und sucht sich irgendwo eine neue Heimat. Platz ist ja genug in Persien.–

Bald lagen die Ruinen hinter uns und weiter raste das Auto in der Richtung nach Schiras. Der Weg war noch weit und die Reise voller Abenteuer und absonderlicher Erlebnisse, die ich jedoch mit einem großen Sprunge übergehen muß, um nur bei einem zu verweilen, weil es so recht geeignet ist, die seltsame Seele des Morgenlandes zu kennzeichnen.

Das war schon ganz in der Nähe von Schiras. Wir rasteten an einem großen, schönen Fluß in der Nähe der Ruinen des alten Persepolis. Es war ein schöner, stiller Abend, in dem nichts zu hören war als das Rauschen des Wassers und das Singen der Vögel in den Büschen am Flußrand. Weit und breit war nichts Lebendiges zu sehen, außer einem schwerbepackten Esel, hinter dem ein fluchender Mann herschritt und das Hinterteil des bedauernswerten Grautieres gründlich bearbeitete mit seinem großen Stock. Je näher er kam, je lauter hörte man ihn fluchen. Mitten auf der Brücke wurde es dem Esel zu dumm. Keine Schläge, keine Fußtritte, keine noch so grausamen Flüche schienen mehr Eindruck zu machen. Störrisch streckte er alle Viere von sich und schien nicht übel Lust zu haben, sich mit einem Sprung in die Tiefe den Leiden und Verfolgungen in diesem irdischen Jammertale zu entziehen. Der Treiber verlegte sich aufs Bitten und Flehen, und als das nichts half, setzte er sich auf den Brückenrand und weinte.

»Was ist's, Aga?« fragte ihn der Österreicher.

Da faßte er sich wieder und erzählte uns eine seltsame Geschichte.

Sein Schwiegervater war vor einigen Wochen gestorben in Saidabad und in seiner Todesstunde hatte er bestimmt, daß er begraben liegen wollte zu Füßen des Imamen Ali, bei der Moschee zu Kerbela. Das war natürlich leichter gesagt als getan, denn Kerbela, das große schiitische Heiligtum, liegt unweit Bagdad, tausend Meilen von Schiras. So weit, so gut. Nun aber hatte der unglückliche Schwiegersohn einmal in seiner schwachen Stunde ein Gelübde abgelegt, daß er diese letzte Bitte erfüllen werde, und so half kein Zaudern. Die Leiche wurde einbalsamiert. Er legte sie auf den Esel und führte sie über Berge und Wüsten, durch tausend Gefahren und Abenteuer. Ob er allerdings hinkommen würde, das wußte nur Allah und der Esel, der noch immer keine Miene zum Aufstehen machte. Erst als der Österreicher einen Gummischlauch holte, kam er wieder auf die Beine. Der Aga setzte seinen Stock wieder in Bewegung und ging fluchend weiter. Fluchend verschwand er um eine Wegbiegung. Er fluchte von Saidabad bis Kerbela, aber er brachte seine Fracht zum Ziel, wie das Gesetz es befohlen. –

Wir verbrachten die Nacht bei der Brücke und kamen morgens in aller Frühe nach Schiras.

Es gibt Städte, zu denen man mit vorgefaßten Meinungen kommt, von denen man schon ein festes Bild im Kopfe zu haben glaubt, längst ehe man sie gesehen.

Zu diesen gehört auch Schiras. Denn *Schiras*– das ist die Stadt der Dichter, die Stadt der funkelnden Weine, der paradiesischen Gärten, die Saadi besungen, der kühlen Bäche, an denen einst Hafis gesessen und seine unsterblichen Oden gedichtet. Schiras – ein Duft von Rosen schwebt um den Namen.

Doch was sind Namen?

Wenn man, von Isfahan kommend, zum erstenmal die Stadt vor sich liegen sieht, so erscheint sie in der Tat wie eine Illustration zu Saadis Gedichten. Der Weg führt über eine Reihe von kahlen Bergrücken, von denen der letzte steil abfällt zu einem weiten, gut angebauten Tal. In etwas ist man versucht, einen Vergleich zu ziehen mit den Vorbergen im Etschtal, dort wo sie zur Ebene abfallen. Natürlich ist im einzelnen alles ganz anders, aber dennoch ist so vieles im Gesamtbilde, das einen daran erinnert. Die Straße, die sich vielgewunden bergabwärts schlängelt, die Häuser mit den Säulen Veranden, die so stattlich am Berghang stehen, die terrassenförmigen Gärten mit ihren Feigen- und Olivenbäumen, die Reben, die den steilen Abhang hinauf zu klettern scheinen, die Feigenbäume, die ihre breiten Äste mächtig über die Mauern recken.

Tief unten lag die Stadt in den ersten Lichtstrahlen der aufgehenden Sonne unter einem tiefblauen Himmel von fleckenloser Reinheit. Die flachen Dächer standen dicht zusammengedrängt. Da und dort ragten hohe Zypressen wie stumme, ernste Schildwachen über den Gräbern der Großen, die hier ihre Ruhe fanden.

O hätte man nie mehr als das von Schiras gesehen!

Während meine schönheitslüsternen Augen sich noch umsahen nach den Rosen von Schiras, fuhren wir durch eine breite Straße, die aussah wie eine Vorstadt von Chicago. Benzinkannen rollten im Winde auf der Straße. Autos schnaubten vorüber. Wohin man schaute, sah man Reklameschilder, die von den Hausdächern schrien:

O Schiras, o Saadi, o Traum vom persischen Weimar! In Täbris ist das Stadtbild schon ziemlich verrußt, hier ist es verengländert, oder genauer gesagt verangloindianisiert. Wer etwas auf sich hält, schreibt englisch über seine Ladentür, wenn er es auch selbst nicht lesen kann. Noch mehr als anderwärts fühlt sich hier der Engländer zu Hause. Südpersien ist in seinen Augen nichts anderes als eine Allonge von Indien, und auch dem Nichtengländer kommt das so vor, wenn er die hochgewachsenen, schwarzbärtigen Sikhs der britischen Konsulatswache im Schatten ihrer mächtigen Turbane durch die Straßen schreiten sieht. In Persien gibt es keine Stadt von einiger Bedeutung, die nicht mit einem englischen Konsul – und zwar einem Berufskonsul bedacht wäre, obwohl die Zahl der dort ansässigen berufstätigen Engländer nur winzig klein ist. Desto größer ist das Heer der britischen Spione und Agenten, die das Land überschwemmen. In manchen Landstrichen Südpersiens hat man den Eindruck, als ob jeder dritte Mensch, dem man begegnet, im Solde der englischen Gesandtschaft stehe. Im Norden des Landes rollt der Rubel, überall sonst verneigt sich jeder vor den Pfunden. Fein und dicht wie Spinngewebe haben die Fangnetze des britischen Imperialismus das Land durchzogen. Eine seiner wichtigsten Zwingburgen ist die »Imperial Bank of Persia«, die in Wirklichkeit nichts anderes ist als ein Ableger der Kaiserlich Indischen Notenbank, die den Geldverkehr beherrscht. Nicht minder wichtig ist das von England ausgeübte Nachrichtenmonopol, da sämtliche Telegrafenlinien in Händen der Anglo-indischen Telegrafengesellschaft liegen. Nimmt man dazu noch die Beherrschung des Persischen Golfes und des angrenzenden Belutschistan, die Besetzung des Irak, die auch noch den letzten Schlüssel des südlichen Tors zum persischen Hause britannischer Willkür auslieferten, und endlich die neugebaute strategische Eisenbahn, die sich längs der Südgrenze von Afghanistan wie eine Faust bis auf persischen Boden vorstreckt, so kann man sich unschwer einen Begriff machen von dem wackeligen Pfauenthrone, der, bedrängt vom russischen Bär und dem britischen Walfisch, eine fragwürdige Größe darstellt zwischen dem Teufel und der tiefen See.

Von Pahlavi hofft ja der heutige Perser eine durchgreifende Änderung in dieser Lage. Sein gestürzter Vorgänger, der Französling Achmed Schah, hat die Boulevards von Paris dem Pfauenthrone vorgezogen, und das kann man ihm nicht einmal sehr verdenken. Wird Pahlavi mehr ausrichten? Bisher spricht der Erfolg für ihn. Aber seiner Feinde im eigenen Lager sind Legionen. Zunächst einmal die in ihrer bisherigen Selbstherrlichkeit gekränkten Mullahs, das ganze Schwergewicht der Kirche, die in jenen Ländern noch eine ganz andere, alle Lebensverhältnisse durchdringende Macht darstellt, als in Europa. Ferner die auf jahrtausendalte Tradition sich stützende Partei der Höflinge, der ungezählten Prinzen des Kaiserlichen Hauses, die mit Verachtung auf den Emporkömmling herabsehen, wie einst ein waschechter Bourbone auf den »petit corporal« aus Korsika. Gegen alle diese Mächte hatte er bisher nichts einzusetzen als das Schwert des ihm, dem Landsknechtführer, treu ergebenen Heeres. Es ist eine Situation, die einem unwillkürlich jene tragikomische Episode einer portugiesischen Revolution in die Erinnerung bringt:

»Sire«, sagte der abgesetzte republikanische Präsident zum siegreichen Revolutionsgeneral, »Sie vermögen nichts gegen die Macht des Volkes, denn sie ruht auf drei Säulen: Freiheit, Gleichheit, Brüderlichkeit.« »Sehr wohl«, meinte der General, »meine Macht ruht ebenfalls auf drei Säulen: Infanterie, Artillerie, Kavallerie.«

Nach allem was man sehen kann, scheint indes auch diese Säule schon reichlich geborsten. Fast täglich hatte ich Gelegenheit, mich davon zu überzeugen. Kaum hatte es sich herumgesprochen, daß ein Franke, und dazu noch einer aus Deutschland, im »Hotel« logierte, als, einer nach dem anderen, junge Offiziere herbeikamen, die mit ihrer Meinung über das derzeitige Regime in Persien keineswegs hinter dem Berge hielten. Einer von ihnen – er war ein höherer Offizier – machte noch weniger als die anderen aus seinem Herzen eine Mördergrube.

»Fünfmal am Tage –« so sagte er mit knirschenden Zähnen, »fünfmal am Tage bete ich für seinen Untergang.«

»Wieso –?« fragte ich erstaunt.

»Wieso? Weil er eine Kreatur des Vizekönigs in Simla ist. Was könnte er anders sein? Wie könnte er anders handeln, als die, die ihn bezahlen? – Früher – ja, da hat es noch eine Freiheitsbewegung gegeben. Vor zehn Jahren, als General Waßmuß noch in Buschin war.«

Das Wort gab dem Gespräch eine andere Wendung, und fortan erzählten sie nur noch von General Waßmuß und seinen Taten. Es war das erste Mal, daß ich den Namen gehört hatte, aber nicht das letzte Mal, und nie habe ich seither einen Perser anders als mit schmunzelnder Miene und mit leuchtenden Augen von dem kleinen deutschen Buchhalter erzählen hören, den das Geschick des Krieges zum General, zum Engländerschreck und persischen Nationalhelden emporgehoben hat.

Von meinem »Hotel« sprach ich soeben. Mit Fug und Recht habe ich es zwischen Anführungszeichen gesetzt. Es war nicht viel besser als eine ordinäre Karawanserei mit einer Garküche, in der die zweifelhaftesten Kavaliere ihr Currie und Reis vertilgten. Nachts lag man auf einer harten Bettstelle in einem kahlen Räume, der von einem Windlicht spärlich erhellt war. Und dann kamen die Sandflöhe. Denn was man immer von den Rosen von Schiras denken mag –, jedenfalls ist diese Stadt die Hauptstadt der Sandflöhe.

Wenn es auf dieser Erde noch einen staubigeren Ort gibt als Schiras zur Sommerszeit, so möchte ich ihn nicht kennenlernen. Tag und Nacht ist die Luft erfüllt von den alles durchdringenden

Staubwolken, auf deren Flügeln die Sandflöhe einherziehen. In den paar modernen Straßen mag dann das Leben noch angehen. Zur Hölle aber wird es in den Gassen der alten Stadt. Hier ist alles Staub und Hitze und kahle Lehmwände. Das ist nun freilich überall so in persischen Städten, aber in Schiras sind die Gassen noch enger, die Mauern noch höher, gefängnisartiger, die Menschen selbst anscheinend noch verwahrloster. Mit die größte Sehenswürdigkeit sind hier die selbst für dieses Land beinahe polizeiwidrig zerlumpten Bettler, die in kurzen Abständen voneinander auf der Straße liegen und ihre kupfernen Schalen emporhalten, während sie für die Ohren des vorübergehenden Sahib ihre Not in alle Winde schreien. Über dem Anschauen dieser wenig erfreulichen Bilder verirrt man sich in dem Gewirr der engen Gassen. Man verläuft sich in Hinterhöfe, in denen es nicht nach den Rosen von Schiras duftet. Man stößt auf Frauen, die entsetzt davoneilen, und stolpert bei seinem überstürzten Rückzug über einen toten Hund auf dem Wege.

Der Bazar ist jedoch eine Sehenswürdigkeit. Er wurde im 18. Jahrhundert erbaut, ist also verhältnismäßig neueren Datums. Das Leben fließt hier langsamer als in anderen persischen Bazaren. Viele Läden sind geschlossen aus Mangel an Käufern, weil hier das Vordringen europäischer Ramschwaren das alteingesessene Gewerbe ruiniert hat. Aber in seiner Konstruktion ist er sicherlich der schönste des Orients.

Die gedeckten Hallen mit ihren Spitzbogen sind von riesigem Umfang, so daß das Ganze einer großen Kirche gleicht. Hier ist Luft und Licht, und man merkt nichts von der stickigen Bazarluft. Wunderbar kühl ist es selbst an heißesten Sommertagen. Es läßt sich schön Spazierengehen und das Leben beobachten: das Kommen und Gehen vor den Karawansereien, die verschleierten Frauen, die endlos mit den Stoffhändlern markten, die Apotheken, die ausschauen wie mittelalterliche Alchimistenbuden, die Derwische, die heulend ihre Weisheiten verkünden. Ganz Schiras ist dann im Bazar, und da tut es gut daran, denn er ist an solchen Tagen der einzige Platz, der keine Hölle ist.

Dicht neben dem Bazar beginnt das Judenviertel, und das ist auch eine Sehenswürdigkeit, in gewisser Hinsicht. Die Judenviertel sind nämlich stets die ärmsten der orientalischen Städte. In Isfahan macht das Judenviertel einen betrübenden Eindruck. In Schiras ist es schaurig. Ganz enge Gassen, in denen knapp zwei Esel nebeneinander gehen können. Hohe, fensterlose Mauern, die kaum einen Sonnenstrahl hindurchlassen. Auf der Gasse geht es bunt genug zu. Die Männer stehen herum und reden und reden. Die Frauen, die unverschleiert und wenig schüchtern sind, machen sich mit allerlei Gerümpel zu schaffen. Esel tappen über Körbe voll frisch gelegter Eier. Dazwischen wälzen sich kleine Kinder. Am schlimmsten ist der Geruch. Je weiter man eindringt in dieses Quartier, desto schlimmer wird er, bis man die Nase voll hat und sich mit Grausen zurückzieht aus solchem Rosengarten. –

Das also ist Schiras, die Stadt der Dichter! Auf diesem Boden stand Saadis Rosengarten, der einen Goethe begeistert und in dem andere in so reichlichem Maße gepflückt haben, daß Immermann sich zu den Spottversen veranlaßt sah:

>>Von den Früchten, die sie aus dem Rosenhain von
Schiras stehlen,
Essen sie zuviel, die Armen, und vomieren dann Ghaselen.<<

Einige Meilen entfernt von der Stadt liegt Saadis Grab, umgeben von hohen Mauern und schlanken Zypressen, die wie schwarze Fackeln in der Sonne stehen. Hafis, der Odendichter, liegt inmitten des allgemeinen Friedhofes.

>>Sei das Wort die Braut genannt,
Bräutigam der Geist;
Diese Hochzeit hat gekannt,
Wer den Hafis preist.<<

Kein Geringerer als Goethe hat das gesagt. Uralte Bäume stehen rings um dieses Grab. Es ist einfacher als die anderen, aber wirkungsvoller, und wäre es nur um der seltsamen Grabschrift willen, die er sich selbst geschrieben und die ich teilweise hier wiedergebe in der Übersetzung von Georg Rosen:

»Wo bleibt die frohe Botschaft deines Nahns,
Die mich entrücken soll dem ird'schen Leben,
Daß wie ein heil'ger Vogel ich, befreit
Vom Netz der Welt, zur Höhe möge schweben.

Aus deiner Gnade Wolke sende mir
Den Regen deiner Gunst, neu zu beleben
Noch einmal mich, bevor von hier wie Staub
Auf dein Geheiß in Nichts ich muß entschweben.

Wenn dein ersehnter Fuß einst meinem Grab
Sich naht, bring Sänger mit und Duft der Reben.
Berauscht von deinem Dufte will ich dann
Aus Grabesnacht zum Tanze mich erheben.

O, du mein Götzenbild! Steh' auf und laß
Deiner Bewegung Anmut mich umschweben.
Wie Hafis' Seele steig' ich dann empor
Weit über diese Welt und dieses Leben.«

Eine Weile stand ich und schaute auf die Inschrift und sah, wie
die Schatten sich immer dichter sammelten unter den Trauerwei-
den, und sah, wie die fernen Berge dunkelviolett im Abendrot standen, und mir war, als ob in den fallenden Schatten der sinkenden
Nacht nun wirklich alle diese Geister noch einmal aus den Gräbern
stiegen: Hafis, Saadi, Omar, der Zeltmacher, und die anderen. Denn
sie sind Schiras. Sie werden es immer sein.

Den Sternen nach

Allerlei Reisepläne – Räubergeschichten – Was man im Bazar erzählt – Buschir oder Bender Abbas? – Ich entscheide mich für Bender Abbas – Abschied in der Karawanserei – Karawanenbaschi oder Räuberhauptmann? – Nachtlager auf dem Stoppelfelde – Eine traurige Gegend – Nächtliche Wanderung – Den Sternen nach – Musikalische Brunnen – Die Durststrecke – Eine wichtige persische Vokabel – Wir kommen zu einer Burg – Im Lande der Palmen – Ankunft in Jahrun – Der Stadtschreiber mit der Gänsekielfeder – »Odol?« – »Nix Odol!« – Ich schwelge in Trauben und Melonen – Flucht aus Jahrun – Verzweifelte Lage – Eine erfreuliche Wendung – Der widerspenstige »Ja Ali« – Endlich in Lar.

Lange hatte ich mir überlegt, welches wohl der schönste Weg nach Indien wäre. Schiras ist ein Knotenpunkt persischer Straßen. Aber sein Gesicht ist nach Süden, gen Bagdad und Arabien gerichtet. Für den, der seine Blicke nach Osten gewendet hat, ist es eine rechte Sackgasse. Mein Traum war Kirman und das dahinterliegende Belutschistan.

Belutschistan! Schon der Name klang abenteuerlich. Oder Afghanistan?

Wohin man blickte, stiegen die Bedenken auf. Belutschistan lag tausend Meilen entfernt und Afghanistan nicht minder. Der Weg war weit und voller Wüsten. Die Sonne brannte heiß, und der Staub in den Straßen war genug, um einem jede Reiselust zu verleiden. Ich saß vor einem jämmerlichen Kahwe Hane und trank den schon von Saadi besungenen Schiraser Wein, in Gesellschaft von einigen deutschen Landsleuten – es gibt deren ein volles Dutzend in Schiras – die ich auszufragen suchte über die Reisemöglichkeiten. Aber sie kannten nur das eine:

Buschir.

Ja, es ist erstaunlich, wie wenig Phantasie die Menschen beim Ausarbeiten ihrer Reiserouten entwickeln! Sie machen es wie die Kamele, von denen immer eins in des anderen Fußstapfen tritt. Und wenn einer einmal auf die Idee kommt, sich eines anderen Weges zu bedienen, so erntet er bei ihnen nur ein mitleidiges Schütteln des

Kopfes. So auch in diesem Falle. Buschir ist der Endpunkt der großen Karawanenstraße, die von Teheran zum Persischen Golfe führt.
So ist es auch gewissermaßen die Hafenstadt von Schiras, und daß
einer anders als über Buschir reisen könnte, ist der großen Masse
des verehrten Publikums unfaßbar.

Ich ging durch den Bazar und zog Erkundigungen ein über Reisemöglichkeiten nach Kirman.

Da schüttelten sie die Köpfe.

Ich bot einen Batzen Geld für einen landeskundigen Reisebeglei-
ter nach Afghanistan.

Da schauten sie mich an wie einen Besessenen.

Was war da zu tun?

»Buschir!« riefen sie wie aus einem Munde.

»Nein« sagte ich mir, »nach Buschir gehst du nicht, dorthin gehen
sie alle. Dann wenigstens doch Bender Abbas.«

Und auch das war leichter gesagt als getan. Drei Tage lang war
ich Stammgast in allen Karawansereien, ohne doch eine Karawane
ausfindig zu machen, die diese Richtung einschlug, denn so ganz
allein mit meinem Rucksack getraute ich mich doch nicht auf jene
verrufene Landstraße. Nun hat es aber eine eigenartige Bewandtnis
um Karawansereien, Bazar, und nicht zuletzt um die Bazargerüchte.
Die Geschichten fliegen hier so schnell, als ob eine geisterhafte An-
tenne sie als Rundfunk verbreite. Die Ereignisse auf dem Lande
wachsen im Quadrat der Entfernungen, und im Bazar werden sie
alle durch ein Vergrößerungsglas betrachtet. Hat z. B. einer irgendwo auf der Straße ein verdächtig aussehendes Subjekt gesehen, so
macht er schon beim nächsten Wanderer, dem er begegnet, einen
Räuber daraus. Dieser wieder hat bei seiner nächsten Begegnung
schon selbst den leibhaftigen Toten am Straßenrand gesehen. So
läuft es weiter und wächst wie die Wüste. Die orientalische Phantasie entzündet sich an ihrer eigenen Glut, und bis das Ereignis im
Bazar von Schiras landet, ist es schon eine ausgewachsene Räuberbande, die mordend über die Landstraße zieht.

Nun ist freilich die Gegend von Lar, durch die der Weg nach
Bender Abbas führt, die verrufenste in Persien. Die Staatsautorität

ist dort zu einem Nichts zusammengeschrumpft, das Gesetz ist nicht länger als ein Flintenlauf, und das Straßenräubern gehört zum guten Ton. Aber die Geschichte von der fünfhundertköpfigen Räuberbande, die sie einander im Bazar erzählten, klang mir doch etwas zu sehr nach der von Ali Baba mit den vierzig Räubern.

Nach langem Suchen machte ich endlich einen Burschen ausfindig, der eine Eselkarawane nach der halbwegs Lar gelegenen Stadt Jahrun führte. Wir wurden schnell handelseinig. Ich versprach ihm fünf Toman, wovon ich vorsichtigerweise nur die Hälfte anbezahlte, und er stellte dafür einen recht stattlichen Esel zur Verfügung für mich und meinen Rucksack. Niemand war froher als ich über dieses preiswerte Abkommen, das mich nun endlich aus manchen bangen Zweifeln riß. Gewiß: er war kein schöner Bursche, und ich müßte lügen, wenn ich sagen wollte, daß er auch nur vertrauenerweckend ausgesehen hätte. Mit dem Messer im Gürtel und der langen Flinte auf dem Rücken hätte man ihn gern selbst für einen Räuberhauptmann halten können, und ich war nicht ganz sicher, ob er es nicht am Ende auch war. Aber da gab es nun kein Besinnen mehr. Schnell eilte ich nach dem »Hotel« und holte meinen Rucksack. Meine wenigen Noten wechselte ich auf der Filiale der »Imperial Bank« in bare Münze, die meine Taschen überquellen ließ mit silbernen Tomanstücken. Mittags kam ich wieder nach dem Hof der Karawanserei, wo wir zusammen mit den Treibern Tee tranken und das bis zum Abend fortsetzten, derweilen die Esel in den hellen Tag hineinschrien und kommende und gehende Menschen am Brunnen ihre Tiere tränkten und ihre vorgeschriebenen Waschungen machten. Endlich, als die Schatten schon lang wurden, mußten auch unsere Esel dran glauben. Hoch bepackt trippelten sie mit munterem Schellengeläut durch das Tor und durch die engen Gassen, in denen die Bettler hockten, hinaus auf die weite Straße, die gerade hineinführte in die blauen Berge.

In flottem Tempo marschierte die Karawane. Bald war von Schiras nichts mehr zu sehen als eine gelbe Staubwolke und ringsum die Berge, deren Gipfel paradiesisch schön in der untergehenden Sonne glühten. Bald war es dunkel, und wir zogen weiter im Scheine der Sterne.

Es ist gute Politik der Karawanenleute, wie überhaupt aller erfahrenen Wanderer, daß sie den ersten Marsch einer längeren Reise nur so weit ausdehnen, um am Ende noch in Sicht des Abreiseplatzes kampieren zu können. Und also schlugen wir uns bald seitwärts von der Straße auf ein Stoppelfeld, wo die Kisten und Ballen aufgebaut wurden. Bald brannte das Feuer. Wir tranken Tee und aßen ein wenig von den zähen Brotfladen. Dann legte ich mich auf meine Decken und hüllte mich ein in den weichen Mantel der lauen sternbesäten Nacht. Eine Weile noch lag ich wach und hörte auf das melodische Glockenklingen der weidenden Tiere und auf das Heulen der Schakale in der Ferne. Die süße Freiheit der weiten Steppe ging mir wie ein belebender Balsam durch alle Glieder. Zum erstenmal seit langen Wochen war ich wieder einmal zufrieden.

Es war noch dunkle Nacht, als der Lärm der aufbrechenden Karawane zur Weiterreise mahnte. Beim Scheine der Sterne sammelten sich die Tiere. Jedes bekam seine Last aufgestülpt und trottete davon. Frisch ausgeruht wie sie waren, liefen sie gut, und man mußte sich sputen, um mit ihnen Schritt zu halten. Anfangs war das schwierig, denn in den huschenden Schatten auf der unebenen Straße stolperte man alle Augenblicke über Steine und Gräben. Bald aber hatte sich das Auge an die Nacht gewöhnt. Deutlich erkannte man das weiße Band der Straße. Links und rechts lag die schweigende Steppe, in der da und dort schwarze, gespensterhafte Dinge standen, die die Nacht zu unmöglichen Gestalten verzerrt hatte. Zuweilen raschelte es irgendwo, und ein flinkes Ding rannte auf schnellen Füßen davon. Zuweilen rannte eine aufgescheuchte Schafherde dumm und blökend über den Weg. Schwarz wie Tintenstriche standen die Hügelhänge unter dem hellen Himmel, an dem die Sterne schienen. Immer waren es dieselben und immer standen sie in derselben Richtung. Halblinks nach vorn, gerade über dem Kamme der Hügel, stand schimmernd der Sirius. Höher und höher stieg er hinauf, und bald, als schon der dämmernde Tag mit den Nachtschatten kämpfte, kam noch wie ein Künder des Tages die blauleuchtende Venus hinter den Hügeln hervor. Wie oft sah ich das Schauspiel in jenen Wochen! Es waren dieselben Sterne, die schon Alexander und Marco Polo die Wege wiesen.

Die Sterne, die nach *Indien* führen!

Und das eben war es. was mich am meisten interessierte. Persien war für mich abgetan, und es war ein unbeschreiblicher Genuß zu wissen, daß nun jeder auch noch so kleine Schritt ein Stückchen näher nach Indien war. Von Schiras nach Bender Abbas sind es immerhin hundert Farsach, also etwa 700 Kilometer Wegstrecke, ungefähr eine Entfernung, die der von Berlin nach Frankfurt entspricht, immerhin ein erheblicher Weg, der einem doppelt so lange vorkommt in der heißen Sonne.

Während der Nacht waren wir durch eine ziemlich unbewohnte Gegend gezogen, aber jetzt bei Tagesanbruch sah man allenthalben Felder und menschliche Wohnungen. Von überall kam das Knarren der Brunnen. Diese bestehen aus weiter nichts als einem Loch, über dem eine auf zwei Lehmpfählen ruhende Stange eine Rolle trägt. Über die Rolle läuft eine Leine mit einem Eimer, den ein Ochse oder ein Esel in unermüdlicher Arbeit heraufzieht. Das heraufgeschaffte Wasser wird in die Gräben gekippt und läuft zu den Kartoffeln, Gurken und sonstigen Pflanzen, denen tagsüber die Sonne das Lebensmark ausgebrannt hat. Es ist wirklich eine mühsame Landwirtschaft, und zur Erhöhung der Stimmung trägt es auch nicht bei, wenn das Ächzen und Knarren der Brunnen wie Schreien und Weinen verdammter Seelen über dem dürren Lande liegt.

Als die Sonne richtig herausgekommen war, ließen wir uns an einem dieser Brunnen nieder zur Tagesrast, – wenn man so etwas eine Rast nennen kann! Das Reisen mit den Karawanen im südlichen Persien ist der Vater mancher Entbehrungen. Schlimmer ist das Rasten. Denn wenn es irgendwo die Sonne gut meint, so ist es dort! Weh' dem, der dazu verdammt ist, schutzlos in der Sonne den Tag zu verbringen! Er könnte sich ebensogut auf die glühende Platte eines Ofens setzen. Karawansereien oder sonstige Rasthäuser gibt es nicht an jenen abgelegenen Landstraßen, und so muß sich jeder seinen Schatten selbst mitbringen. Die Fabel von des Esels Schatten konnte nur in solchem Lande entstehen. Alle Rast besteht nur darin, daß man sich an der Seite eines Stapels von Warenballen oder dergleichen so dünn wie möglich macht, bis die höher steigende Sonne auch dieses letzte bißchen Illusion eines Schattens zunichte gemacht hat. Schlaf im herkömmlichen Sinne eines gründlichen Ausruhens kennt der Karawanenmensch unterwegs anscheinend überhaupt nicht, sowenig wie Hunger und Müdigkeit und wunde Füße und lahme Glieder und ähnliche Dinge, die den Menschen auf der Landstraße plagen. Mag man denken wie man will über die große Masse der Perser, das Geschlecht, das da in den Bazaren lungert, gehört gewiß nicht zu den Löwen. Aber diese Karawanenmenschen sind hart wie Eisen und ausdauernder wie ihre Tiere. Ein Menschenleben lang durchziehen sie die endlosen Straßen, bis Wind und Sonne ihre Haut zu Leder gegerbt und das letzte Atom von Schwäche und Weichheit aus ihnen herausgebrannt hat. So sind sie im Lauf der Zeiten ein eigenes Geschlecht geworden, dessen Vertreter man auf den ersten Blick aus ihrer Umgebung erkennt. Häßlich und verwittert, kühn in der Gefahr, rücksichtslos im Handeln, aber treuer und zuverlässiger, als irgend jemand anders im Orient.

Schon am nächsten Tage hatte ich Gelegenheit, mich zu meinem Leidwesen von der Unempfindlichkeit von Mensch und Tier auf diesen Landstraßen zu überzeugen. Als die Schatten länger wurden, brachen wir auf und marschierten weiter in der Abendkühle, die freilich auch nur ein relativer Begriff ist. Die Gegend war ziemlich bevölkert. Überall stöhnten und ächzten die Brunnen, und alle Augenblicke kamen andere Eseltrupps, die den Staub der Straßen aufrührten. Wir marschierten die ganze Nacht, und bei Sonnenaufgang kamen wir in eine Gegend, der man eine Ehre angetan hätte, wenn man sie eine Wüste genannt hätte. Es war eine weite, von kahlen Bergen umfaßte Ebene, auf der nur da und dort ein Grashalm wuchs. Sonst war alles Sand und Sonne. Nur weit in der Ferne sah man eine Gruppe schwarzer Nomadenzelte. Ein Brunnenloch lag dicht am Wege, aber es war völlig ausgetrocknet, und als wir einen Stein hineinwarfen, um etwa vorhandenen Wassergehalt festzustellen, schwirrte eine Schar wilder Tauben auf. Aber Wasser fand sich nicht. Wir zogen weiter und kamen unterwegs noch an verschiedene andere Brunnen, bei denen wir die gleichen Erfahrungen machten. Es wurde Mittag, und noch immer kam kein Wasser. Die Hitze flimmerte über der Wüste. Die Sonne brannte, wie sie nur in Persien brennen kann. Senkrecht stand sie über dem Kopfe und in ihrer sengenden Glut kochte die ganze Natur, wie über einer heißen Herdplatte. Aber weiter zog die Karawane ohne Murren. Keiner machte eine Szene wegen des bißchen Durstes. Mir aber klebte die Zunge am Gaumen. Die Hitze stieg mir in den Kopf und die weiße Straße drehte sich wie ein Mühlrad vor meinen Augen.

»Werden wir heute noch Wasser finden, Baschi?« fragte ich den Führer.

»Inschallah«, antwortete er seelenruhig.

Eine weitere Stunde verging und noch immer gab es kein Wasser. »Inschallah«. meinte der Baschi.

Wenn nun aber Allah nicht wollte, was dann? Ich fühlte es in allen Gliedern, daß ich das nicht lange mehr mitmachen konnte. Weit in der Ferne zeigte sich am Fuße eines Hügels ein dunkelgrüner Flecken.

»Ab! Ab!« riefen alle. – Manches persische Wort habe ich aufgeschnappt auf jener Reise, aber keines, das ich so gut behalten habe wie dieses: Ab = Wasser.

Nun konnte ich es nicht mehr aushalten. Ich setzte mich auf den Esel, bearbeitete sein Hinterteil mit dem Stock und galoppierte dem Orte der Verheißung entgegen.

Aber er war weiter weg, als ich gedacht hatte. Stunden vergingen, und er kam nicht näher. Zuweilen konnte man schon deutlich jeden Strauch erkennen, zuweilen war die Erscheinung fast vollständig zerronnen, wie eine Luftspiegelung der Wüste. Die Sonne war schon untergegangen, als ich den Rand der Oase erreichte. Vor mir lag ein Dorf, wie ich seinesgleichen selbst in Persien noch nicht gesehen hatte. Es war eine vollständige kleine Festung nach mittelalterlichem Modell, mit Toren, Türmen, Wällen mit gedeckten Laufgängen und allem Zubehör, alles kunstvoll errichtet aus dem landesüblichen ungebrannten Lehm. Vor dem Stadttor standen mächtige, breitkronige Bäume, die an unsere Linden erinnerten, und neben dem Weg lief ein Bewässerungsgraben, aus dem ein vielstimmiges Froschkonzert in den stillen Abend stieg. Es war ein trübes, schlammiges, übelriechendes Wasser – aber *Wasser* war es! Ich fiel förmlich von meinem Esel und schlürfte gierig die unappetitliche Flüssigkeit und fragte nicht danach, ob Pest und Tod darin brüteten. Unter einem der Bäume machte ich es mir dann bequem, während das Stadttor aufging und eine Wallfahrt von Neugierigen herauskam, um den fremden Sahib in Augenschein zu nehmen. Ich nahm all mein Persisch zusammen und machte ihnen begreiflich, daß ich Hunger habe, worauf denn auch bald ein alter Mann erschien mit einem Teegefäße voll der köstlichsten Milch, die ich je getrunken habe. Andere brachten Früchte und Brotfladen, die ich mit möglichstem Anstand verspeiste, während der ganze männliche Teil der Dorfbewohner, vom kleinsten Säugling bis zum würdigsten Greise, um mich saß und mit einer gewissen Feierlichkeit den weiteren Verlauf der Dinge abwartete.

Inzwischen begann langsam auch die Karawane heranzukommen, und das lenkte die Aufmerksamkeit ein wenig ab. Bis spät in die Nacht hinein dauerte das Palaver. Es war ganz offenbar, daß der Baschi aus meiner Anwesenheit Kapital schlug, um sich einmal ordentlich in Szene zu setzen bei seinen Mitmenschen. Was er ihnen erzählte, wußte ich nicht. Jedenfalls drängten sie sich immer dichter in einem Kreis um ihn zusammen und hingen an seinem Munde, wie nur je an dem eines phantasiebegabten Geschichtenerzählers im Bazar. Zuweilen warfen sie scheue Blicke zu mir herüber, zuweilen schlichen sie sich fort und brachten mir immer neue Leckerbissen, von denen besonders ein braun und knusprig gebratenes Etwas meinen Appetit reizte, bis ich erfuhr, daß es gebratene Frösche waren.

Endlich zogen sich alle wieder hinter ihre Stadtmauern zurück, und es wurde still ringsum. Ich machte mir mein Lager zurecht unter einem der Bäume, wo man recht gut und idyllisch geschlafen hätte, wenn nicht die Moskitos gewesen wären. Lange noch lag ich wach und hörte auf das Schellengeläute der weidenden Tiere, auf das Singen der Frösche und auf das metallische Summen der kleinen Quälgeister. Am anderen Morgen brachen wir mit der Sonne auf und marschierten während des ganzen Tages.

Wir kamen durch eine Gegend, die wie Tag und Nacht sich unterschied von der, die wir tags zuvor durchmessen hatten. Wir waren nun mitten in der Landschaft Farsistan, dem berühmten Schiraser Land, das die Dichter so begeistert besungen haben. Wir wanderten durch einen hohen Buschwald, der ab und zu unterbrochen wurde von grünen Feldern, die eine rechte Augenweide waren für unsere von Wüste und Sonne beleidigten Augen. In vielfachen Windungen führte der Weg durch ein zerklüftetes Bergland, bald hoch oben zwischen den Felsen, bald unten am Rande eines rauschenden Flusses, dessen Ufer dicht bestanden waren mit wilden

Feigen und Oleandern. In dem Wasser sprangen die Fische und in den Büschen sangen die Vögel. In der Nähe eines Dorfes lagerten wir unter uralten Bäumen, unter denen eben die Bewohner dabei waren, ihr Getreide zu dreschen auf eine primitive Weise, die sicher auch Adam schon gekannt hatte. Das abgemähte Getreide stand in großen Schobern auf dem Felde. Von diesen wurde eine Schicht nach der anderen auf dem Boden ausgebreitet, und die Ochsen und Esel, oder was man sonst an vierfüßigen Hausgenossen besaß, in schnellstem Tempo darauf herumgetrieben. Unaufhörlich sauste die Peitsche auf die Tiere, wenn sie versuchten, einen Leckerbissen zu erhaschen. Es war eine wenig humane Arbeitsmethode, aber vielleicht steht es im Koran nicht geschrieben: »Du sollst dem Ochsen, der da drischt, das Maul nicht verbinden.«

Lange nach Sonnenuntergang brachen wir auf und kamen nach einem langen Nachtmarsch ganz unvermittelt ins Land der Palmen. Es war, als ob wir in dieser Nacht einen halben Erdteil durchquert hätten, so anders war die Landschaft. Die Berge traten weit zurück, und wir zogen nun durch eine Ebene, an deren Ostrand ein grüner Streifen lag, über dem man deutlich die gefiederten Kronen der Palmen vor der aufgehenden Sonne sah. Während des halben Vormittags marschierten wir weiter zwischen überschwemmten Feldern, in denen Scharen von Dorfbewohnern bis über die Knie im Wasser standen und Reisstauden pflanzten. Die Straße wurde immer breiter und belebter. Schwarze, wild aussehende Ziegen, die zehn Meter gegen den Wind stanken, lagerten im Schatten kümmerlicher Tamariskenbäume. Ein Ochsenkarren zog vorüber auf ungefügen Scheibenrädern, die bei jeder Umdrehung ein ohrenzerreißendes Getöse verursachten. Von weitem hatte diese Palmenlandschaft recht verlockend ausgesehen. Bei näherer Betrachtung verlor sie viel von ihrer Romantik, und als wir endlich bei den ersten Häusern angelangt waren, entpuppte sich alles als eine recht kümmerliche Herrlichkeit von halbverfallenen Lehmmauern und staubigen Kaktushecken. Kein Lebewesen war weit und breit zu sehen, nicht einmal die sonst überall unvermeidlichen Hunde. Wir kamen durch eine ganz enge Gasse, in der die Esel nur hintereinander gehen konnten. Hier roch es nach Fäulnis und Verwesung. Die Palmen standen regungslos, wie gemalt, am dunkelblauen Himmel und warfen scharfe schwarze Muster in den weißen Sand. Durch ein kleines Tor gelangten wir in einen weiten Hof und kampierten in einem Haine von schlanken Dattelpalmen, die wahrhaft majestätisch ausschauten. Die Esel wurden losgelassen, um sich eine Mahlzeit zu suchen, die sie immer finden, auch in der trostlosesten Wüste, wo das menschliche Auge nichts als Sand und Steine sehen kann. Wir selbst machten es uns nach Möglichkeit bequem in der neuen Umgebung. Das Ruhen im Schatten der Palmen denkt mancher sich sehr romantisch. Und es ist es auch, wenn die Sonne noch nicht allzuhoch gestiegen ist und der kühle Morgenwind in den Fächerkronen rumort. Dann aber wird es immer ungemütlicher. Senkrecht brennt die Sonne auf den heißen Sand. Jedes Fächerblatt zeichnet auf dem Boden den Schatten nur wie einen Strich, dem man unerbittlich nachwandern muß, wenn man nicht bei lebendigem Leibe gebraten werden soll in dem Sande, der von Tieren und Tierchen wimmelt, unter denen die Zecken und die Sandflöhe noch die harmlosesten sind. – Ja, niemand schläft ungestraft unter Palmen! Die Sonne ist der Feind in diesem Lande. Mit ihrem Steigen verdorrt, mit ihrem Sinken belebt sich die Landschaft. Im erwachenden Walde bewegen sich die Blätter. Da und dort beginnen Vögel zu singen. Der Rauch steigt auf zwischen den Dattelpalmen. Ein Hund knurrt leise in einem Garten. Sein Nachbar antwortet in einem anderen. Bald bellt es überall. Die Ochsen gehen über die Straße, und bald ist wieder die ganze Gegend lebendig von dem knarrenden, krächzenden Liede der Brunnen. Dann kommen die Esel von der Weide, und weiter geht die Reise.– –

Nach einigen Tagen tauchte in der Ferne, tief in einem Kessel zwischen hohen Bergen, die Stadt Jahrun auf. Von dort aus sah sie ganz stattlich aus in ihrem Palmenhain, der von einem Berg zum andern die ganze Talsohle füllte. Bald standen wir vor einem schönen Garten, aus dem dicke Trauben über die Mauer hingen und hohe, windverwehte Palmen in der hellen Sonne standen. Einige Minuten später marschierten wir durch ein baufälliges Tor in die stillen Gassen der seltsamen Stadt.

Was soll man von jenem weltverlassenen Platze berichten? Lehmmauern und Dattelpalmen Ruinen zwischen Kehrichthaufen. Sand und Sonne, brütende Langeweile und Kaufleute, die auf ihrem Stande im Laden schlafen.

Ah, aber diesmal gab es etwas zu sehen, als der weiße Fremdling in der Karawanserei übernachtete! Im Nu hatten sich fünfzig Menschen im großen Hofe versammelt. Nun waren es hundert, die Augen wie Teetassen machten vor diesem nie gesehenen Wunder. Durch die Menge bahnte sich ein Schriftgelehrter – er war sogar ein Hadschi, der in Mekka gewesen war – den Weg. In der Hand hatte er eine mächtige Rolle Pergamentpapier und hinterm Ohr eine Gänsekielfeder. Gemessen stellte er seine Fragen, während die anderen sich in erwartungsvolles Schweigen hüllten. – Woher ich komme, wohin ich gehe. Und dann wollte er noch wissen, ob ich mit einem Odol gekommen wäre.

»Mit einem was?« fragte ich erstaunt.

»Mit einem Odol.«

Darauf konnte ich mir nun keinen Vers machen. Ich suchte ihm klarzumachen, daß Odol bei uns ein Mundwasser sei. Daß man so etwas zuweilen in der Zeitung gepriesen sehe als das beste für die Zähne. Ich suchte eine ausweichende Antwort zu geben, aber er bestand hartnäckig auf seiner Frage.

»Odol.«

Ich schüttelte den Kopf. Da kam einer aus der Menge und malte diesen Stein des Anstoßes an die weiße Wand der Karawanserei.

Er war einmal in Schiras gewesen und hatte so etwas gesehen: Ein Automobil.

Ich sagte ihm, daß mein Odol auf Eselsfüßen ginge, worauf er den Kopf schüttelte, seine Pergamentrolle fester unter den Arm nahm und in der Menge verschwand, die mich fortan als Sahib minderer Güte einschätzte. Die anderen aber verschwanden nicht. Die Menge wuchs mit jeder Minute, bis der geplagte Sahib die Geduld verlor und sich mit einem handfesten Knüppel etwas Luft verschaffte.

Aber was soll ich noch weiter von Jahrun erzählen? Ja, es ist doch ein schöner Platz, in dem die herrlichsten Datteln fast umsonst zu haben sind, in dem das Kilo Trauben ungefähr fünf Pfennige kostet nach unserem Gelde und die Wassermelonen so groß wie Wagenräder sind. Manchmal noch, wenn mir in den kommenden Wochen die Zunge am Gaumen klebte auf den langen, langen Wegen durch die sonnverbrannte Steppe, habe ich mich nach ihnen zurückgesehnt, wie nach einer Insel der Seligen. Nach den dicken Melonen und dem fließenden Wasser. Und nach den Trauben von Jahrun.

Nach drei Tagen hatte ich trotz der gebotenen Genüsse genug von solcher Oase, und um die Wahrheit zu sagen: die Bewohner jener aufblühenden Stadt hatten auch von mir genug, vor allem die, die mit meinem Stock Bekanntschaft gemacht hatten in der Karawanserei. Nicht einmal einen Esel wollte man mir verkaufen. So lud ich meinen Rucksack auf den zweibeinigen Esel und marschierte weiter, in der Richtung nach Lar.

Hinterwäldlich ist die Gegend von Jahrun. Hinterwäldlicher noch ist das Land, das ostwärts davon liegt. Ganz primitiv sind die altväterlichen Karawanenwege, die fern von aller Kunst nivellierender Ingenieure querfeldein durch sandige Wüsten, über kühle, windgepeitschte Gipfel und durch vertrocknete Flußtäler führen. Hier herrscht noch unbeschränkt die persische Eisenbahn, der Esel. Hier schleicht der Verkehr noch beschaulich über die Straßen, nach dem Grundsatz »Komm' ich heut' nicht, komm' ich morgen«. Geduld ist das große Losungswort bei allen Handlungen, und wer die nicht hat, der kommt nie an das Ende seiner Aufregungen. Es ist ein richtiges Mañanaland nach südamerikanischem Muster, verstärkt und legitimiert durch orientalischen Kismet. Kommst du heute nicht, kommst du morgen ans Ziel dieser endlosen Reise.

Inschallah!

Allah ist groß. Wer kann es wissen?

Inschallah!

In allen Zonen reist man am besten und schnellsten allein. Hinterwärts von Jahrun aber ist das Alleinreisen der schnellste Weg zum Paradiese, sofern man durch seinen Lebenswandel ein solches verdient hat. Die Staatsautorität steht hier nur noch auf dem Papier. Es wimmelt allenthalben von Kavalieren, die es mit dem Mein und Dein nicht genau nehmen, und wer sich nicht dem Schutze einer größeren gut bewaffneten Karawane anvertraut, der gleicht dem Manne, der seine Nase abschnitt, um sein Gesicht zu ärgern. So wenigstens hatte man mir allenthalben versichert, und nun wanderte ich mit einem Kopf voll Unruhe und einer Seele voll Ungewißheit auf der Straße. Der Himmel wölbte sich wie eine stahlblaue Glocke über der Landschaft. Die Sonne brannte feindselig heiß und hart auf Sand und Steinen der Steppe, die ihre Hitze mit Zinsen wieder zurückwarf. Alles flimmerte mir vor den Augen. Die letzte Hütte war längst hinter mir geblieben, die letzten Palmenkronen hatten sich wie Schattenbilder im Dunste über dem Horizont verloren. Gerade voraus stand ein hoher, runder Wachtturm aus Lehm. Sonst war weit und breit nichts zu sehen und nichts zu hören als das Glucksen von ein paar Perlhühnern im spärlichen Grase der Steppe. Als die Sonne tiefer sank, setzte ich mich auf einen heißgebrannten Stein neben meinem Rucksack und versuchte mir auszudenken, was nun eigentlich werden sollte. Mich gelüstete nach den Trauben von Jahrun, aber nicht nach den bösen Blicken der Mullahs, nach dem Anblick der zweifelhaften Gestalten, die mit langem Messer um die Karawanserei herumschlichen und der Äxte der Derwische im Bazar. Und wiederum: was mochte voraus liegen auf dem langen Wege nach Bender Abbas? Wie viele wasserlose Wegstrecken, wieviel heiße Sonne, fanatische Dorfbewohner, wie manche Wegbiegung, hinter der die Räuber lauern? Alles, was ich im Bazar von Schiras gehört hatte, fiel mir auf einmal wieder ein, und ich schalt mich den größten Narren ob meines Leichtsinns, der mich in diese Klemme gebracht hatte. Noch eine ganze Weile saß ich da und grübelte über diese Dinge und achtete nicht, wie darüber die Sonne immer tiefer sank und der Abend einen Goldregen über die in dunkelvioletten Farben glühenden Berge warf.

Doch plötzlich horchte ich auf.

Ein brummendes Geräusch schlug an mein Ohr. – War es möglich? – Sicher war es eine Täuschung! Nun kam es ganz deutlich von der Stadt her. Nun konnte man es schon mit Augen sehen. Ein schwarzer Punkt in der Steppe, der schnell näher kam. Ein Vogel erhob sich schwirrend zwischen den Steinen. Ein Rudel Gazellen jagte aufgescheucht feldein. – Nun war es ganz nahe. Kein Zweifel: es war ein Automobil!

Ich betrachtete es mit starren Augen wie einer, der einen Geist gesehen. Alles andere hätte ich eher vermutet in dieser Gegend.

Aber da stand es schon vor mir mitsamt seinen Insassen, einem sehr eleganten persischen Offizier und einem würdigen weißbärtigen Hekim, einem Arzt in einer langen braunen Abba. Der Offizier sprach sehr gut französisch und versäumte nicht, diese Kenntnis bei mir an den Mann zu bringen. Von mir hatte er schon gehört, und das war kein Wunder, denn ohnehin war die ganze Stadt Jahrun voll von Geschichten über den dort aufgetauchten Franken. Er selbst war ein Vermessungsoffizier, dem die Aufgabe geworden war, die Straße nach Lar soweit als möglich mit seiner Fordkiste zu befahren, um sie auf die Möglichkeit eines späteren Ausbaus für den Kraftwagenverkehr zu untersuchen. Wenn ich wollte – so meinte er – könne ich meinen Rucksack aufladen und mitfahren.

Ob ich wollte!

Der Hekim machte Platz. Im nächsten Augenblick saß ich im Wagen, und fort ging es auf Flügeln der Maschine. Es war alles wie ein Märchen. –

Wir waren noch nicht weit gekommen, als der Ford die Gefolgschaft verweigerte und das nicht ohne Grund, denn es ging durch einen mit wildem Geröll erfüllten Engpaß, der eine Steigung aufwies, die selbst eine Eselkarawane stutzig gemacht hätte. Glücklicherweise lag ganz in der Nähe ein Dorf, von wo die gesamte männliche Einwohnerschaft herbeigeeilt kam, die denn auch nach einigen vergeblichen Anstrengungen das widerspenstige Benzinroß auf den Berggipfel schaffte. Keinen größeren Spaß konnte es geben für diese Naturmenschen. »Ja, Ali! Ja, Ali-i-i!« riefen sie im Chor und stemmten dazu ihre breiten Schultern gegen das Auto. Die zwei stärksten der Burschen nahm der Offizier beim Kanthaken und setzte sie als unfreiwillige Passagiere auf das Dach des Wagens. Die übrigen bekamen zusammen drei Kran als Belohnung für ihre Mühe, und dann brummte der Motor, während die Zuschauer wild auseinanderstoben. »Ja Ali« tauften wir fortan unser Fahrzeug, denn es war wahrlich nicht das letztemal, daß wir gezwungen waren, im »Ja Ali«! unsere Schultern gegen den Wagen zu stemmen.

Immer weiter fuhren wir in das Gebirge hinein, und endlich, kurz vor Sonnenuntergang, kamen wir in eine so schöne und anmutige Gegend, wie ich sie in ganz Persien noch nicht gesehen hatte. Die Luft war herrlich kühl. Lustige Bäche liefen über Bergmatten, die wenigstens an den Bachrändern noch frisch und grün ausschauten. Der weite Talkessel und die Hänge, die zu den in der untergehenden Sonne feurigrot glühenden Gipfeln hinauf führten, waren übersät mit mehr als hundert Zelten, zwischen denen die roten Lagerfeuer in den fallenden Schatten des Abends glühten. Von den Bergen kamen die Schafherden, als ob es Wolkenschatten wären, die über die Hänge liefen. Bald war das ganze Tal angefüllt von den Tieren. Wo vor einer Stunde noch nichts war als das Schweigen der Wildnis, hörte man das Brüllen der Rinder, das Blöken der Schafe und die verworrenen Stimmen der Menschen, die sich so zu Hause fühlten, als ob sie immer hier gewesen wären. Ein wahrhaft majestätisch aussehender weißbärtiger Mann – der Bergbaschi – kam zu uns herüber und wies uns mit sanfter Stimme nach der hintersten Ecke des Tales.

Keiner wagte ihm zu widersprechen.

Am Rande eines kleinen Baches, der munter plaudernd talabwärts rauschte, bauten wir unser Lager auf. Während die mitgeführten Bauern seitab an einem kümmerlichen Feuer ihren Tee kochten, breitete der Hekim für uns einen herrlichen Perserteppich aus, auf dem wir eine ordentliche Mahlzeit von Pilau und gebratenen Hühnern, natürlich mit den Händen à la persane, verzehrten. Dann stellten der Offizier und der Hekim ihre Feldbetten auf, während ich mich lang ausgestreckt auf dem Teppich vom Plaudern und Plätschern des Baches in den Schlaf singen ließ.

Die Nacht kam. Langsam erloschen die Feuer. Man hörte nur noch das Stampfen der Tiere und das Läuten der Glocken der grasenden Pferde. Es war eine schöne Nacht. Der Wind wehte kühl im Talgrunde. Groß und hell standen die Sterne über dem friedlichen Bilde. Lange lag ich wach und dachte daran, wie schön diese Menschen doch leben trotz allem, wie reich sie sind in ihrer Armut. – Ja, und ob wir es nicht sind, die das Erstgeburtsrecht ihrer Freiheit verkauft haben um das Linsengericht einer verlogenen Zivilisation. –

Ein großer Teil der Bevölkerung des südlichen Persien gehört zu den Nomaden. Ihre Zahl geht in die Hunderttausende. Nicht nur in ihrer Lebensweise, sondern auch nach ihrer Rasse unterscheiden sie sich von der seßhaften Bevölkerung, unter der sie leben. Sie sind von tatarischer Rasse und sprechen nur die türkische Sprache. Ihre äußere Aufmachung gleicht der unserer Zigeuner; ebenso ihre Behausung, der man sich auf fünfzig Schritte nicht nähern kann, ohne von einer zähnefletschenden Meute mordgieriger Hunde überfallen zu werden. Die Herrlichkeit besteht aus nicht viel mehr als aus einem aus Ziegenfellen zusammengenähten Dach, das auf Pfählen ruht. Dazu kommen noch einige Ziegenfelle als Bettzeug, ein Milch- und Fleischtopf für die Mahlzeiten, eine lange Tabakspfeife für den Hausherrn – fertig ist des Nomaden Heim. Das Ganze kann man bequem auf einen Esel laden. Nichts Primitiveres kann man sich denken, als das Leben dieser Menschen. Dennoch sind sie teilweise bekannt wegen ihres Reichtums, der in ihren großen Viehherden liegt – ja, und sogar wegen ihrer besonderen Kunst, die sie in ihrer Weltabgeschiedenheit heute noch zu den Trägern alter persischer Kulturgüter macht. Die schönsten Teppiche werden in Nomaden- zelten geknüpft, die alten Oden der großen Dichter werden noch in Nomadenzelten gesungen, wo in Teheran das längst schon alles verfoxtrottet ist im Taumel dieser modernen Zeit.

Der Herdrauch der Lagerfeuer scheuchte uns noch vor Sonnen- aufgang aus dem Schlafe. Es war empfindlich kalt. Ein feiner Nebel, durch den nur da und dort wie große, verhangene Monde die La- gerfeuer leuchteten, lag über dem Tale. Die Schluchten ringsum widerhallten von dem Blöken und Brüllen der aufbrechenden Her- de. Da machten auch wir uns auf den Weiterweg. Aber es war und blieb eine Plage mit unserem widerspenstigen Ja Ali. Unzählige Male blieb er in trockenen Flußbetten stecken oder verfing sich im Flugsand. Über jeden Bergpaß mußte man ihn hinüberdrücken, an jedem Abhang stand man Todesängste aus, ob er sich in seiner ra- senden Fahrt nicht überschlagen würde. Aber er hielt sich brav, und am dritten Tage tauchte in der Mittagshitze das Ziel unserer Reise, die Stadt Lar auf.

»Al hamdulillah!« Ruhm sei Allah, dem Herrn der drei Welten! riefen alle wie aus einem Munde.

Perlenland

Das Teufelsding aus Frankistan – Ein Gespräch über die Seelen-
wanderung – Umgang mit Ungeziefer – Seltsame Bettgenossen –
Die Hauptstadt der Skorpione – Eine Geduldsprobe – Auch ein
Stempel – Aufbruch der Karawane – In den persischen Abruzzen
– Gendarm oder Räuber? – Allerlei Kochkünste – Tempel des
Wassers – Der zehnte Muharrem – Eine seltsame Prozession –
Lingah, die Perlenstadt – Ein Bärenführer – Othello als Friseur –
Eine nützliche Bekanntschaft – Politik in der Opiumhöhle – Ab-
fahrt nach Indien.

In meiner Jugend habe ich die Zeppelinbegeisterung miterlebt.
Nun ja, sie war nicht größer als jene, die unseren guten, alten Ja Ali
umbrandete, als er seinen Einzug in Lar hielt. In einer Karawanserei, die etwas außerhalb des Ortes lag, wurde er untergestellt im
weiten Hofe, wo ihn die Esel und Kamele mit scheelen Augen betrachteten. Im Nu hatte es sich in der Stadt herumgesprochen, und
sogleich setzte eine Völkerwanderung ein, die dem modernen
Wundertier ihre Aufwartung machen wollte. Von der lieben Jugend
bis zum ältesten, weißbärtigen Mullah war alles vertreten, was noch
zwei Beine hatte in der Stadt. Nie war einem Ford solche Ehrung
zuteil geworden. Vom frühen Morgen bis zum späten Abend umlagerten sie das Teufelsding aus Frankistan. Immer aufdringlicher
drängten sie herbei, bis der Chauffeur sich nicht mehr zu helfen
wußte und den Motor brummen ließ, worauf alle wenigstens auf
einige Augenblicke in wilder Panik auseinanderstoben. Am anderen Tage kamen die hohen Würdenträger aus der Stadt, zumeist
indische Kaufleute mit mächtigen seidenen Turbanen, und luden
sich zu einer Vergnügungsfahrt in die Umgebung ein, die sie mit
halb ängstlicher, halb heroischer Miene antraten, ganz so wie etwa
ein Kommerzienrat bei uns zu Hause bei einem Rundflug. Es war
wahrlich ein Anblick für die Götter, wenn das Auto durch den
Torweg fuhr, gefolgt von einer Meute von fliegenden Abbas und
leuchtenden Turbanen, die kilometerweit mit unglaublicher Schnelligkeit im aufgewirbelten Staub hinter den Rädern herjagten. Bald
gaben sie die Jagd auf und kehrten zur Karawanserei zurück, wo
alsdann der zugereiste Franke immer noch eine zweitklassige Attraktion darstellte, wie ein Mohr in der Zirkusbude, wenngleich es

nicht ganz so schlimm war wie in Jahrun. Tagsüber war es freilich so heiß, daß kein Mensch sich unnötig auf die Straße begab. Bei Sonnenuntergang aber, wenn allenthalben das ächzende Lied der Brunnen eingesetzt hatte, saß die halbe Stadtbevölkerung auf dem Boden oder auf den Bänken vor der Karawanserei und besprach erregt das unerhörte Ereignis. Ein dandyhaft aufgeputzter indischer Kaufmann verwickelte mich in ein tiefsinniges Gespräch über die Seelenwanderung. Da er nur wenige Worte Englisch sprach, verstand ich fast nichts von seinen Reden. Glücklicherweise kamen noch andere herbei, von denen jeder noch ein paar weitere Worte wußte, und so kam doch eine leidliche Unterhaltung zustande, zumal sie sich alle meisterhaft darauf verstanden, durch lebhaftes Mienenspiel das Gesagte zu ergänzen. Am zudringlichsten von allen war ein spindeldürres, opiumrauchendes Subjekt mit tiefliegenden Augen und einem knochigen Totenkopf, das überhaupt nur Urdu[2] sprach und mich täglich viele Stunden lang unterhielt über die Vorzüge des mohammedanischen Glaubens, über die Qualitäten seines neu gekauften Esels, über die horrenden Preise des Haschisch und dergleichen Dinge. Wenn es gar zu arg wurde mit seiner Beredsamkeit, flüchtete ich mich ins Freie und machte einen Spaziergang in die Stadt.

Wie alle persischen Städte ist auch Lar eine uralte Siedlung, die überall die Spuren vergangener besserer Zeiten aufweist. Die einzige Sehenswürdigkeit ist der Meidan (Markt), ein wirklich schöner Stadtplatz, der ringsum von Torbogen umgeben ist, an denen man jetzt nur noch stellenweise das bunte Mosaik sehen kann, das einmal, in vergangenen besseren Zeiten, diese heute so nüchternen Hauswände wie Feenpaläste in der Sonne leuchten ließ. Der umgebende Bazar ist nur ärmlich, im Vergleich zu andern Städten, aber auf dem Meidan selbst ist ein ununterbrochenes Handeln und Feilschen, ein ständiges Kommen und Gehen von persischen und indischen Gestalten. Mehr und mehr verschwindet hier schon die Kulla, die unvermeidliche Lammfellmütze der Bewohner des iranischen Hochlandes, und an ihrer Stelle leuchten schwellende Turbane in der Sonne. In einer Ecke des Marktes hat ein Schlangenbeschwörer Platz genommen inmitten einer schaulustigen Menge, die atemlos

---

[2] Urdu, die indische Volkssprache.

den Verrenkungen zusieht, die das unheimliche Tier zu den monotonen Klängen des Dudelsackes aufführt. Mehr als hundertmal habe ich solche Possenreißer gesehen in persischen und indischen Städten, ohne je das Publikum dabei begreifen zu können. Nicht müde werden sie beim Schauen. Immer wieder können sie gespannt den Zauber mitansehen, obwohl es für jeden Europäer ein recht einförmiges Schauspiel ist, das man einmal, aber nicht wieder sehen möchte. –

Aber was gibt es sonst noch von Lar zu berichten? Dasselbe Lied, das von allen anderen Plätzen in diesem Lande gilt. Von Hitze und Staub, von knarrenden Brunnen und – und ja, und von kleinen und kleinsten Tieren, die einem das Leben zur Hölle machen. Der Himmel allein weiß, wieviel davon auf iranischer Erde herumkrabbeln! Der Perser ist sehr nachsichtig im Umgang mit solchen Quälgeistern. Hat nicht der Koran das Töten eines lebenden Wesens verboten? Also handelt man danach. Er würde kaltlächelnd einem Wanderer die Gurgel abschneiden auf der Landstraße; aber etwas anderes ist es, einem Floh das Lebenslicht auszublasen. Oft habe ich sie mit Staunen beobachtet, wie sie die lieben Tierchen zu Hunderten fein säuberlich von ihren Hemden ablasen und sorgfältig neben sich hinsetzten, worauf diese dann froh und munter wieder hinaufkrabbelten. Andere Länder, anderes Ungeziefer. Wenn Schiras die Hauptstadt der Sandflöhe ist, so ist Lar die der Skorpionen. Unfaßbar groß ist die Zahl der dort umhermarschierenden Blutsauger, und wenn man bedenkt, daß jeder einzelne von diesen imstande ist, einen Menschen zu erledigen mit seinem Stachel, so muß man sich wundern, daß es noch lebende Wesen in Lar gibt. Überall sind sie die zudringlichsten aller Hausgenossen, die auch nicht vor den größten Intimitäten zurückschrecken. Gleich die erste Nacht in der Karawanserei brachte mir da eine seltsame Überraschung. Ein eigentümlich krabbelndes Gefühl weckte mich aus dem Schlafe. Ich drehte mich auf die andere Seite und nach ein paar Minuten merkte ich es wieder. So ging das Spiel wohl eine halbe Stunde lang, bis ich die Geduld verlor und beim Scheine der Laterne meine Schlafdecke untersuchte. Eine Gänsehaut lief mir über den Rücken, als ich den Bettgenossen erkannte: es war ein mächtiger, wohl drei Zentimeter langer Skorpion!

Nach solchen Erfahrungen war der Wunsch nach baldiger Abreise nur allzu begreiflich. Ich durchstöberte Bazar und Meidan nach einem Karawanenführer, der mich mitnehmen wollte gen Bender Abbas und fand auch endlich einen, der zwischen seinen Eseln am Brunnen auf dem Meidan seine Pfeife rauchte.

»Fardo – morgen, inschallah«, sagte er seelenruhig. Niemand war froher als ich.

Aber am nächsten Tage rauchte er immer noch seine Pfeife am selben Platze und sagte Fardo. Am folgenden Tage war es wieder Fardo. Und so ging es weiter durch fünf Tage. Denn wisse: Karawanen reisen immer *morgen*. Du liegst und bratest in der Sonne zwischen den hohen Lehmmauern, die sie dort Dörfer nennen und erkundigst dich nach dem Abreisedatum der Karawane.

»Fardo – morgen«, antwortet der beturbante Herr. Am nächsten Tage ist es dann wieder Fardo – »Fardo, inschallah.« Und so geht es weiter durch lange Tage und Nächte, die an den vom Geschwindigkeitsteufel besessenen europäischen Nerven zerren.

Morgen, so Gott will! Es ist nur ein Jammer, daß er niemals will.

Fern sei es von mir, das Volk der Perser zu lästern, aber soviel *muß* ich mitteilen, als gewissenhafter Chronist: ich habe keinen angetroffen, der nicht ein vollendeter Lügner war. Sie lügen alle. Sie müssen lügen. Der Mann auf der Straße, der Kaufmann im Bazar, der Schah auf dem Throne.

Der Begriff von Treu und Glauben ist ihnen etwas völlig Unfaßbares. Du bestellst dir einen Anzug und möchtest ihn fertig haben bis übermorgen. Beim Barte des Propheten schwört dir's der Schneider. Nach acht Tagen kommst du wieder und er hat noch nicht angefangen.

»Fardo, inschallah.«

Du triffst einen Wanderer auf der Straße und fragst ihn nach der Entfernung bis zur nächsten Wasserstelle. »Eine Farsange« wird er dir sagen und dazu noch einige Segenswünsche: daß dein Haus ein Glückshaus sein möge und Allah deinen Schatten niemals kürzer werden lasse.

Ja, und dann waren es am Ende doch noch sechs oder sieben Farsangen. Er wußte das so gut wie du, aber er wollte dir etwas Schönes sagen und lieber eine gute Lüge als eine böse Wahrheit, sagt ein persisches Sprichwort.

Lügen – auch das ist eine Kunst, und wo verstünden sie besser als hier zu lügen mit Grazie. Göttliche Gabe der Phantasie! Der Himmel wäre hier nicht halb so blau, wenn sie bei der Wahrheit blieben.

Allah, was wäre der Orient ohne Lügen.

Fünf Tage dauerte das Frage- und Antwortspiel auf dem Meidan. Dann wurde es endlich ernst mit dem Aufbruch der Karawane. Die Kaufleute standen aufgeregt gestikulierend im Bazar. Der Meidan glich einem Magazin von Warenballen, und die ganze Stadt widerhallte von dem Glockengeläute der aufbrechenden Tiere. Aber gerade in dem Moment bekam der Baschi Gewissensbisse wegen der Mitnahme eines Ungläubigen. Drei Toman hatte ich ihm bezahlt als Reisegeld. Die gab er mir nun zurück mit den Fingerspitzen, wie etwas Unreines. Dann verabschiedete er sich mit einem feierlichen Salaam. Ich war ganz bestürzt. Ich setzte mich auf einen umherliegenden Warenballen und wenn es mir je um's Weinen war, so war es damals. Denn was nun? Die Gegend hinterwärts von Lar gehört zu den verrufensten in Persien. Es sind die persischen Abruzzen, in deren Gebirgsschluchten Mensch und Tier gleich wild sind und selbst diese auf der Landstraße aufgewachsenen Wüstensöhne sich nur mit einer großen Karawane unter Bedeckung einer bewaffneten Garde hineinwagen.– Und ich nun mit meinem Rucksack!

Schon war die Spitze der Karawane durch das Tor marschiert, als der Offizier, der mit uns von Jahrun gekommen war, über den Meidan geritten kam. »Vorwärts!« winkte er mir zu, »auf was warten Sie noch?«

»Der Baschi –« sagte ich mit trostloser Miene. »Ich werde ihm gleich den Baschi zeigen!« Er riß das Pferd herum und sprengte der Karawane nach. Nach kaum fünf Minuten kam er wieder. Hinter ihm der Baschi auf seinem Esel. Beide stiegen ab, und der Offizier malte Buchstaben auf ein Papier, das er in der hohlen Hand hielt. Als er damit fertig war, befahl er dem Baschi, daß er seinen Daumen lecke. Dann beschmierte er diesen mit einem Tintenstift und drückte ihn auf das Papier. Fertig war das Siegel, fertig der Kontrakt. Ich habe ihn aufbewahrt, und er liegt vor mir, indem ich dieses schreibe: ein vergilbtes Blättchen Papier mit seltsamen Hieroglyphen und der Daumenmarke darunter, der man es heute noch ansehen kann, mit wieviel Widerwillen sie gemacht wurde. Jedenfalls bewirkte sie, daß der Baschi von da an auf's gewissenhafteste seinen Verpflichtungen nachkam. Wir gingen über den Markt und erstanden eine Portion Datteln und Wassermelonen für die Reise. Dann kam er selbst zur Karawanserei mit einem schönen, großen Maskatesel, auf den ich meine Siebensachen packte, worauf wir in schnellem Trab der längst schon im Staub verschwundenen Karawane nacheilten.

Aber die Reise ging nicht nach Bender Abbas, sondern nach der direkt südlich von Lar gelegenen Hafenstadt Lingah am Persischen Golf, von deren Existenz ich bisher – zu meiner Schande sei es gesagt – keine Ahnung gehabt hatte. –

An diese Reise nach Lingah werde ich immer denken. Immer, und wenn ich hundert Jahre alt würde, werde ich sie vor mir sehen, die steinige Landstraße zwischen den schwarzen Bergen, die Turbane, die in der Sonne leuchteten, die Flintenläufe, die im Mondschein funkelten. Denn in jener Gegend ist, wie gesagt, das Gesetz nicht länger als ein Flintenlauf, nicht schärfer als die Klinge eines guten Messers. Da es weder Polizei noch Gendarmerie gibt, hat der Verkehr sich selbst geholfen durch Aufstellung einer Art Volkswehr, die gegen ein geringes Entgelt die Karawanen durch die Berge geleitet. Es sind unternehmend ausschauende Burschen mit hohen Lammfellmützen, die man gut und gern selbst für Räuber halten könnte, und ich war auch nie so ganz sicher, ob sie es mit ihren Pflichten so genau nehmen würden, wenn zufällig die andere Seite ihnen mehr bezahlte. Außer diesen trägt aber auch jeder einzelne Mann, vom Karawanenführer bis zum letzten Eseltreiber, irgendeine Art Schießprügel auf dem Rücken, so daß wir tatsächlich den Eindruck eines vormarschierenden Heerhaufens machten, in dem die Waffen in der untergehenden Sonne blitzten, während links und rechts die ausgeschwärmten Volkswehrmänner die Felsen nach den Räubern absuchten.

Bald war es ganz dunkel. Nur ein matter Mond leuchtete uns auf dem Wege. Steil ging die Straße bergauf in ein wildes, zerrissenes Bergland, wo das vorher so flotte Tempo nachließ und bald ganz zum Stocken kam. Die Straße, die bisher nach Herzenslust über die ganze Gegend gelaufen war, wurde zu einem engen, zu einem Paß hinaufführenden Saumpfad, der gerade noch so breit war, daß ein Esel nach dem anderen mit viel Prügel hindurchgezwängt werden konnte. Da diese Prozedur bei jedem einzelnen unserer fünf- bis sechshundert Tiere wiederholt werden mußte, hatte man einige Stunden Zeit, um dieses phantastische Bild ganz auf sich wirken zu lassen. Und das lohnte wahrlich die Mühe. Auf den Kämmen zu beiden Seiten des Passes tauchten die Gestalten der Wachtposten auf, die uns anriefen. Unten im Tale tönte das Glockengeläute der wartenden Tiere. Aus dem engen Hohlweg des Passes kam das Schimpfen und Fluchen der Treiber, das heisere Schreien der strauchelnden Esel. Wer unversehens dieses Bild vor Augen bekommen und nicht gewußt hätte, daß es sich hier um den Nachtmarsch einer Karawane im hintersten Persien handelte, der mochte wohl an einen Höllenspuk aus anderen Dimensionen glauben.

Um Mitternacht hatten wir endlich die Paßhöhe überwunden und marschierten nun noch zwei oder drei Stunden lang weiter durch einen Talgrund, der flach wie ein Exerzierplatz war. Dann kampierten wir in der offenen Steppe. Die Gepäckstücke wurden achtlos in den Sand geworfen, und jeder streckte die Glieder aus, wo er gerade ging und stand. Es gab an diesem Platze weder Wasser noch Futter für die Tiere, und als bald darauf die Sonne aufging, merkten wir, daß es auch keinen Schatten gab in dieser Wüste, die kahl wie eine Dreschtenne zwischen den feuersprühenden Bergen lag. Wir knabberten ein wenig an dem mitgeführten Vorrat von Datteln. Eine große, herrliche Wassermelone löschte nur halb den Durst, und von Schlaf war überhaupt keine Rede, bis bei Sonnenuntergang die Tiere bepackt wurden und wir weiter zogen auf der traurigen Straße.

So war es an diesem und noch vielen anderen Reisetagen, Immer wird es mir unbegreiflich erscheinen, wie die alten Perser – ausgerechnet gerade diese – zu Feueranbetern wurden, denn in diesem Lande wird jedermann ganz von selbst ein Vergötterer des Wassers. Es ist der Pol, um den sich alles dreht bei solchen Wanderungen. Die bange Frage nach ihm ist es, die fast wie eine Frage nach Leben und Tod um jeden Lagerplatz hängt. Bäche und Quellen sind in jenen Gegenden, wenigstens zur trockenen Jahreszeit, so gut wie unbekannt. Wasser findet der Wanderer nur in Zisternen, die wohltätige Menschen auf Grund frommer Gelübde am Wegrand errichtet haben. Zuweilen sind sie groß wie Schwimmbäder, und stets sind sie mit einem spitzen Tempel zum Schutze gegen Sonnenstrahlen und Sandverwehungen geschützt. Unter diesen Tempeln ist das Wasser stets wunderbar kühl, und obgleich es eine Brutstätte von Fröschen, Eidechsen und sonstigem Getier ist, überläuft es mich heute noch mit einem angenehmen Gefühl, wenn ich an die Genüsse denke, die es mir bereitet hat.

In den ersten Reisetagen war das Wasser so rar, daß wir gezwungen waren, es in Schläuchen mitzuführen, die aus Ziegenhaut bestanden, und ich weiß nicht – war es nun wirklich so, oder kam es nur daher, daß der Durst der beste Mundschenk ist, jedenfalls bin ich noch heute der Ansicht, daß nirgendwo das Wasser sich so herrlich frisch und kühl hält, als in dem Fell einer abgehäuteten Ziege.

Je weiter wir aber in die Berge hineinkamen, je vegetationsreicher wurde die Gegend. Stellenweise waren die Hänge mit Buschwald bestanden, stellenweise wieder mit hohem, gelbem Gras, aus dem bei unserem Herannahen flüchtige Gazellen und flinke Perlhühner auf schnellen Füßen davon eilten. Ab und zu kam man an ein Dorf, oder doch das, was dort so unter diesem Namen passiert. Hier ist man sogar erhaben über den kümmerlichen Komfort einer Lehmhütte, wie man sie sonst überall in Persien sieht. Die menschlichen Behausungen bestehen zumeist nur aus einer Art Nest aus Palmblättern, wie es sich schließlich auch jeder Gorilla im Walde zurechtmacht. Nur selten findet man einen Genießer, der sich in seinem häuslichen Luxus bis zu einem auf vier Pfählen ruhenden Dach aus Palmblättern aufschwingt. Bekleidet sind diese Naturmenschen im besten Falle nur mit einem Hemd und einem Turban. So sitzen sie den lieben langen Tag im Schatten der Dattelpalmen, auf denen die reifenden Früchte in großen, roten Klumpen hängen. Hier und da sieht man wohl auch einige Hühner herumlaufen, aber nach allen Erfahrungen, die man macht, muß man mit Fug und Recht bezweifeln, ob sie sich überhaupt im klaren sind über die Nützlichkeit dieser Vögel. Da ich selbst noch nicht Wüstenbewohner genug war, um eine reine Freude an der einförmigen Dattelkost zu empfinden, hielt ich fleißig Umschau nach Eiern, wann immer wir eine menschliche Ansiedelung antrafen. Meist standen sie sprachlos vor solchem Ansinnen. Und wenn sie je einmal eines herbeischafften, so war es ganz gewiß faul. Einmal traf ich eine alte Hexe, mit der ich ein größeres Geschäft zu machen gedachte. Sie saß im Schatten einer Dattelpalme, umgeben von einer ansehnlichen Hühnerschar. Ob sie mir eines davon kochen wollte?

»Ewet Efendim.«

Schnell, ehe sie sich eines anderen besinnen konnte, packte ich eines der Hühner und drehte ihm den Hals um. Aus einem Loche, das mit Palmblättern zugedeckt war, holte sie einen kümmerlichen Begriff von einem Kochtopf hervor, und im Fortgehen sah ich noch, wie sie anfing das Tier zu rupfen. Es war mehr der Kochkunst, als ich ihr zugetraut hatte. Nach etwa einer Stunde kam ich wieder und freute mich schon auf die Hühnersuppe. Aber die Enttäuschung war groß. Das Huhn war zwar gerupft und gekocht. Aber das Ausnehmen hatte sie vergessen. Von Salz und solchen Dingen hatte sie offenbar noch nie etwas gehört. Ein wenig nur hatte sie das Ding im Wasser liegen lassen; dann warf sie es in den Sand, als Fraß für den Ungläubigen. Das verleidete mir alle weiteren kulinarischen Experimente und ich begnügte mich mit Datteln für den Rest der Reise. –

In dieser Nacht überschritten wir den letzten, wohl dreitausend Meter hohen Gebirgskamm, der uns noch vom Persischen Golfe trennte. Wir rasteten auf der Paßhöhe, auf der ein kühler Wind wehte und wo man zum erstenmal seit langer Zeit wieder schlafen konnte. An der anderen Seite des Passes sollten wir eine größere Stadt mit Namen Bastak antreffen, und ich freute mich schon auf die frischen Brote, auf die süße Milch und auf die Wassermelonen, die man dort bekommen könnte. Aber es war ein Platz, der noch ärmlicher war als die anderen, und überdies waren es nur noch einige Tage bis zum zehnten Muharrem. Man muß in Persien gewesen sein, um zu wissen, was das bedeutet. Der Muharrem ist der erste Monat des Mondjahres, und der zehnte Tag dieses Monats ist der Jahrestag der Schlacht von Kerbela, in der der Enkel Mohammeds, Hussein, der Sohn Alis, im Kampfe fiel und damit die ihm als direktem Nachkommen zustehende Kalifenwürde den Omajiden zufiel. Das ist die Lehre der in Persien ansässigen Schiiten, die in diesem zehnten Muharrem nicht nur einen religiösen, sondern mehr im Unterbewußtsein auch einen nationalen Trauertag sehen, der die

Unterwerfung ihrer eigenen stolzen Kultur unter die Araber versinnbildlicht. Kein anderer Trauertag wird mit solcher Inbrunst gefeiert wie der Muharrem in Persien. In den größeren Städten werden unter dem Namen »Tazie« bekannte Dramen und Mysterienspiele aufgeführt, die die Vorgänge von Kerbela und die tragischen Schicksale der Familie Ali oft so plastisch darstellen, daß die beschwingte orientalische Phantasie der Zuschauer ins Kochen gerät und Lynchjustiz an den gegnerischen Darstellern übt. In kleineren Orten wird der Tag weniger pompös, aber mit ebensoviel Gefühl gefeiert; in solchen Orten wie Bastak natürlich am meisten, weil sie die einzigen Glanzpunkte in der Leere des Daseins sind.

Harum al Raschid, oder wie er hieß, hatte versprochen, mich in zwölf Tagen nach Lingah zu bringen. Aber der Muharrem war stärker als alle seine Vorsätze. In Bastak schickte er seine Esel auf die Weide, logierte sich ein bei einem seiner vielen Bekannten und war fortan für nichts mehr zu sprechen.

Wenn ich je wie ein Hund auf der Straße lag, so war es hier. Kein Gläubiger nahm mich auf in sein Haus. Jeder Mensch ging um mich herum in großem Bogen, wie um etwas Unreines. Mir war, als ob selbst die Hunde mich verächtlich anschauten. Tagsüber saß ich im Schatten an einer Straßenecke und kaute Datteln, die ich mir in den Hainen auflas und nachts zog ich mich aus Furcht vor Unheil weit zurück nach irgendeinem Brunnen, wo knurrende Hunde um mich schlichen und große Bremsen mit giftigem Stachel mich aus dem Schlafe weckten. Und alle die Zeit kam es aus der Ferne wie der Klang dumpfer Trommeln, wenn die Männer im Takte mit den Fäusten auf die nackte Brust schlugen und dazu ein dumpfes, eintöniges Lied sangen, in dem immer wieder die Worte: Hussein, Hassan, Kerbela vorkamen.

So ging das ungefähr fünf bis sechs Tage lang, und dann kam der zehnte Muharrem und mit ihm die Prozession, deren Anblick ich mir nicht entgehen lassen wollte, trotz der haßerfüllten Blicke der fanatisierten Menge. Voran kam einer mit einer Trommel auf einem Kamel. Dann folgte ein langer Zug von Männern und Knaben, die mit den Fäusten die nackte Brust bearbeiteten und dabei immer noch die alte Leier brüllten, die ich schon so gut kannte:

»Hussein, Hassan, Kerbela!«

Und dann folgte etwas, was man selbst in Persien nicht für möglich gehalten hätte:

Eine Anzahl kräftiger Männer tanzte, etwa wie bei der Springprozession zu Echternach, über die heiße Straße, immer je zwei mit dem Gesicht gegeneinander gewendet. Bis auf große weiße Hosen waren sie ganz nackt und in den Händen trugen sie lange Schwerter, mit denen sie sich andauernd die entsetzlichsten Wunden im Gesicht und am Körper beibrachten. Bereits waren sie über und über mit Blut bedeckt, aber noch immer wilder und rücksichtsloser arbeiteten sie sich in diesen Rausch der Selbstkasteiung. Immer rasender wurde das Publikum. Wohin man schaute, sah man nackte Arme, die sich zum Himmel reckten, wilde Augen, wahnsinnverzerrte Gesichter, von Fanatismus toll gewordene Menschen, die im Takte die Brust mit den Fäusten bearbeiteten: »Hussein! Hassan! Kerbela!«

Es roch nach Schweiß. Der Blutgeruch stieg in den heißen Tag. Ich machte mich dünn und ließ mich während des ganzen Tages nicht mehr blicken. –

Und am anderen – am elften Muharrem – war die Welt wieder wie umgewandelt. Harum al Raschid kam selbst zu mir in Gesellschaft von einigen liebenswürdigen Herren mit langen Bärten. Wir aßen »Schirini« und andere orientalische Leckerbissen und am Ende noch einen sehr wohlschmeckenden Penir-i-Hormus, einen Dattelkäse, der aus dem Mark der Dattelpalme hergestellt wird. Bis in die Nacht hinein saßen wir dann noch zusammen und tranken Tee und rauchten aus den langen Wasserpfeifen.

Und am nächsten Tage ging die Reise weiter nach Lingah, wo wir einige Tage später wohlbehalten ankamen.

Der letzte Tag war der schwerste der Reise, denn das Wasser war in diesen dürren Küstenregionen noch rarer als anderwärts. Wieder und wieder sahen wir verheißungsvoll die kleinen Tempel über den Zisternen auftauchen, aber bei näherem Zusehen sah man nur ein trockenes Loch, umschwärmt von dicken, giftigen Wespen, oft auch ein Zufluchtsort der Schlangen. So mußten wir weiter marschieren mit trockenen Kehlen, denn unsere Wasserschläuche waren bald ebenso leer wie die Brunnen. Die Nacht über waren wir marschiert, und auch der Tag sah uns noch unterwegs, als die Sonne sich schon zum Untergehen neigte. Zuletzt ging es durch lose Sanddünen, in denen kaum ein Fortkommen war. Aber auf einmal, als ich dachte, das würde nie ein Ende nehmen, sah man es blau in der Ferne blitzen. Von irgendwo kam ein dumpfes Donnern und Brausen. Das war die Brandung. Das war das Meer!

In der Ferne baute sich die langersehnte Hafenstadt so überaus stattlich auf, daß ich mir die Augen reiben mußte, um mich zu vergewissern, daß ich nicht träumte. – Waren es Wolkenkratzer, die da aus dem Sande der Wüste aufstiegen? Sie wuchsen immer höher, je näher wir kamen. Links und rechts der Straße standen schwarze Beduinenzelte, um die halbverhungerte Hunde, verzauste Ziegen und kleine Kinder in paradiesischer Nacktheit schwärmten. Irgendwo im kahlen Lande standen die hohen Masten einer drahtlosen Station. Dann lag sie dicht vor uns.

Lingah, die Perlenstadt.

Es geht ihr wie so vielen anderen orientalischen Städten. *Von weitem* sieht sie recht stattlich aus. Mit dem allergrößten Erstaunen gewahrt hier das Auge die mächtigen Mauern, die gewaltigen Türme, die in der brütenden Hitze des heißen Tages stehen. Je näher man kommt, desto schmutziger wird es ringsum, desto mehr kommt neben dem Auge auch die Nase auf ihre Rechnung. – Ach, aber es sind nicht die süßen Düfte von Tausendundeiner Nacht, die da zwischen den engen Mauern aufsteigen. Ehe man sich's versieht, ist man mitten in der Stadt, die in der Tat noch seltsamer aussieht als so viele andere seltsame Städte, die man in Persien zu Gesicht bekommt. Diese Stadt ist eine einzige große Barrikade gegen die Hitze, ein schreiender Protest der gequälten Menschen gegen die Sonne, die hier heißer brennt als in irgendeinem anderen Erdenwinkel, selbst mit Einschluß des berüchtigten Roten Meeres. Die Lehmmauern sind hier noch höher als anderswo. Sie erreichen die Höhe von vier bis fünf Metern, und da die Straßen nur eben gerade breit genug sind, um einem beladenen Esel Durchgang zu verschaffen, wandert man durch einen Irrgarten von dumpfen Kellergängen, zwischen denen man sich ohne stadtkundigen Führer alsbald hoffnungslos verliert. Jedermann betrachtet hier die Straße als Schuttabladeplatz für seine Abfälle, und da es keine Stadtverwaltung gibt, die so etwas wieder wegschaffen läßt, kann man sich

ungefähr eine Vorstellung machen von den Genüssen einer Wanderung durch die heißen Straßen jener fernen und gefährlichen Stadt.
Die hohen Türme, die einen beim ersten Anblick so sehr in Erstaunen versetzen, sind weiter nichts als Ventilatoren, dazu bestimmt,
das bißchen Wind aufzufangen, das selbst in diesem Backofen von
einem Lande noch vorhanden ist.

Wenn man durch orientalische Städte wandert, so fehlt es einem
nicht an Bärenführern. Auch hier in Lingah bot einer seine Dienste
an, um die großartige Summe von zwei Annas (zwei Annas = 3
Pfennig). Der Bursche war splitternackt, bis auf einen winzigen
Lendenschurz. Seine Aufgabe aber löste er gut; er zeigte mir alles,
was es irgendwie zu sehen gab in jener aufblühenden Stadt. Die
lange Reise von Schiras hatte das Aussehen des wandernden Sahib
nicht verschönert. Ein Barbier hätte sich darum Verdienste erwerben können. Der Wunsch war kaum ausgesprochen, als der dienst-
eifrige Mentor verschwand und gleich wieder zurückkehrte mit
dem erstaunlichsten Exemplar von einem Barbier, das ich jemals
gesehen. Er war gute sechs Fuß lang und entsprechend breitschult-
rig gebaut. Schwarz war er wie das Gewissen eines Geldwechslers
im Bazar, und auch sonst sah er aus wie Othello auf dem Theater.
Freilich vermißte man die schönen Gewänder, abgesehen von einem
ungeheuren seidenen Turban, der kühn um den Kopf geschlungen
war. Aus den Falten dieses Turbans zog Othello ein Schlachtermes-
ser hervor, das groß genug war, um den Teufel zu erschrecken.
Sorgsam probierte er die scharfgeschliffene Kante. Dann machte er
sich an die Arbeit, während einige fünfzig Zuschauer sich im Ba-
zargang versammelt hatten, um der Hinrichtung des erschreckten
Sahibs beizuwohnen. Aber Othello tat seine Arbeit gut und bedank-
te sich noch höflich für die drei Annas.

Nach dieser Episode nahm sich wieder der Bärenführer meiner
an und wir gingen zusammen nach dem Bazar, dessen Läden meistens geschlossen waren aus Angst vor der Polizei. Risa Khan, der
neue Herr, hatte endlich Ernst gemacht mit der Besetzung abgele-
gener Gebiete, die auf der Landkarte zum Persischen Reich gehören, und so wurde auch Lingah mit einer Garnison beehrt. Leider
hatte man aber vergessen, zugleich das nötige Gehalt anzuweisen,
so daß die Soldaten meuterten und Tee, Tabak, Opium und sonstige

Dinge, die ein persisches Soldatenherz begehrt, mit ihren neuen Mausergewehren in den Kaufläden requirierten.

Schön ist der Bazar darum doch, wie ein Bild aus einem orientalischen Märchen. Dicht am Meeresstrand ziehen sich die Arkaden hin, bis fast in die See hinein, die ewig murmelnd an ihren Grundmauern zerschellt. In den schattigen Lauben haben sich Händler niedergelassen, die mächtige Fische von oft grotesker Gestalt feilbieten. Der Geruch dieser Fische, der Duft von Tang und Seegras, die salzige Luft, die durch die Gänge geht, sind eine unsagbare Wohltat für den von Dürre und Hitze geplagten Wüstenwanderer. – Und das Meer! So viel Wasser auf einmal! Es ist beinahe ein unfaßbarer Anblick für den, der durch lange, lustlose Wochen jeden Tropfen davon als einen kostbaren Schatz in Schläuchen mit sich führte. Noch von früheren besseren Zeiten her – denn heute würden sie sich in Lingah gewiß nicht mehr dazu aufschwingen sieht man hier ein ziemlich umfangreiches gemauertes Hafenbassin, den Standort der Perlenfischer, die an den Inseln und Untiefen des Persischen Golfes ihrem gefährlichen und manchmal einträglichen Handwerk nachgehen. Wir sind gerade mitten in der Saison und die Vögel sind ausgeflogen. Aber da und dort liegt doch noch eine Dhau mit schlaffen Segeln in der hellen Sonne. Die Ebbe hat einen großen Teil des Strandes trockengelegt. Der Sand ist lebendig von Krabben und großen Muscheln, die zwischen Seegras wuchern. Ich setzte mich auf die Mauer und schaute auf das Glitzern der blauen See, die sich schäumend an den Felsen brach und merkte dabei gar nicht, wie mein nackter Bärenführer mich immer aufdringlicher am Rockärmel zupfte.

»Alaman, Alaman«, sagte er immer wieder. Er sprach ein Gemisch von Persisch und Hindustanisch, von dem ich kaum ein Wort verstand. Da er aber etwas Dringendes auf dem Herzen zu haben schien, folgte ich ihm willig, und bald standen wir im Bazar vor einer Bude, wo ein langer, magerer Mann in einem weiten, bis zu den Zehen reichenden arabischen Hemde an einer Nähmaschine arbeitete. Zu meinem Erstaunen redete er mich in sehr gutem Deutsch an.

»Guten Tag, Landsmann.«

»Guten Tag. – Wo kommst du her?«

»Das sollte man dich wohl eher fragen! Ich bin hier zu Hause. – Hadsch Ali ist mein Name. Meine Mutter kam aus Berlin, mein Vater war ein Rifkabyle aus Tanger, und ich bin persischer Untertan.«

Mit grimmiger Miene wandte er sich an meinen Cicerone und sagte ihm etwas, das ihm Beine machte. Nach einer Minute kam dieser wieder und brachte auf einem Zinnteller zwei Tassen Kaffee. Er verneigte sich bis zur Erde, aber Hadsch Ali ließ sich davon nicht imponieren.

Er streckte die Hand aus mit der unnachahmlichen Geste des Orients.

Bakschisch!

Ich zog einen halben Toman aus der Tasche, aber Hadsch Ali winkte ab, holte aus seinem Gewande einen umfangreichen Geldbeutel hervor, löste umständlich den Schnürbendel und gab ihm drei Annas, sechs Pfennige, für seine Bemühungen. Der Cicerone machte ein süß-saures Gesicht, verneigte sich noch einmal mit einem feierlichen Salaam und verschwand.

In der Folgezeit saß ich noch manche Stunde zu Füßen Hadsch Alis in der Bude, während er auf der Nähmaschine klapperte. Es war wahrlich der Mühe wert ihm zuzuhören. Er war schon dreimal in Mekka gewesen, daher auch der Titel Hadschi, der die Vorübergehenden vor seiner Bude so feierlich salaamen ließ. Vor dem Kriege hatte er ein gutes Auskommen gehabt bei der Hamburger Firma Wenkaus, in deren Händen damals der ganze Perlmutterhandel lag. Die Augen gingen ihm jetzt noch über, wenn er zurückdachte an die großen Bierkisten, bei denen man damals selbst als frommer Hadschi ein Leben wie Gott in Frankreich führte. Aber dann kam der Krieg, und der war so recht etwas für die kriegerischen Instinkte eines Mannes, dessen Ahnen mit einem Fuß in Potsdam, mit dem anderen in den Bergen der Rifkabylen standen. Hinfort war er nicht mehr Hadsch Ali, sondern der »Scheidan Alaman«, der deutsche Teufel, der wie ein Feuerbrand landauf landab ging als Engländerschreck. Allerlei wußte er zu berichten von den seltsamen Ereignissen, die da, fernab von allen großen Kriegsschauplätzen, eine Welt der Abenteuer auftaten, wie man sie in diesem unromantischen Zeitalter kaum mehr für möglich gehalten hätte. »Back waters of the world's war« hat sie ein englischer Autor genannt. Es ist erstaunlich, daß man bei uns eigentlich nur wenig von diesen Vorgängen weiß, obwohl sie in ihren an Opfern und Abenteuern, an wilder Romantik so überreichen Geschichte sich wohl an die Seite stellen können mit den Vorgängen in Ostafrika und anderen abgelegenen Kriegsschauplätzen. Die Umstände machen oftmals die Männer. – War da in Buschir jener kleine Buchhalter einer deutschen Firma, der durch die Geschicke des Krieges über Nacht zum General und zu einer Art persischem Nationalhelden wurde. Ich will ihn nochmals nennen:

General Waßmuß.

Wie ein Unwetter ging er durch das Land und entfachte die Flamme des Aufruhrs, organisierte Banden aus den ewig unruhigen Elementen des südlichen Persien. Große, volkreiche Städte wie Schiras, Isfahan, Hamadan, Kirmanschah fielen zeitweise in seine Hand. Er stand vor den Toren Teherans. Der Aufruhr klopfte an die Pforten Indiens. Zum erstenmal seit beinahe tausend Jahren begann sich wieder einmal so etwas wie ein persisches Nationalgefühl zu regen.

Das war natürlich alles so recht etwas für die kriegerischen Instinkte Hadsch Alis, der immer mitten im Getümmel war, bis er schließlich in Gefangenschaft geriet und nach einem traurigen Platze in Hinterindien deportiert wurde, wo er die Leere der Tage mit Opiumrauchen ausfüllte.

Dieser Hadsch Ali war ein passionierter Opiumraucher, was man ihm auf den ersten Blick ansehen konnte an seinen dünnen, muskellosen Armen und dem knochigen, totenkopfartigen Gesicht, das er mit seinen Brüdern im Laster teilte. Nur wenige Stunden des Tages – gerade genug, um sich den Haschisch zu verdienen brachte er hinter seiner Nähmaschine zu. Die ganze übrige Zeit verlebte er in der Opiumhöhle, die, wie alle Wohnräume in dieser Stadt, etwas unter der Erde lag, gerade unter einem der mächtigen Lehmtürme, die zum Auffangen des Windes dienen. Da es in der ganzen Stadt weder ein Hotel noch sonst eine öffentliche Herberge gab, blieb mir schon nichts anderes übrig, als mich selbst unter diese Haschischraucher zu mischen. Sie sahen wirklich alle wie Brüder aus, mit den kahlen Köpfen, den tiefliegenden Augen und den zum

Skelett abgemagerten Gliedern. Der Haschisch machte alle gleich. Dicht nebeneinander saßen sie in großem Kreise um das Holzkohlenfeuer, das die vom Ventilator herunterkommende Zugluft immer von neuem entfachte. Ein glühender Holzspan ging von Hand zu Hand und ließ die Giftnudel am unteren Ende der Pfeife rot aufleuchten, während der Raucher gierig den Rauch in sich hineinfraß, der sich alsdann als bläuliche Wolke verbreitete, aus der nur da und dort ein scheckiger Turban herausschaute. Über allem lag ein süßer, erfrischender Mohngeruch, der einem angenehm die Nase kitzelte, auch wenn man selbst kein Haschischraucher war.

Im übrigen waren sie eine angenehme Gesellschaft und die meisten auch sehr beschlagene Politiker. Für die Deutschen schwärmten sie alle und vollends von Hindenburgs Heldentaten wußten sie die erstaunlichsten Dinge zu berichten. In der Schlacht bei Tannenberg – so erzählte Hadsch Ali, habe er einen englischen General niedergeboxt und sechshundert Franzosen eigenhändig erwischt und in einen Sumpf geworfen. Der Mann aber, der in ihrem Ansehen selbst noch über Hindenburg stand, war Abd el Krim. Vor wenigen Wochen erst hatte er sich den Franzosen ergeben, und mit der unerklärlichen Schnelligkeit, mit der Nachrichten im Orient reisen, war die Kunde auch schon bis nach Lingah gekommen, ohne jedoch allzugroßen Eindruck zu machen. »Der Sultan ist tot, es lebe der Sultan!« Hadsch Ali war schnell mit einer Erklärung bei der Hand. Abd el Krim, so erklärte er uns, sei von seinen eigenen Leuten ausgeliefert worden gegen ein schweres Lösegeld und mit den Worten, die wahrlich würdig waren eines Nachkommen des Propheten: »Hier bringen wir euch Abd el Krim zum Zeichen unserer Freundschaft. Seht zu, daß ihr euch nicht verkauft. Es gibt noch tausend andere Abd el Krims in unserem Lande.«

So plätscherte die Unterhaltung fort während des ganzen Tages, nur unterbrochen von gelegentlichen kleinen Pausen, die der Arbeit gewidmet waren. Sobald aber die Nacht sich auf die Stadt herabsenkte, wurde es leer in der Opiumhöhle. Es wurde leer in der ganzen Stadt. Wer irgendwie noch etwas Möbel oder sonstigen Hausrat zu hüten hatte, der legte sich auf das flache Dach seines Hauses, wo man wenigstens noch ein bißchen Luft schnappen konnte. Die übrigen – und das waren neunundneunzig Prozent der Einwohnerschaft– wanderten mit einer Decke oder einer Matte hinaus an den

Strand, wo sie das bißchen Seebrise aus erster Quelle erhaschen konnten. Der Persische Golf ist das heißeste Wasser der Welt. Das Baden in seinen lauwarmen Fluten bringt keinerlei Erfrischung. Die heiße Luft, die bei Tag über der Landschaft zittert, macht sich bei Nacht fast noch drückender bemerkbar, als bei Tage. Auf dem Dach konnte ich es nicht mehr aushalten. So kletterte ich auf den Ventilationsturm hinauf und versuchte es mir dort mit einer Decke bequem zu machen. Es war eine seltsame Aussicht, die man von dort oben hatte. Kein Baum, kein Strauch war in der weiten Runde zu sehen. Die hohen Lehmtürme standen schwarz im weißen Licht des Mondes, der voll am klaren Himmel stand. Es roch nach Haschisch, nach ledernen Pantoffeln und abgestandenem Hammelfett. Zuweilen hörte man die Wächter im Bazar, die mit krächzender Stimme einander zuriefen. Zuweilen schrie ein übernächtiger Esel. Zuweilen heulte ein Hund, worauf dann eine Meute von hundert Hunden erwachte und mit einstimmte in den schaurigen Chor. Und plötzlich wurde es wieder ganz still und man hörte nichts als den dumpfen Donner der fernen Brandung und spürte nichts als die Hitze, die feindselig über dem Lande lag.

Nicht ein Auge voll Schlaf konnte ich finden in diesen langen Nächten, bis endlich nach zehn langen Tagen auf der Reede ein Dampfer erschien, der die Erlösung war. Ich rannte nach der Hafenkommandantur, wo man einen verschnörkelten Stempel zu den vielen andern in meinen Paß setzte und stand gleich am Kai unter dem Gewimmel von orientalischen Gestalten, die da in der Dhau verfrachtet wurden. Bald waren wir vom Lande klar. Das große Segel blähte sich. Die nackten Bootsleute legten sich in die Ruder mit einem eintönigen Singsang, indem sie Ali und die Imamen vielfach um Hilfe anriefen. Schon begann das Bild der Stadt in der flimmernden Hitze des heißen Tages zu zerrinnen. Ade, du Land Persien!

Nun lagen wir langseits der schwarzen Schiffsseite des Dampfers, von dessen Heck die britische Flagge wehte. Schon kletterten die neuen Passagiere mit viel Geschrei die Laufbrücke hinauf. Ich schaute ihnen zu und sah den qualmenden Schornstein und sah die Matrosen auf dem Verdeck und immer wieder fielen mir dabei die Verse ein, die sie auf Segelschiffen beim Heißen der Rahen und beim Ankerhiven zu singen pflegten, als ich noch Matrose war:

»Und segelte wieder vorbei an Uschant, Bestimmt nach Indien.«

An der Piratenküste

Ein Wilder unter Wilden – »so you are a globe-trotter?« – Die Missis betrachtet sich das Meerwunder – Bender Abbas – Vor der arabischen Küste – Maskat, die Piratenstadt – Malerische Polizei – Ein Bummel durch die Stadt – Würdige Kaffeevisite – Seine Majestät, der Sultan – Er ist verreist nach Bombay – Der altmächtige britische Konsul – Zeitgemäße Gedanken über das Selbstbestimmungsrecht der kleinen Nationen – Endlich in Indien.

Kaum hatte der letzte Passagier seinen Fuß an Bord gesetzt, als auch schon der Anker rasselnd hochkam und die Reise weiterging, in der Richtung nach Indien. Aber so schnell kam keine Ordnung in den aufgescheuchten Bienenschwarm. Denn wenn Orientalen reisen, so nehmen sie immer gleich ihren ganzen Haushalt mit. Jeder für sich ist das freilich kaum der Mühe wert, aber wenn ihrer viele beisammen sind, so reicht es doch aus zu einem Hexensabbath. Es dauerte lange, bis die Matrosen einigermaßen Ordnung geschaffen hatten in diesem Durcheinander von Betten, Vogelkäfigen, kleinen Kindern, Opiumpfeifen und sonstigen Haushaltungsgegenständen. Es wurde geflucht und gewettert, wieder wurden Bärte verbrannt, der Name Allahs mißbraucht, Seelen zur ewigen Verdammnis gesandt und Mütter und Väter und Vorfahren bis ins dritte und vierte Glied ob ihres Lebenswandels geschmäht mit der ganzen Glut orientalischer Phantasie, bis bald darauf der Kismet wieder zu seinem angestammten Rechte kam und nur noch das Gurgeln der Wasserpfeifen und das Geräusch vom geschlürften Kaffee die friedliche Stille unter dem Sonnensegel unterbrach.

Nachdem das Wetter sich endlich soweit gelegt hatte, kam der Kapitän selbst nach vorne, um sich den weißen Passagier anzusehen, der da so unvermutet an Bord gekommen war, inmitten des dunkelhäutigen Gewimmels. Woher ich käme? fragte er nicht eben übertrieben höflich.

»Von Schiras«, antwortete ich.

»Und gerade nur so?«

Dies mit einem geringschätzigen Seitenblick auf meinen Rucksack.

»Gerade nur so«, antwortete ich.

»Und wie kamen Sie denn dorthin?«

»Über Isfahan, Teheran, Täbris, Trapezunt, Konstantinopel –«.

»So you 're a globe-trotter?«

»So etwas Ähnliches.«

Über dem waren auch der erste und der zweite Offizier herbeigekommen und mit ihnen eine sehr lange und dürre Missis, die mich durch eine Hornbrille betrachtete.

»Indeed!« sagte sie. Dann drehte sie sich auf ihren hohen Absätzen und verschwand in der Kajüte. »Sie können nach achtern kommen, in die erste Klasse«, sagte der Kapitän, »und das Ding (damit meinte er meinen Rucksack) können Sie auch mitnehmen.«

Das ließ ich mir nicht zweimal sagen. Ich wusch mir noch einmal Gesicht und Hände und machte Toilette, so gut das möglich, oder vielmehr unmöglich war unter den Umständen. Dann brachte ich das »Ding« nach achtern und lebte einmal wieder als angehender Gentleman.

Indes ging die Reise gemächlich weiter.

Noch immer schaute ich hinüber nach den Mauern und »Türmen« jener seltsamen Stadt, die jetzt aus der Ferne wieder so stattlich aussahen. Langsam versanken sie ins Meer. Das letzte Stück, die letzte Küste dieses persischen Landes, in dem ich so viel Seltsames gesehen hatte in diesen Monaten. – Ah, manchmal, wenn es gar so langsam vorwärtsging mit der Eselkarawane, hatte ich diesen Augenblick herbeigesehnt! Nun war es so weit. Nun ging es auf einem schnelleren Wege nach einem anderen, wenn vielleicht nicht schöneren, so doch sicher komfortableren Lande, und doch – wenns nicht französisch wäre, so möchte ich sagen: »Partir, c'est mourir un peu.«

Weiter dampfte das Schiff durch die schwüle Nacht. Kein Lufthauch regte sich ringsum. Regungslos, wie schweres Öl, lag die See unter dem klaren Sternenhimmel. Unerträglich war die Hitze. Am anderen Morgen ankerten wir vor einer flachen, gelben Küste, die sich nur undeutlich in der Ferne abzeichnete. Dort lag der Hafen von Bender Abbas. Ein miserabler Platz, wie alle anderen an der

Küste; mehrfach hat er in der großen Weltpolitik unserer Zeiten eine bedeutende Rolle gespielt. Einmal, im Glück und im Sommer des Panslawismus, hatte der Zar in Petersburg mit ihm geliebäugelt, als dem möglichen »Warmwasserhafen« Rußlands, dann wieder war er der unersättlichen Ländergier Britanniens als mögliche Marinestation erschienen. Inzwischen lebt er kümmerlich weiter als letzter Winkel des großen persischen Reiches. Eine gewisse Rolle spielt er als Durchgangshafen für die Produkte der Gegenden von Fars und Kirman. Aber auch damit ist es nicht weit her. Ein paar Wollballen kommen an Bord. Dann geht es weiter durch die Straße von Hormus, die den wenig beneidenswerten Ruhm besitzt, so ungefähr der Hitzepol der Welt zu sein. Dicht vorbei geht es an der gleichnamigen Insel, die, wie so manches andere in diesem Lande, einmal bessere Tage gesehen hat. Portugiesische Konquistadoren hatten hier vor Jahrhunderten eine Stadt erbaut, die als Umschlagplatz für den persisch-indischen Handel schnell zur Blüte gelangte und wegen ihres Reichtums und des dort entfalteten Luxus weithin berühmt war in allen Teilen des Orients. Man erzählte sich, daß hier die Straßen zum Schutze gegen die Hitze mit seidenen Tüchern überspannt waren. Jetzt ist das alles längst dahin und vergangen, als sei es nie gewesen. Aber es ist, als ob der Geist jener alten Abenteurer noch immer in diesen Meeren hause. Wohin man geht, sind die Küsten des Golfes und des südlichen Indien übersät mit den Ruinen alter Schlösser und Kirchen aus portugiesischer Zeit. Moderne Geschichtsschreiber haben sich daran gewöhnt, die koloniale Tätigkeit der Spanier und Portugiesen gering einzuschätzen und ihnen die Fähigkeit des Staatengründens abzusprechen. Wie falsch ist das! Wo gibt es in der Geschichte eine Heldenepoche, die größer und schöner gewesen wäre als die jener portugiesischen Abenteurer, die mit schwachen, schlechtausgerüsteten Schiffen hinaus ins Unbekannte segelten, »por mares nunca de antee navegados«!

Und in all der Zeit hungerte das Mutterland und sie selbst, die seinen Ruhm in die fernsten Meere trugen, besaßen kaum jemals mehr als Schwert und Mantel, nach Art der alten Ritter.

> »L'épeé au roi
> Mon coeur aux dames
> L'honneur pour moi.«

Aber auch noch nie hat die Geschichte von einem Volke zu berichten gewußt, dessen ganze Kraft sich erschöpft hat in einer einzigen Generation, von einer Heldenepoche, die wie ein prasselndes Feuerwerk vergangen ist ohne Spur in der Geschichte und sich überlebte in ihren eigenen Zeitgenossen, wie Camoëns, dem Sänger der Lusiaden, der arm und verlassen an seinem Lebensende die bitteren Worte in der Dachstube schrieb:

> »Was könnt' ich hoffen noch, worauf vertrau'n,
> Woran sich einst mein liebend Herz ergötzt,
> Neid war es und Verdruß und Tod zuletzt,
> Das ist das Ende, darauf kann ich bau'n!«

Am anderen Tage tauchte im frühen Morgenlichte die Küste von Arabien auf. Es ist der Teil des Landes, den man die Piratenküste nennt. Und ganz so sah er auch aus mit den schwarzen Felsenklippen, die immer höher aus dem Meere herauswuchsen. Wir kamen ganz dicht heran. Vorsichtig fühlte der Dampfer seinen Weg zwischen Klippen, die noch drohender aussahen als selbst die des Golfes von Suez. Mit einer scharfen Wendung nach Süden kamen wir unvermutet in eine schöne, fast landumschlossene Bai, deren Anblick etwas Unwirkliches, Märchenhaftes an sich hatte. Ganz still, wie ein grüner Smaragd, lag die Bai in der finsteren Umfassung von Felsenklippen, die schwarz und drohend aus dem Wasser wuchsen. Ganz im Hintergrund sah man die weißen Häuser einer Stadt, die aussah, als ob sie eben ins Wasser rutschen wolle. Links und rechts von der Stadt standen auf verwegenen Felsvorsprüngen zwei stolze, mit Zinnen gekrönte Burgen, von deren Türmen die mächtigen roten Fahnen Seiner Majestät des Sultans von Oman wehten. Ein Kanonenschuß, der in den Felsen ein vielfaches Echo weckte, hallte von der Burg herüber, und sogleich erschien auch die hohe Polizei, die freilich mehr malerisch als kriegerisch ausschaute mit ihren roten Schärpen über den Lendentüchern. Auch was sonst so aus dem Motorboot heraufstieg, war reichlich operettenhaft und phantastisch, wie man das billigerweise auch erwarten konnte in diesem interessantesten und exotischsten aller Fürstentümer. Da war einer – er mußte wohl so eine Art Minister gewesen sein –, der trotz der tropischen Hitze eine Art Zylinderhut aufhatte, während die breiten Füße barfuß über das Verdeck liefen. Ein anderer – ich habe nachher herausgefunden, daß es der Polizeipräfekt war – hatte einen ganz fashionablen Strohhut auf, während seine Lenden mit einem Schwerte umgürtet waren, das ein gutes Stück hinter ihm herpolterte.

Zugleich mit diesen hohen Würdenträgern kam noch eine Wolke von Stadtbewohnern, die mit ihren langen, spitzen Booten das Schiff umlagerten. Auf ein Signal, des Polizeikommandanten schossen sie dicht heran und kletterten an Bord mit affenartiger Gewandtheit. Die besseren unter ihnen waren mit Hemd und Turban, bekleidet. Die meisten hatten nicht viel mehr als einen Lendenschurz an, und manche gingen barfuß bis zum Halse. Das Verdeck leuchtete auf von bunten Tüchern, braunen Araberrücken und farbenfreudigen Turbanen. Es war ein Anblick, der es einem heiß zum Bewußtsein brachte, daß wir hier an der Piratenküste waren und daß jene aus dem Grunde der Bai hervorschauende Stadt im letzten Jahrhundert gerade die Seeräuber- und Sklavenhändlerstadt par excellence gewesen war. Allerlei Schätze wurden mit viel Geschrei aus den Booten heraufgeschafft: Bananen, Fische, Erdnüsse, Ananas und solche in Liverpool und Chemnitz hergestellte landesübliche Kurios, mit denen in der ganzen Welt die Touristen angeschmiert werden. Da nun aber auf dem ganzen Schiff kein Mensch war, der wie ich einen bedingten Anspruch auf solchen Titel erheben konnte, mußte ich die ganze Flut arabischer Beredsamkeit über mich ergehen lassen, bis endlich ein Cicerone sich meiner annahm und mich in seinem Boote verfrachtete, zum großen Erstaunen der ganzen Besatzung.

»Da hinüber?« meinte der Koch, ein dicker Irländer.

»Nicht um eine Zehnpfundnote!«

»Aber warum denn nicht?«

»Eben darum! Nach Maskat geht man nicht. Dort gibt es nichts zu sehen; höchstens ein Piratenmesser.«

Indessen hatte das Boot schon das große, braune Segel gehißt und flog vor einem günstigen Winde der Stadt entgegen, die immer höher aus dem Wasser herauswuchs. Der Bootsführer mit seinem Turban stand am Segel wie eine Gestalt aus Tausendundeiner Nacht. Und dieses Bild, und die weiße Stadt am kahlen Strande und die Burgen auf den Felsen und die Palmen am Strande und die rote Piratenflagge auf den Zinnen waren alle zusammen eine wohlgelungene Illustration zu einem Märchenbuch oder einem recht phantastischen Seeräuberroman.

Knirschend fuhr das Boot auf den Sand. Da waren wir in Maskat.

Am Strande wartete eine Schar von nackten Männern, von denen einer mich ohne weitere Umstände auf seine breiten Schultern lud und mit mir davon stampfte durch einen übelriechenden Tümpel, in dem es von Kröten und Quallen wimmelte. Am anderen Ende des Tümpels setzte er mich behutsam wieder ab vor einer Versammlung von Honoratioren mit würdigen schwarzen Barten, die mich mit einem feierlichen Salaam begrüßten. Dann machten wir uns alle auf den Weg zur Besichtigung der Stadt.

Die Hitze war fast unerträglich. Der Schweiß rann mir aus allen Poren, während wir durch die engen Gassen stiegen. Aber der Besuch war lohnend. Orientalisch wie sie war, war diese doch eine andere Welt als jene, die auf der anderen Seite des Golfes lag. Die Bauart der Stadt ist weder arabisch noch persisch. Diese hohen, weißen Häuser könnten ebensogut in Südeuropa stehen. Und in der Tat sind sie auch von dorther übernommen. Maskat ist einer der ältesten Stützpunkte der portugiesischen Seeherrschaft gewesen und auch ein solcher geblieben bis nach der Eroberung des Mutterlandes durch die Spanier, wodurch die überseeischen Besitzungen zu selbständigen Republiken wurden und noch eine Weile als solche vegetierten, bis sie als reife Frucht die Beute neu erstehender Seemächte wurden. Mit am längsten hielt sich Maskat, das in seiner vergessenen und abgelegenen Lage nicht einmal dem unersättlichen Magen des länderfressenden John Bull imponieren konnte. Der einzige Feind, der das aus der Not geborene junge Staatswesen bedrohte, waren die Beduinenstämme in den Oasen des Innern, denen die Anwesenheit der Ungläubigen ein Dorn im Auge war, während zu gleicher Zeit ihr Blick begierig auf die mannigfaltigen Gegenstände einer bescheidenen Zivilisation fiel, die sich in den Augen dieser Wüstensöhne zu unerhörten Schätzen steigerten. Und an einem Fronleichnamstage kam das Ende. Während alle, selbst die Wächter auf den Wällen, andächtig der Prozession zuschauten, widerhallten plötzlich die Gassen von dem Schreien der Eroberer und der Sterbenden, und ehe noch die Nacht ihren Mantel über das grausame Schauspiel deckte, hatte die Stadt ihre Einwohnerschaft gewechselt.

Von dieser Stunde an begann für die Stadt Maskat und das nunmehrige Sultanat Oman die große Romantik des Piratenstaates. Man muß die Öden Felsen jenes trostlosen Landes gesehen haben, um es zu begreifen, daß seine Bewohner sich fortsehnen von seinen dürren Küsten und sich lieber dem Meere anvertrauen. »Navigare necesse est.« Es war für sie eine Frage von Tod und Leben. Wie schon so oft in der Geschichte, so war auch hier die Armut eines Landes der Grundstein zu seiner Größe. Und groß war das Sultanat Oman nach seiner Art. Mit ihren für unsere Begriffe doch etwas gebrechlich anmutenden »Dhaus« segelten seine Schiffer über ferne Meere, bis zur afrikanischen Küste, wo sie einen denkbar schlechten Ruf genossen als sklavenjagende Mordgesellen. Der Sultan hißte seine rote Fahne auf der Insel Sansibar, schickte seine Schiffe plündernd längs der ostafrikanischen Küste und dann wieder nach Hause, zum Sinken voll geladen mit Verbrechern und Sklaven und Gold. Reichtum über Reichtum begann sich zu häufen an der Sklavenküste. Ein Teil der jenseitigen Küste des Golfes mit dem Hafen Bender Abbas fiel in die Hände des Sultans, der zeitweilig sogar eine eigene Dampferlinie nach Bombay und von dort nach Europa im Gang hatte. Und wo ist das nun alles geblieben? Es ist vorbei, wie so manche andere Romantik. –

Immer noch mit dem gleichen Geleit von würdigen Arabern wanderten wir durch die Stadt. Nach den Lehmmauern des persischen Landes tat es ordentlich wohl, einmal wieder richtige Häuser mit Türen und Fenstern zu sehen. Aber in den Türen lungerte das Elend, und die Armut schaute zu allen Fenstern heraus. Der Bazar war jämmerlich. Ein paar Datteln und Bananen und ein paar unappetitlich aussehende Trauben waren die einzigen feilgebotenen Landesprodukte. Sonst sah man noch einige Juden, die billige Kattunstoffe aus Manchester feilboten. Die ganze Sehenswürdigkeit konnte man in einer kleinen Stunde abtun. Dann stand man wieder draußen in der Wüste, zwischen den kahlen Felsen. In einer aus Palmblättern hergestellten Bude am Bazar setzte ich mich auf die dort ausgebreitete Matte und trank eine Tasse Kaffee, und meine ganze Gefolgschaft, die mich so getreulich durch alle Gassen geleitet hatte, tat desgleichen. Im Nu hatte sich eine Wolke von nackten Gassenbuben um mich versammelt, und bald kamen auch einige Kaufleute herbei, die inzwischen ihre Buden geschlossen hatten. Denn in Maskat hat man immer Zeit. Zwei oder drei unter ihnen, die sehr gut Englisch sprachen, nahmen mich sogleich ins Gebet. – Was ich wohl hier in Maskat wollte? Ausgerechnet in Maskat?

»Ich wollte mir eben die Stadt ansehen.«

»Allah! Hier gibt es nichts zu sehen. Und Geschäfte machen kann man hier auch nicht, und nicht leben und sterben, und die meisten Menschen sind nur da, weil sie nicht fortkönnen, weil sie niemals in ihrem Leben das Reisegeld nach Bombay verdienen können. Und nun kommt einer den ganzen Weg von Europa, um sich diesen Haufen Elend anzusehen!«

Alle schüttelten bedenklich die Köpfe, strichen die langen Bärte, schlürften den Kaffee mit mißbilligender Miene und wollten es immer noch einmal wissen.

Nachdem die Sonne etwas tiefer gesunken und der Sand in den Straßen wenigstens nicht mehr so heiß war, daß er den hohen Herren meines inzwischen noch mehr angeschwollenen Gefolges die Pantoffeln verbrannte, setzten wir unseren Umgang fort. Es war ein heißes Geschäft, das schon nach wenigen Minuten keinen trockenen Faden mehr an mir ließ. Aber es lohnte die Mühe, die man sich machte. Wir kamen vorbei an einem schönen, neugebauten Bungalow im angloindischen Stil, der in einem Garten stand, wo weißgekleidete Sahibs sich in Liegestühlen räkelten.

»Here, british consul«, sagten die Kaufleute mit Stimmen, die vor Ehrfurcht erschauerten.

Neben dem Konsulat stand ein weiteres stattliches Gebäude. Das war das Britische Telegrafenamt.

Dann kam das Britische Postamt, das Britische Spital, der Britische Golfplatz, der Britische Tennisklub. Britisch, britisch, britisch alles, wohin man schaute.

Schließlich standen wir vor einem mächtigen, burgartigen Gebäude, das direkt aus dem Meere herauswuchs, im übrigen aber ebenso verkommen aussah wie der Posten, der vor dem Tore stand.

Nach der Landseite zu dehnte sich ein Platz mit einer Art öffentlichem Garten, in dem ein paar schwindsüchtige Palmen um das seit langem schon ausgetrocknete Bassin eines Springbrunnens standen.

»Him sultan's palace«, sagte der Führer, mit einer Stimme, die lange nicht so respektvoll klang, wie vorher beim englischen Konsulat.

Das also war der Palast der Sultane, deren Reichtum einst sprichwörtlich gewesen war im ganzen Orient, deren Piratenfahne einst der Schrecken war des Indischen Ozeans, deren Paläste und Schatzkammern überflossen von schwarzem und anderem Gold!

Und ob der Sultan eben zu Hause wäre? fragte ich. »Der Sultan? him never at home.«

Der Lord läßt sich entschuldigen. Er ist verreist nach Bombay. Er kann es sich leisten. Die Staatsgeschäfte gehen von selbst, was noch zu tun übrigbleibt, tut der Resident seiner britisch-indischen Majestät, und ihm bleibt das glückliche Los eines subventionierten Maharadscha.

Das ist der Lauf der Welt! Schon standen wir wieder unten an der Landungsstelle der Boote. Die Kaufleute verabschiedeten sich mit einem umfangreichen Salaam. Der Cicerone, der mich vom Dampfer hergebracht hatte, packte mich wieder beim Kragen und trug mich über die Wasserpfütze, inmitten eines Schwarms von Gassenbuben, die mich mit funkelnden Augen bakschischheischend ansahen. Bald stand ich wieder an Bord, als eben der Anker hoch kam und die baskarischen Matrosen auf ein Machtwort des Kapitäns den fremdartigen Spuk von Talmiseeräubern in die Boote fegten. Langsam fuhren wir zur Bai hinaus. Die weiße Stadt war bald um eine Biegung verschwunden. Aber noch lange, während wir schon draußen auf offener See waren und der Monsumwind im Tauwerk rauschte, sah man in der Ferne die hohe Burg, fremd und unwirklich wie eine Gralsburg, über dem Wasser stehen. Man sah die rote Fahne des Sultans im Winde flattern, während das hohe Haus des allmächtigen Residenten sich hinter der schwarzen Küste versteckte.

Man sah das alles, und dabei kam ein Heer von Gedanken, die sich aufdrängten, ob man wollte oder nicht. – Da haben sie den Krieg für das Recht der kleinen Nationen geführt!

O Wilson! O vierzehn Punkte! O schöne Reden, o heilige Schwüre an Washingtons Grab!

Am nächsten Morgen tauchte im Norden die Küste von Belutschistan auf.

Belutschistan? Auch das war klein und Britannien groß, und also wanderte es sang- und klanglos in die unersättliche Tasche John Bulls. Nie war dessen Appetit größer als in den Zeiten, da er vom Rechte der kleinen Nationen sprach. Der Weg nach Indien, von Bagdad bis Karachi ist heute gepflastert mit den erschlagenen Resten kleiner Nationen, die keine andere Sünde begingen als die, daß sie auf dem Wege des meerbeherrschenden Britannien lagen.

Nach weiteren vierundzwanzig Stunden Fahrtzeit begann das grüne Meerwasser sich grau und schmutzig zu färben. Das Wasser des Indus, das ins Meer hinausdrängte. Und die flache gelbe Küste, die sich da in der Ferne unter dem blassen Himmel abzeichnete –

Das war Indien!

Ein Blick nach Indien

Ankunft in Karachi – Ganz wie in Hamburg – Angenehme Polizei – Tommy Atkins als Gastgeber – Er verwickelt mich in ein Gespräch über Politik – »Wenn bloß der Kaiser käme!« – Ein Bummel durch die Stadt – Oxfortstreet in Indien – Von Kamelen, Turbanen und unheiligen Kühen – Mustafa Kemal, der Abgott – Die Schlangenbeschwörer – Seltsame Schlafgemächer.

Nur langsam kamen wir näher zwischen den vielen Sandbänken. Es war noch sehr früh am Tage. Das Feuer eines hohen Leuchtturms blinkte übernächtig durch die Dunstschleier des anbrechenden Tages. Dicht unter einem Hügel, auf dem die dünnen Masten einer drahtlosen Station standen, kamen wir in eine Hafeneinfahrt, die durch eine lange Mole gesichert war gegen die anrollenden Wellen, die sich in haushoher Brandung an ihren Mauern brechen. Wohin man blickte, sah man ein- und auslaufende Schiffe. Am Ufer standen mächtige Silos. In der Ferne qualmten Schornsteine. Es war alles so gar nicht indisch. Auch der Kai, an dem wir anlegten, sah aus wie alle andern. Man hätte sich ebensogut in Hamburg an den St.-Pauli-Landungsbrücken vermuten können. Ein Blick auf die Menge aber, die sich zu unserem Empfang auf dem Kai versammelt hatte, versetzte einen schnell wieder in andere Zonen. Dasselbe Bild, das man heute überall in Indien sieht. Häuser, Häfen, Fabriken, die von Europäern erbaut wurden. Und auf Straßen und Plätzen dunkle Gesichter, weiße Gewänder und schwellende Turbane. Zwei Welten, die nebeneinander hergehen, ohne sich zu berühren.

Der erste, der an Bord kam, war natürlich der Offizier der Hafenpolizei, ein noch sehr junger Mensch im hoffnungsvollen Alter von etwa zwanzig Jahren. Denn in Indien macht man schnell Karriere, wenn man Engländer ist. Er nahm sich gar nicht erst die Mühe, meinen Paß anzuschauen. Er warf nur einen Blick auf meinen Rucksack.

»German.«

Ja, bestätigte ich; aber woher er das so schnell wüßte?

»Das weiß man«, meinte er, »ich muß es am besten wissen. Seit einem Jahre kontrolliere ich hier die einkommenden Schiffe und immer ab und zu kommt einer mit einem Rucksack, und immer ist er ein Deutscher, wenn sie sich auch zuweilen für Araber und alles mögliche ausgeben. Vor sechs Wochen kam einer – ein Maler mit Namen Müller – von Konstantinopel über Bagdad und direkt ins Spital von Karachi, wo er neulich gestorben ist. So geht es den meisten, und Ihnen könnte es auch so ergehen. Sie sehen so aus.«

Nach dieser trostreichen Versicherung wollte er noch wissen, ob ich persische Briefmarken für ihn hätte. Damit konnte ich dienen, denn ich hatte in Teheran einen großen Bogen mit einigen zwei- bis dreihundert Stück für einen Toman gekauft. Der Anblick dieser Schätze rührte den Jüngling von der Polizei in solchem Maße, daß er selbst mit mir nach der einige Kilometer weiter landeinwärts gelegenen Stadt fuhr, wo er für mich Quartier machte bei einem alten Tommy Atkins, der fünfzehn Jahre als Sergeant in der angloindischen Armee gedient hatte und nun seine Tage als Hausvater im Y.M.C.A. beschloß.

In Indien ist jeder Sahib, auch der bescheidenste, eine Art höheres Wesen, und demgemäß waren auch die Gebäulichkeiten dieses Jünglingsvereins eine Affäre, die dem vornehmsten deutschen Klub gut zu Gesicht gestanden hätte. Abends saßen wir auf der schönen Terrasse und schauten hinaus in die schwüle Nacht, in der es wetterleuchtete und sahen die Blumen, die rot in dem Dickicht glühten und die Palmen, deren Kronen sich im Monsumwinde wiegten und den weiten, kahlen Platz, auf dem sportwütige Söhne Britanniens sich selbst in dieser schwülen Luft beim Fußballspiel ereiferten. Und Tommy, der ein großer Politiker war, wurde nicht müde, mir seine Ansichten über den derzeitigen Stand der Weltgeschichte darzulegen. Eigentlich – so meinte er – sei er ein großer Freund von Kaiser Wilhelm. Denn der habe es im Grunde doch nur auf die Franzosen abgesehen gehabt, für die Old England diesmal ganz unnötigerweise seine Haut zu Markt getragen habe. Umgekehrt hätte man es machen sollen! Sein Großvater sei noch bei Waterloo dabei gewesen und sein Urgroßvater bei Quebec. So sei es immer gewesen. Nie habe man es anders gewußt in seiner Familie.

>»If the French come over,
May we meet them at Dover.«

Und nun auf einmal hätte das alles anders sein sollen? Und warum? wozu? Man brauche sich nur ein wenig hier in Indien umzusehen und man wisse wozu. Früher – vor dem Kriege, da habe ein Sahib hier noch etwas gegolten. Jeder Eingeborene habe ihn ehrfürchtig gegrüßt, jeder Babu habe einen Umweg um ihn gemacht. Aber heute? Heute sei es umgekehrt. Heute müsse der Sahib einen Umweg um den Babu machen, wenn er nicht zum Gaudi aller Vorübergehenden über den Haufen gerannt werden wolle. Und schuld daran sei nur der Krieg, der sie gelehrt habe auf Sahibs, richtige weiße Sahibs, zu schießen und sie zu verspotten und zu verachten. Und wenn man ihnen jetzt wenigstens die Zähne zeigen würde! Statt dessen verneigt man sich vor jedem fetten Maharadscha, vor jedem hornbebrillten Pundit. Die schönen Posten, die vorher alle ein Privileg der Sahibs waren, gehen scharenweise in die Hände der Babus über, der Englishman ist kaum noch geduldet in seinen eigenen Kolonien. Noch ein paar Jahre so weiter, und er wird nur noch das Vergnügen haben, sie mit seinem Gelde zu finanzieren und mit seiner Flotte beschützen zu dürfen.

»Was hier fehlt, das ist weiter gar nichts als ein deutscher Mann mit eiserner Faust und ein paar preußische Regimenter. Die würden den Babuspuk über Nacht verscheuchen! Die Pundits wären wieder ganz klein, die Maharadschas wären nicht mehr hoffähig bei seiner britischen Majestät, ein Sahib würde wieder ein Sahib sein in Indien.

Also sprach Tommy Atkins auf der Terrasse des Y.M.C.A.-Gebäudes zu Karachi. Es wurde spät über der Unterhaltung. Von fernher schlug eine Turmuhr die Mitternachtsstunde, aber wir achteten es nicht. Unzählige Glühwürmchen leuchteten auf in den Büschen des Gartens. Kein Mensch dachte an's Schlafengehen in solcher Nacht. Denn die Luft war schwül und drückend; so schwül, wie sie derzeit über ganz Indien lag. Es wetterleuchtete in der Ferne, wie es derzeit über ganz Indien wetterleuchtet.

Am anderen Morgen kam schon in aller Frühe der Jüngling von der Polizei, erkundigte sich nach meiner Gesundheit, holte ein Damenbrett hervor, über dem wir den halben Morgen vertrödelten und ging dann mit mir in die Stadt, um allerhand Einkäufe zu machen zur Wiederherstellung meiner doch sehr mitgenommenen

Toilette. Bei einem jüdischen Altwarenhändler setzte er selbst seine ganze Autorität eines Polizeiorganes ein, um herauszuwirtschaften, was er konnte und verschaffte mir das Gewünschte zu Preisen, die der Händler wehklagend für die Ursache seines demnächstigen Bankrotts erklärte. Dann tranken wir noch einige Whiskys und Soda in einer benachbarten Schenke und beredeten eine Zusammenkunft für den Abend im Hause des Tommy.

Und nun mag man sagen was man will: sein Interesse für mich war sicher nicht ohne einen beruflichen Beigeschmack. Hielt er mich für einen verkappten Bolschewiken? Oder für einen jener fürchterlichen deutschen Spione, die immer und ewig in englischen Gehirnen spuken? Ich weiß es nicht, aber ich möchte wünschen, daß ich auch einmal in meinem Leben einen auf dienstlichen Pfaden wandernden deutschen Polizeiagenten von gleicher Liebenswürdigkeit anträfe.

»Good bye, Jack, see you again«, sagte er im Fortgehen und überließ mich der Betrachtung der fremden Stadt.

Wer nach Karachi kommt, um Tempel, Türme, Elefanten und Maharadschas zu sehen, der ist bestimmt für eine große Enttäuschung. Denn in dieser Stadt wird das Wort Business groß geschrieben. Alles andere ist nicht der Rede wert. Es ist ein Chicago im kleinen. Vor wenigen Jahrzehnten noch nicht viel mehr als ein armseliges Fischerdorf, ist es heute eine kleine Weltstadt, die sich mit dem stolzen Bombay zu messen beginnt. Rein und gerade sind die Straßen, wie in jeder europäischen oder nordamerikanischen Stadt. Die Häuser sind englische Häuser. Es ist wirklich hier alles wie bei uns. Und doch ist es so anders. Es ist, als ob ein Zauberer das indische Gewimmel plötzlich ausgeschüttet hätte in Regent Street, als ob mit einem Schlage sich alles gewendet hätte und Turbane durch die Friedrichstraße wandelten. Und wallende Gewänder und stolze Kamele und heilige Hindukühe.

Sind es nur diese, die in ihren friedlichen Wanderungen auf den gefährlichen Wegen und Beiwegen des großen Verkehrs, unbekümmert um alle Automobile, den geschäftlichen Straßen dieser kommenden Weltstadt trotz allem ein so ländliches Aussehen verleihen? Manches mag man gegen sie einwenden vom Standpunkt der Verkehrsregelung, oftmals mag man daran Anstoß nehmen, daß sie da und dort die Straßen pflastern mit höchst unheiligen Denkmälern ihrer Kunst. Für die Straßenreinigung machen sie sich jedenfalls trotz allem verdient; denn es ergeht ihnen wie manchen Menschen: ihre Lieblingsspeise ist Papier, zumal das Zeitungspapier, um das sie sich oftmals raufen und so den vorübergehenden Gläubigen ein bedauernswertes Vorbild unheiliger Zanksucht geben.

Im Orient, und mehr noch in Indien, ist die Religion alles, und alles andere nichts. Sie nimmt die Gläubigen in Anspruch auf allen Wegen. Sie scheidet die Menschen derselben Rasse, desselben Herkommens in Kasten und Klassen, die unter derselben Sonne fremd aneinander vorübergehen, als ob sie nichts gemeinsam hätten.

Verstehe einer diese Welt, wenn er kann!

Da sieht man auf der Straße den stets stolzen und selbstbewußten Mohammedaner, auf dem Kopf den roten Fez und im Knopfloch das Bildnis des Mustafa Kemal Pascha. – O Ironie der Tatsachen! Würde das Bild lebendig werden, so würde es in heiligem Eifer zuerst nach dem Fez greifen und sechs Monate schweren Kerker verordnen durch das Unabhängigkeitsgericht. Aber er weiß es nicht, und wenn er es wüßte, so würde er sich nicht darum kümmern. Mustafa Kemal! Der Glanz des Namens leuchtet noch immer über dem Orient. Für ihn ist er nur der Sieger von Anatolien, der Herr, der Ghazi, der Löwe von Ankara, die Hoffnung aller Gläubigen.

Divide et impera! Das eben war von jeher der Trumpf des britischen Eroberers in diesem Lande, daß er den Glaubenseifer der vielfachen Religionen nach Möglichkeit förderte, daß er das soziale Gebäude der Kasten nicht niederriß, wie man es erwarten konnte von ihm als dem »Bringer der Zivilisation«, sondern sich selbst als oberste Kaste darauf setzte. Wird er immer Sieger bleiben in diesem Spiele? Wer kann es wissen? Sicher ist nur, daß das heute, wo auf den Schlachtfeldern des großen Krieges der größte Teil des Prestiges der weißen Rasse verlorenging, unendlich viel schwerer ist als noch vor wenigen Jahren, wo jeder Eingeborene zu zittern pflegte vor der Gottähnlichkeit eines englischen Sahib.

Selbst der flüchtige Beobachter sieht und hört hier manches, das ihm zu denken gibt. So führte mich in jenen Tagen mein leckerer Mund nach einem jener türkisch-arabischen Cafés, wo sie aus Zucker und Milch die herrlichen süßen Speisen machen, deren Geheimnisse unsere heimischen Konditoren noch nicht angefangen haben zu verstehen. Es war an einem Freitag, und das Lokal war rot von Fezen. Zwischen langen Zügen aus seiner Wasserpfeife fragte mich einer, ob ich schon lange von England fort wäre. Ich sagte ihm, daß ich von Deutschland käme. Das sprach sich herum.

Von Deutschland –?

Seit dem Kriege hatten sie keinen Deutschen mehr gesehen. Im Augenblick hatten mehr als zwanzig ihre Stühle herbeigerückt und fingen an mich auszufragen und machten Augen wie Teetassen und dann wie Wagenräder, als ich ihnen von den großen Kanonen und den gewaltigen Flugzeugen erzählte, die wir leider nicht haben. Da leuchteten alle Augen. Ein Summen ging durch den Saal. – Ah, Deutschland! Ah, der Kaiser, Rußland, Hindenburg, Mustafa Kemal Pascha! Noch eine Weile log ich weiter. Aber das Lügen fiel mir schwer. Diese Leute glaubten wenigstens noch an etwas. Wer glaubt noch an etwas bei uns? Langsam ging ich hinaus, und am Ausgang fiel mein Blick auf das Schild, das ich beim Hereinkommen nicht bemerkt hatte:

»In bounds for British troops.«

Hier war man abseits vom Karachi der Sahibs. Gibt es noch ein Land, in dem die Gegensätze so eng beieinander wohnen? Gibt es noch andere Städte, in denen der Unterschied von arm und reich so grell und unverhüllt zutage tritt? Man braucht nur einen Schritt vom Wege zu tun, aus den Regionen der funkelnden Kaffeehäuser und der Busineßtempel, und schon ist man mitten in den Regionen, wo sie Betelnüsse kauen, überall Glutsonne, Geschrei und Gestank. In ihren finsteren Buden thronen die Händler auf opulenten Teppichen, dürre Bettler sitzen am Straßenrande als lebende Skelette, und allenthalben sieht man wohlbeleibte Chinesen, die auf flinker Rikschah durch das Gewühl des Marktes gleiten.

Je weiter man sich in den Gassen verliert, desto indischer wird es ringsum, desto dichter das Gewühl, desto aufgeregter die Menschen, bis schließlich kaum mehr ein Durchkommen ist. Es ist allenthalben ein Schreien und Toben, ein seltsam gemischter Geruch von Knoblauch, Süßfleisch, ranzigem Hammelfett und tausend anderen Dingen, nur nicht von den Speisen Indiens, wie man sie sich gewöhnlich vorzustellen pflegt. Ein Drängen und Schieben von Eselskarren, Ochsenwagen und stattlichen Kamelen, die stolz und unberührt, wie Wesen einer anderen Welt, durch dieses Chaos schreiten. Aus den Buden leuchten Melonen, Bananen, Mangos und weiß Gott was für Früchte, für die unsere Schulweisheit nicht ausreicht, und darüber stehen auf breiten Schildern seltsam verschnörkelte Inschriften, die ebensogut Chinesisch wie etwas anderes sein könnten. Auf den Fußsteigen sitzen Bettler voll schauriger Geschwüre, die sie gierig zur Schau stellen, und daneben stehen Mülleimer, in denen sich heilige Kühe ihre Leckerbissen suchen. Natürlich gibt es auch Schutzleute, oder wie man immer die dürren, dunkelhäutigen Burschen nennen mag, die da unter mächtigen Sonnenschirmen an den Straßenecken stehen. Und immer und überall sieht man die Fakire, die Schlangenbeschwörer, die Zauberkünstler.

Was ist es nur um diese Welt der Wunderlichkeiten? Man geht durch die Straßen und verliert sich im Gewimmel. Der Rikschahmann klingelt, die Ochsen brüllen, die Schatten fallen und die Lichter blitzen in den Straßen auf. Die Nacht kommt, die hier noch weniger als anderswo des Menschen Freund ist. Was mag hier alles vorgehen in diesen dumpfen, dunklen Behausungen, die das Tageslicht scheuen und aus denen zur Nachtzeit kein Lichtstrahl in die Gasse fällt? Wieviel mag wohl hier ein Menschenleben gelten? Wie viele Verbrechen mögen hier ungesühnt geschehen, wieviel Unglück mag hier zu Hause sein, wie viele Laster und Leidenschaften, wie viele unsagbare Krankheiten, die wir kaum dem Namen nach kennen! Die Nacht ist schwül und drückender noch als die Hitze des Tages. Aus den düsteren Höhlen hat sich jedermann auf die Straße geflüchtet, die allenthalben als die Verlängerung des Schlafzimmers angesehen wird. Nichts Seltsameres kann man sich denken als eine solche Straße, die still und tot im Lichte der Lampen liegt, während tausende und abertausende von nackten und halbnackten Gestalten dicht zusammengehuddelt auf dem Fußsteig schlafen. Denn, wie gesagt, die Gasse ist hier die Verlängerung von jedermanns Schlafzimmer. O nein! Es gibt hier Legionen, für die sie das einzige Schlafzimmer, die einzige Behausung ist. Kinder der Gasse, die bei sinkender Nacht die Straßen bis in die elegantesten Viertel bevölkern. »Zu Hause« liegen sie auf den Marmortreppen, die zu den Bankpalästen führen, reihenweise kampieren sie vor den Schönheitsinstituten, wo das Bubikopfschneiden hundert Rupien kostet. Sie liegen auf den Bürgersteigen, wo eben die Gäste nach dem letzten Charleston in das Auto steigen.

Hunderttausend liegen so heimat- und obdachlos unter dem dumpfen Himmel der gewitterschwülen Monsumnacht. Die Nacht ist lebendig von unruhigen Blitzen und grollenden Donnern. Schwer fallen vereinzelte Tropfen, die uns nach Hause treiben.

Und am anderen Tage –.

Am anderen Tage ging es weiter hinein ins indische Land mit jenem Verkehrsmittel, das ich bisher so schmerzlich vermißt hatte auf der langen, langen Reise durch Persien. Mit der Eisenbahn!

Die Bakschischbahn

»Wasser für Hindus und Wasser für Sahibs« – »Gimmi Backschisch!« – Über den Indus – Und das Ende.

Wie alles in Indien, so ist auch das Fahren auf der Eisenbahn eine Kunst, die man nicht von heute auf morgen lernt. Es ist hier nicht getan mit dem Fahrkartenkaufen, es ist nicht getan mit dem bloßen Fahren im Wagen. Tausend andere sehr wichtige Dinge kommen hier in Betracht, von denen sich die Schulweisheit eines blamierten Europäers nichts träumen läßt. Göttliche Unwissenheit des rucksackbewehrten Sahibs, der sich in alles das hineinstürzte, ohne eine Ahnung zu haben von den Klippen und Fallbrücken am Wege!

Schon gleich die erste Nacht auf der Eisenbahn begann mit einer Sünde wider den Geist des Landes. Es war eine drückend schwüle Nacht, die den Schweiß aus allen Poren trieb. Der Zug hielt auf einer großen Station, wo aus dem Menschengewimmel auf dem Bahnsteig eine beturbante Gestalt auftauchte, die aus einer kupfernen Schale Wasser spendete. Durstig drängte ich mich hinzu. Da wich der Menschenknäuel scheu auseinander. Die Haare standen allen zu Berge. Unerhörtes Unterfangen dieser Sahibzunge, die ihren Durst mit Hinduwasser löschen wollte! Schnell machte ich mich aus dem Staube. Aber während ich mich nun nach einer anderen Trinkgelegenheit umsah, stieß ich nur auf Inschriften, die mich drohend anstarrten wie Barrikaden: »Wasser für Hindus«, »Wasser für Mohammedaner«.

Und ehe ich noch den Wasserhahn für die europäischen Sahibs gefunden hatte, pfiff der Zug, und weiter ging es hinein in die schwüle, durstige Nacht. Bis heute habe ich den Hahn der Sahibs noch nicht entdeckt. Diese Sorte lebt nämlich von Whisky und Soda.

Mit der Vorsicht beim Wassertrinken ist es indes allein nicht getan. Auch sonst muß der Mensch auf Reisen in Indien sich vorsehen, daß er nicht Schaden nehme an seiner Kaste und seinem Herkommen. Vom orthodoxen Standpunkt des alten Anglo-Inders sind nur die erste und zweite Wagenklasse der Eisenbahn würdig der Benutzung durch einen europäischen Sahib. Aber die Fahrpreise für diese Klassen sind recht hoch, und wer da nicht ein Maharadscha oder ein Teppichhändler ist oder auf Regierungskosten reist, der wird das Geld einfach nicht aufbringen für eine Eisenbahnfahrt in diesem Lande der großen Entfernungen. So hat man denn ein Einsehen gehabt und eine sogenannte Mittelklasse eingerichtet, die zwar nicht viel besser als die dritte ist, auf der man aber wenigstens dem Sahib zu reisen erlaubt. Und diese Klasse ist billig. Für hundert Mark kann man von einem Ende Indiens zum anderen reisen.

Mit solcher Fahrkarte machte ich mich also auch auf die Reise. Denn ich war noch unwissend in Indien. Bald lernte ich es besser kennen, und nach einer Nacht auf der Eisenbahn war ich – allerdings zu spät – wie Gil Blas, der die Vögel singen hörte. Denn dieses ist die Bakschischbahn!

Schon der Mann, der die Fahrkarte ausstellte, schaute mich so sonderbar an, nachdem er die Arbeit getan hatte. Verlangend hob er die Hand. »Gimmi Bakschisch.«

Er bekam kein Bakschisch. – Auf dem Bahnsteig empfing mich der Zugführer selbst, ein sehr höflicher Herr. »Wie? Der Sahib wollen Mittelklasse fahren? Bitte, steigen Sie ein in die erste Klasse. Sie ist ganz leer. Kein Mensch fährt je darin, außer denen, die nichts bezahlen, und hie und da einmal der Vizekönig oder ein Maharadscha. Zwanzig Rupien bis Delhi –«. Das Angebot war verlockend. Aber wer konnte wissen, ob nicht einige Stationen später ein anderer freundlicher Herr noch einmal das Bakschisch verlangte? So tat ich, als ob ich nichts gehört hätte, und ging weiter. Die halbe Nacht war noch nicht vorüber, als ich an einer Haltestelle in einen Wagen der zweiten Klasse einstieg, um eine dort befindliche Eisenbahnkarte zu studieren. Wie ein deus ex machina stand der Schaffner vor mir »Gimmi Bakschisch«. Er bekam eine Rupie, und ich konnte fortan als zweitklassiger Sahib nach Delhi fahren.

Ist das nun Korruption? Ist es Bestechung? Indische Eisenbahnbeamte sind schlecht bezahlt und müssen einen hellen Ausguck halten nach Möglichkeiten, die einen kleinen Nebenverdienst bieten. Das Bakschisch ist eine geheiligte Institution des Orients. Wer seine Kosten überschlägt für eine indische Reise und dabei das Bakschisch nicht in Rechnung setzt, der gleicht einem Gläubigen, der den Teppich vergaß im Anblick der Moschee.

Und was wollte ich eben noch von indischen Eisenbahnen erzählen? Die Wege sind lang, und die Hitze ist groß in Indien. Wo einer bei uns drei Stunden lang fährt, muß er dort ebenso viele Tage und Nächte im Eisenbahnwagen braten. Darum macht es sich jeder bequem und richtet sich häuslich ein für eine lange Reise. Manche nehmen ihren ganzen Haushalt mit. Reisschüsseln, Teetöpfe, Berge von Betten.

Dritte Klasse? Mittelklasse? »It 's all in a name«, sagt der Engländer. In der einen haben sie noch Polster, für das man wirklich noch etwas draufzahlen wollte, wenn sie es herauswürfen. Sonst ist es aber da wie dort. Ein jeder sieht hier die Eisenbahn als Fortsetzung seines Haushaltes an. Wer indische Sitten studieren will, der braucht sich wirklich nicht nach einem Bungalow zu bemühen. Alles geht ebenso ungestört im Eisenbahnwagen vor sich. Es wird gekocht, gebraten, geschlafen, gegessen, es werden Hühner geschlachtet und Eier gelegt. Menschen sterben und werden geboren.

Menschen? Man braucht hier kein Diogenes zu sein, um Menschen zu suchen. Hier endlich ist ein Land, wo die Originale noch nicht ausgestorben sind. Da sieht man Männer mit schwarzpolierten Zähnen und knallrot gefärbten Barten und Haarschöpfen, die weithin über dem bunten Gewimmel leuchten. Da laufen Frauen mit grauen, strähnigen Haaren und Gesichtern, so schwarz wie chinesische Tusche, Abbilder von Hexen, wie sie schlimmer noch nie unter der Sonne gewandelt. Da geht ein wilder Bergbewohner barfuß bis zum Halse, hier schleicht in der Menge irgendein verkrüppeltes Wesen, das nach' einem bakschischschweren Sahib Ausschau hält. Und wieder sieht man da herrlich schöne Männer mit schwarzen Bärten und wallenden Gewändern, die ausschauen, als ob sie eben erst entlaufen wären aus einem Märchen von Tausendundeiner Nacht.

O Indien! Hättest du keine Burgen, keine Moscheen, keine Gärten voll Duft und Farben, keine Marmorschlösser, die sich in tiefen Seen spiegeln, so würde ich dennoch über Berge und Meere und tausend Gefahren kommen und als ein neuer Marco Polo durch deine Länder ziehen, nur allein um dieses bunten Gewimmels willen!

Weiter eilt der Zug. Nacht ist's. Der Monsum weht. Gewitter stehen grollend am Himmel. Es wetterleuchtet an allen Enden.

Eine große Brücke führte über einen breiten Fluß, dessen jenseitiges Ufer man kaum in den Nachtschatten erkennen konnte. Während wir langsam hinüberfuhren, schaute ich gespannt hinunter auf das schwarze Wasser, in dem sich die Sterne spiegelten. Kein gläubiger Hindu hätte es andächtiger betrachten können als ich.

Es war der Indus.

Oft schon hatte ich im Geiste an seinem Ufer gesessen, wenn drüben in Persien, im Kaukasus der Weg zu lang werden wollte. Nun zog er unter der Brücke hin und rauschte sein ewiges Lied, das schon so viele betört hat.

Und drüben am jenseitigen Ufer lag Indien, der Ganges, der Himalaya; der heiligste Strom, die höchsten Berge. Und neue Wunder und neues Wandern. –

Über tredition

Eigenes Buch veröffentlichen

tredition wurde 2006 in Hamburg gegründet und hat seither mehrere tausend Buchtitel veröffentlicht. Autoren veröffentlichen in wenigen leichten Schritten gedruckte Bücher, e-Books und audio-Books. tredition hat das Ziel, die beste und fairste Veröffentlichungsmöglichkeit für Autoren zu bieten.

tredition wurde mit der Erkenntnis gegründet, dass nur etwa jedes 200. bei Verlagen eingereichte Manuskript veröffentlicht wird. Dabei hat jedes Buch seinen Markt, also seine Leser. tredition sorgt dafür, dass für jedes Buch die Leserschaft auch erreicht wird.

Im einzigartigen Literatur-Netzwerk von tredition bieten zahlreiche Literatur-Partner (das sind Lektoren, Übersetzer, Hörbuchsprecher und Illustratoren) ihre Dienstleistung an, um Manuskripte zu verbessern oder die Vielfalt zu erhöhen. Autoren vereinbaren direkt mit den Literatur-Partnern die Konditionen ihrer Zusammenarbeit und partizipieren gemeinsam am Erfolg des Buches.

Das gesamte Verlagsprogramm von tredition ist bei allen stationären Buchhandlungen und Online-Buchhändlern wie z. B. Amazon erhältlich. e-Books stehen bei den führenden Online-Portalen (z. B. iBookstore von Apple oder Kindle von Amazon) zum Verkauf.

Einfach leicht ein Buch veröffentlichen: **www.tredition.de**

Eigene Buchreihe oder eigenen Verlag gründen

Seit 2009 bietet tredition sein Verlagskonzept auch als sogenanntes "White-Label" an. Das bedeutet, dass andere Unternehmen, Institutionen und Personen risikofrei und unkompliziert selbst zum Herausgeber von Büchern und Buchreihen unter eigener Marke werden können. tredition übernimmt dabei das komplette Herstellungs- und Distributionsrisiko.

Zahlreiche Zeitschriften-, Zeitungs- und Buchverlage, Universitäten, Forschungseinrichtungen u.v.m. nutzen diese Dienstleistung von tredition, um unter eigener Marke ohne Risiko Bücher zu verlegen.

Alle Informationen im Internet: **www.tredition.de/fuer-verlage**

tredition wurde mit mehreren Innovationspreisen ausgezeichnet, u. a. mit dem Webfuture Award und dem Innovationspreis der Buch Digitale.

tredition ist Mitglied im Börsenverein des Deutschen Buchhandels.

Dieses Werk elektronisch lesen

Dieses Werk ist Teil der Gutenberg-DE Edition DVD. Diese enthält das komplette Archiv des Projekt Gutenberg-DE. Die DVD ist im Internet erhältlich auf **http://gutenbergshop.abc.de**